2010
中国年度时评

椿桦 主编

暨南大學出版社
JINAN UNIVERSITY PRESS
中国·广州

图书在版编目（CIP）数据

2010中国年度时评／椿桦主编．—广州：暨南大学出版社，2011.1
ISBN 978－7－81135－257－3

Ⅰ.①2010… Ⅱ.①椿… Ⅲ.①.时事评论—2010—中国—文集
Ⅳ.①D609.9－53

中国版本图书馆CIP数据核字（2011）第006038号

……………………………………………………………………………………

2010中国年度时评
椿桦主编

出 版 人：徐义雄
策划编辑：杜小陆
责任编辑：杜小陆　林芳芳
责任校对：何　力
出版发行：暨南大学出版社（广州暨南大学　邮编：510630）
网　　址：http://www.jnupress.com　http://press.jnu.edu.cn
电　　话：总编室（8620）85221601
　　　　　营销部（8620）85225284　85228291　85228292（邮购）
排　　版：弓设计工作室
印　　刷：佛山市浩文彩色印刷有限公司
开　　本：787mm×960mm　1/16
印　　张：19.25
字　　数：350千
版　　次：2011年1月第1版　2011年1月第1次印刷
定　　价：35.00元

序：时评的速朽与不朽

椿　桦

时评这东西，眼下虽然很受追捧，但许多人仍然认为它不过是一种速朽的文字，也就是说短命。短命的原因，大抵是说时评跟新闻报道差不多，时效性强，读完一遍即可；而且鉴于写时评的门槛低，时评作者文化素养参差不齐，许多人把时评写得像怨妇骂街，有思想价值的文字难得一见，因此也就谈不上有什么收藏价值了。这类观点，近两年颇为流行。有些自命清高的作者，在赚了稿费之后，甚至还不太乐意承认自己是写时评的呢！

以我所见，所谓“时评速朽”，实在是一个伪命题。

首先得肯定地说，时评的速朽与否，跟它的文体没有任何关系。貌似高雅的文学创作，其门槛同样不高，且糟粕也是多得惊人。你说诗歌、小说可以不朽，但留传下来的精品相较于古往今来那浩如烟海的文学作品，不过是沧海一粟。而时评作品，其实也有不少精品留传于世。譬如汉初贾谊的《过秦论》、三国时期诸葛亮的《出师表》和华歆的《止战疏》、唐代柳宗元的《捕蛇者说》、明代刘基的《卖柑者言》、近代梁启超的《少年中国说》等，我认为它们都堪称各自所在时期的时评精品。现代文学大师鲁迅、柏杨等人溜传至今的许多杂文，在他们写作的时期，也属于针砭时弊的时评作品。而且值得一提的是，很多作品至今仍具有批判意义。

许多人都说时评是一种新兴的文体。但依我所见，时评这种文体的出现，比小说、诗歌之类的都要早。时评在获得正式名称“时事评论”之前，主要是以口头形式存在的。自人类懂得运用语言来摆事实讲道理开始，时评的雏形就开始出现。无论庙堂之上，还是田间地头，人们都免不了对时局与社会见闻吐吐口水，谈谈自己的见解，这种口头评说，其实就是以口语为载体的时评作品。至于编故事、吟诗作对，显然是语言文字发展到一定阶段之后才有的事儿。可以说，历代评述时局的论说文，都算是时事评论。到了民国时期，报刊的发展为时评带来了重大机遇，如《大公报》，每天都有社评，同时还开设了“星期论文”专栏，胡适、梁漱溟、梁实秋等大家都曾应邀为该报写过时评。该报能够成为当时全国发行量名列前茅的报纸，与其时评的贡献密不可分。

从上述角度来看，在时评面前，杂文大概也该喊他一声“爹”。这不仅因为杂文沿袭了时评的论说基础，而且在论事的广度上，杂文要小得多。譬如，纵论国际风云、经济走势，主要还得看时评显身手。值得注意的是，如今，纯粹的杂文体作品远不像从前那么受追捧了，这一点，我们可以通过近年来报刊所发表的杂文数量判断出来。许多专业的杂文报刊和杂文书籍中，其实刊登的多数都是“时评体”作品。假如没有时评的“搭救”，真不敢想象杂文的处境会比曾经很火现已没落的诗歌好到哪去！

当然，关于时评的速朽或不朽，不能仅靠文体判断，还得透过时代与政治环境等角度来考量。比方说，许多有思想、有见地的作品如果遇到不开明的地方官，那肯定是“速朽”的，建言献策、针砭时弊的作用自然就没了着落，万一不走运遭遇强悍无比的官儿，作者没准儿会因言获罪，摊上“诽谤衙门”、“跨省追捕”的命运。不过，此种形式的“速朽”毕竟不是主流，远不能对时评产生负面作用，相反，它会激发起更多评论家的口诛笔伐。

特别值得一提的是，个别官意的压制在很多时候反倒为时评的语言增添了无穷魅力。有些话，评论家不便于在文章中直接说出，就会通过各种巧妙的隐喻、暗讽等手法来表述，按圈内人士的说法，这些手法是现代版的“春秋笔法”。社会大众对此都能心领神会，这在客观上既丰富了汉语的张力、时评作品的“味道”，又拓宽了受众的想象空间。

但不管怎么说，称时评是当下“意见时代”运用最广泛的文体，大概没人有异议。无论在报纸杂志、广播电视、网络论坛中，还是在饭桌茶馆、火车飞机上，随时都能听到或看到评论家们的“大作”。在现代社会，尽管思想保守者仍是大有人在，但时评所发挥的作用是挡不住的。近些年来，大家都可以看到，时评的监督与建设性意见，曾促使多少公共决策的改进、事件真相的曝光；时评的理性分析，曾为多少主政官员提供了决策参考、为多少社会大众的衣食住行与投资兴业发挥了引导作用；时评的精彩辩论，又给广大公众带来了多少乐趣、见识，以及无穷的回味。

鲁迅曾经提出，希望自己的文章速朽。香港时事评论家梁文道在他的《常识》一书中也说过：有良知的时评家都希望自己的文章失效，因为老是指望批评文章有现实意义，实乃一种悲哀。这种观点的意思不难理解——如果法制足够健全、政府足够廉洁，时评就不必发挥作用了。但现实很无奈地告诉大家，鲁迅的文章，甚至历代刘基、龚自珍、梁启超等时评大师的作品，都还没有“失效”。而且依我来看，即便政府再廉洁、社会再民主，仍然离不开言论监督——言论可以使民主与廉洁继续保持，让政府不敢懈怠。毕竟，时评所代表的是民间的声音，而人民的监督才是最高形式和最高效的监督。特别应当注意的是，时评的发展是公民社会发展的一项重要指标，社会越发展、民主越进步，时评反而越活跃。这一点，回顾一下从古代到当代的言论发展轨迹就清楚了。

事实上，希望时评“失效”的这种期望，主要是从时评的监督与批评功能来考量的，但是很显然，时评的内涵不只限于监督和批评，譬如，时局分析、经济评谈、建言献策等，也是时评所承担的功能。何况，只要社会存在，就必然有社会问题，世界上毕竟没有“天国”。这些，也决定了时评的不朽。

正是在舆论界对时评的速朽与不朽之命题出现争议的背景下，我们产生了编选《中国年度时评》的想法。我们认为，真正优秀的时评，一定有划时代的意义和长久留存的价值。《中国年度时评》不是对当下出版界如火如荼的年度文学作品选的补缺，也不是为了向阅读市场证明什么，而是希望留住时评作品中的智慧之光，为社会大众、决策人士及研究人士照亮思想的路途和提供反思的空间。时间可以检验一切，不经历一段较为长久的岁月检验，你怎么知道，当代时评作品不会出现未来的《卖柑者言》或《少年中国说》？把文章写得像怨妇骂街的作者之中，不会诞生评论大家？

2010年度的时评作品选，为《中国年度时评》的开篇之作，共收选了139篇优秀的时评文章。文章多为2010年度的热点评论，评论视野涉及政治、社会、国际、财经、文化等领域，譬如，赵作海冤案昭雪、“我爸是李刚”事件、吴忠“跨省拘捕”事件、菲律宾人质危机、黄海军事演习、诺贝尔和平奖争议、物价持续上涨现象、黄光裕事件、“羊羔体”诗歌获奖争议，等等，作者中既有名人大腕，也有时评新人，基本可展现2010年度时评创作的面貌。虽然有少量作品的文笔可能稍欠功力，但在年度时评创作中，这些文章所评事件以及作者本身的表现，也具有一定的代表性。而且，这对整本书的可读性来说，并无影响。

当然，从每年创作的海量作品中选出最好的作品，任务无疑是艰巨的，遗珠之憾不可避免。但是，在越来越多读者与方家的帮助和参与下，我们有信心将一年一度的《中国年度时评》越做越精彩。

最后，再用一句话总结我对2010年度时评的编选感言：这些最逆耳的言论，令我们无法忘怀！记住2010年，记住那些为时代而发出的尖锐呼喊！

2010年12月19日

目 录

社会篇

国际篇

经济篇

文体篇

时政篇

“跨省拘捕”是向公民监督权“寻衅滋事”

王刚桥

据报道，11 月 23 日，宁夏吴忠市公安局利通区分局民警赴甘肃省将在甘肃省图书馆工作的图书馆助理馆员王鹏刑拘。利通公安分局刑警队负责此案的石姓副队长对记者证实，王鹏涉嫌的是“诽谤罪”，之所以要动用“公诉”程序，是因为王鹏的行为“严重危害国家利益和社会秩序”。

从媒体的报道中看，王鹏的举报有其“合理怀疑”的事实依据。一是马晶晶的在校表现与其在公务员考试中力压四百多考生而荣登两个第一不太相符，异乎寻常；二是宁夏所有拟录用公务员名单都在人事厅网上公示，但马晶晶上班半年后其录用情况仍未在招考部门网站上公示，这也异乎寻常；三是有多份自称招考工作人员的举报材料称，马晶晶卷面近一半没做，相关面试人员被“打招呼”……

笔者也无法证实以上举报是真是伪，但种种异乎寻常的现象的确易引发怀疑。更何况，媒体还披露，马晶晶的父亲马崇林曾任宁夏固原市泾源县委副书记、县长，现任宁夏回族自治区扶贫办副主任；其母丁兰玉曾任宁夏吴忠市委常委、总工会主席，分管妇联和团委，现任吴忠市委常委、市政协主席。马家具备影响公务员考试结果的基础条件。

应当说，“马晶晶在公务员招考中作弊”仍然是一个待证实的判断。仅凭王鹏的一面之词确实不能“证实”什么，但公民在对国家机关及其工作人员行使批评权和监督权的时候，并不要求“绝对真实”。“诽谤罪”的成立，应以行为人“虚构事实”或“捏造事实”为前提。警方可以去查证王鹏所列出的“事实依据”是否属实。如果属实，王鹏的行为显然不构成“诽谤罪”。

在逻辑上，即便上述事实为真，也并不能证实马晶晶就“作弊”了。“作弊”是王鹏的推断，有关部门理应对照王鹏所述的事实，为公众解疑释惑。比如，在有第三方见证的情况下，调取马晶晶的笔试试卷予以核对；由招录部门公开解释不及时公示马晶晶录用情况的原因。

可以说，我们在王鹏的发帖举报行为中，并未看到“严重危害国家利益和社会秩序”的情形。警方以此刑拘王鹏，缺乏事实依据，也是对公民批评权和监督权这两大宪法性权利的不法侵害。今年8月初，最高人民检察院（以下简称“最高检”）曾下发通知，将诽谤案件的批捕权上提一级院审批，并提出了三项具体要求。最高检指出，各地检察机关要准确把握诽谤罪与非罪的界限，不能把对个别领导干部的批评、指责乃至过激的言语当作诽谤罪来办。过激言论尚不构成犯罪，何况王鹏的用意指向的是举报。

最高检要求“各级检察机关要严格把握诽谤案件自诉与公诉的界限。属于自诉的，应当建议侦查机关撤回或者作出不予批捕决定”。同样的法律依据，最高检在适用时，就能保持谦抑。有的地方警察却任意解释，借此向更高的权力献媚。这哪是法律惹的祸，实是恣意妄为又难以问责的权力在向公民监督权“寻衅滋事”。更为紧迫的解决路径，显然还在于有效问责。

（原载《新京报》2010年12月1日）

官员出逃为何要三个月来证实

新京报

坊间流传已久的安阳市委副书记李卫民神秘失踪一事，终于有了权威说法。27 日晚间 20 时许，来自河南官方的消息证实，河南安阳市委原副书记李卫民涉嫌职务犯罪出逃，已被开除党籍、开除公职，检察机关也已依法对其立案侦查。

消息很简短，李卫民是不是像此前传言的那样，“到了加拿大”，“在新加坡开餐馆”；是不是确与三门峡腐败案件有关，目前均不得而知。一个地级市的市委副书记“人间蒸发”三个月之久，当地政府何以能够沉得下心来“一切正常”、“三缄其口”？即便有所顾虑，以案件保密的理由搪塞公众，也未必就是一种不负责任的表现。要知道，就在安阳当地官员称李卫民“外出看病了”，否认其潜逃的同时，关于李卫民去向的真真假假的传言却在疯狂流传。

其实，官员做到李卫民这个级别，已成为一个重要公众人物。如果人们连续多日不能从电视上、报纸上看到其身影，大抵是会有所猜测的。也因此，当地官员为掩饰李卫民真正去向而作出的解释、回避乃至掩饰，只能是徒劳。而且，越是这样的堂皇说辞、官样文章，越是能够在损害政府公信力的同时激发公众的想象力，于是，疯长的传言就成了公共领域里难以遏止的、单调的作物。

听任流言传播三个月之久，当地官员的表现让人费解。合理猜测一下，一种可能是，地方官场的稳定需要一段时间，案件信息的披露需要一个过程。不过，这个理由比较牵强。市委副书记稍有异常表现，那些与其有瓜葛、有利益往来的官员、商人，该知道的自然早早就知道了，不可能真正“封锁消息”。即便能够封锁一时，却也绝对不能封锁三个月。以此说来，遮蔽信息所遮蔽的，只有一般民众。

还有一种可能是，地方上或许正在通过某种努力，像温州市对待出逃官员杨湘洪那样，设法劝说、催促李卫民回来。即便真有这样的努力，也没有必要长期隐瞒其去向。按照《公务员法》的相关规定，公务员旷工或者因公外出、请假期满无正当理由逾期不归连续超过十五天，或者一年内累计超过三十天的，予以辞退。此外，《公务员处分条例》也对公务员的旷工作了明确的处罚规定。难道，李卫民就该享有法外施恩的殊遇？

官员出逃已非个案，温州官员杨湘洪以治病为由滞留巴黎不归、上海卢湾区副区长忻伟明随团在法国巴黎考察时怀疑"失踪"、山西省疾控中心主任栗文元赴澳大利亚旅游不归……眼下，这个名单中又多了一个李卫民。这些官员何以总能冲破重重防范措施、成功出逃？相关管理、约束、防范制度运行的不理想、不到位，固然是某些官员顺利出逃的主因，而缺乏社会监督则是官员为所欲为的另一重要原因所在。

正因为官员出逃现象增多，最近几年，各地出台了很多制度防范官员腐败后出逃，严治"裸官"的声浪也一度成为官方和民间的共识。著名反腐学者、中央党校政法部教授林喆甚至在2009年年底预测，在未来的反腐工作中最引人注目的一大新气象将是，"贪官出逃的机会越来越渺茫"。然而，现实却依然不容乐观。

扎紧防范官员出逃的制度篱笆，一方面，要将预防腐败的措施更为前置，如更严格地贯彻对现有官员出国的审查机制，加强防范官员外逃的部门间工作协调机制；另一方面，还需摆脱对封闭权力自行监督的依赖，进一步推动信息公开，引入广泛的社会监督，如此才能真正实现"从严治官"，防患于未然。

（原载《新京报》2010年8月29日）

官员的狠话到底有多狠

马志海

广州天河区区长徐汉添日前召开大会布置拆违建工作，在会上，他放下狠话："谁要是替违章建筑求情，那就请递辞职报告。"这条新闻的大背景，是一条更大的新闻：广州市委市政府正高调整治全市违法建设，因为违建情况现在非常严重。有官方数据说，仅今年上半年，违法建设就有 80 多万平方米。如果计算陈年旧账，那违建规模恐怕会是一个天文数字。

领导说狠话，向来是最抢眼球的新闻。其实，早在天河区区长放下狠话之前，万庆良市长早已狠话连连。据当地媒体报道：广州市不留情面地曝光了城中 13 个违法建设黑点，万市长以"令人震撼、令人震惊、令人震动"来表达对违建肆虐的愤怒与扫荡顽固违建的决心。所以，区长的狠话，其实是源自更高一级领导向他下达的死命令。死命令是给区长的压力，也是给他撑腰壮胆。这样一层一层地往下压，自然会压出狠话来。有兴趣的记者不妨再去访访街道办主任，说不定他们的狠话都能让阎王爷打哆嗦。如此看来，区长的狠话，不过是类似执家法的训诫，万一为违章建筑求情的不是他的下级而是上级，他还能让他的上级向他递辞职报告么？这不像话。

再看前段时间引起全城关注的二沙岛拆违建，惹万市长动怒发狠的，还是他的下级："在这里我告诉大家，一定要依法依规，依法行政，依法管理，要理直气壮！谁软，谁就不是依法行政，谁就不是人民的好公仆！"咱们从这就瞧出问题来了：拆违建，最大的阻力，看来还是来自咱队伍内部啊！

拆违建向来都是广州的老大难问题。早在 15 年前，我做跑线记者时，当时的广州市常务副市长陈开枝就负责拆违建，据说，当时不少违章建设者的背景大得吓人。当年陈开枝也曾顶住重重压力，用推土机把白云山上的违章建筑给铲平了不少。有记者回忆说，陈开枝当年也曾放下狠话："即使将乌纱帽丢到珠江，也要对得住广州市民……"同样是一句狠话，但说话的对象不同，表达的意思也大不一样——天河区区长要摘的是别人的官帽，陈开枝押上的却是自己的乌纱帽。

拆违建这事儿，市民们大多数抱的是拭目以待的态度，因为依以往的经验，类似这样的行动多半是半途而废。事实明摆着，有些违建比市政府还阔，违建者的“背景”恐怕也不只是坊间的传闻。所以，市民内心还是觉得悬得很。

这一回，市政府算是下了大决心，狠话说出口，驷马难追。要知道，政府的最大靠山是人民群众，人民群众的支持，才是依法行政最大的勇气和力量。而要想得到群众的支持，第一做事要得民心、顺民意；第二还要有魄力、敢碰硬。所以，归根到底，行动才能说明一切。道理很简单，如果拆不动违建别墅，怎么好意思碰小市民搭的鸡窝！

（原载《信息时报》2010 年 7 月 15 日，原题：狠话的力量应来自群众的支持）

“县委书记下井被吓哭”说明了什么

郭松民

近日，国务院办公厅下发通知，再次强调领导下井带班。然而这样的规定对于那些习惯了养尊处优的地方官员来说，很可能是一种真正的不能承受之重——日前，山西省政协原副主席吕日周透露：有县委书记在井下通过一段低矮的巷道时，居然被吓哭。（《华商报》7月27日）

县委书记如此脆弱惜命，引起了网友的冷嘲热讽。有网友说：“领导都是孬种，孬种却当了领导，这说明了什么？”这话是粗了一点，“都是孬种”的判断也未免过于绝对化（毕竟有不少领导并非孬种），但他的提问却值得有关方面深思。要知道，中国的一个县少则几十万人，多则数百万人，比欧洲一些小国的人口还要多。要领导这么多人，最低限度也该是条汉子吧？否则天有不测风云，遇到个七灾八难的，他先被吓哭了，那老百姓该怎么办？谁来做他们的主心骨？

“县委书记下井被吓哭”，至少说明目前的干部选拔制度存在缺陷，使一些根本就不适合担任领导工作的人“混”上了领导岗位。从某种意义上说，就是科举制度穿上了公务员考试制度的马甲，在今天复活。“读书做官”、“学而优则仕”至今还是从政的主渠道，出现个把县委书记被“吓哭”，也是再正常不过了。也许有人会问，西方不也有公务员考试制度吗？但是，人家西方把公务员分成只办事的“事务官”和掌舵的“政务官”，“事务官”才是考出来的，“政务官”必须经过“选战”的洗礼，没点能耐可不行，我国目前一勺烩的公务员考试，其实是模糊了“办事”和“掌舵”的区别，在实践中就不可能不出问题。

中国的情况较复杂，包括自然灾害在内的各类危机比较频繁，这就要求负责“掌舵”的各类官员具有比较全面的经验和过硬的政治、心理素质，这说明，单纯的“学而优则仕”一条通道，未免过于狭窄，如何把考试制和选举制、推荐制等很好地结合起来，使适合掌舵的人掌舵，善于办事的人办事，应该是干部制度下一步改革的方向。

（原载《华商报》2010年7月28日）

继续使用问题奶粉应以投毒罪论处

周筱赟

2月2日卫生部发布信息称，全国食品安全整顿工作办公室相关负责人披露：有企业未按照规定彻底销毁2008年问题乳粉并私自藏匿和继续使用。为此，从2月1日开始进行为期10天的乳品和乳制品专项整治。全国整顿办已于近日派出8个督查组，分赴16个省，严厉查处各类食品违法事件。

从媒体的报道中可看出端倪。这个会议开得非常紧急，可见目前局势的严重程度——据2月1日《广州日报》报道，广东省负责文教卫生的副省长雷于蓝，在1月30日凌晨1时接到通知，必须于30日下午赶到北京参加食品安全专项整治紧急会议。雷于蓝不得不缺席了1月30日的省政协分组讨论会。会后雷于蓝又赶回广州，在1月31日向媒体披露说："因为2008年还有一批含三聚氰胺的乳制品没被销毁，现在有的又流到市场了。"

而2月2日杭州《都市快报》报道，早在去年6月，曾有一饲料商透露，自己从一奶粉经销商手中购买了六七万吨三聚氰胺严重超标的奶粉，准备用作饲料。这说明，在2008年三聚氰胺事件之后，当时回收的近万吨问题奶粉如何销毁，大部分没有完全公开的信息。其他涉案的企业只宣布召回，没有公布销毁情况。真的都销毁了吗？还是存放在仓库里，等着风声不紧的时候再出售呢？现在的情况表明至少部分企业采取的是后者。

奶粉经销商在没被查获的情况下，怎会把毒奶粉白白销毁呢？当然是重新包装后，又流入食品加工市场，做成了奶粉、炼乳、雪糕、冰激凌、糕点，进了无数人的肚子，再可能成为无数人肾脏里的结石。

如果不是媒体报道，毒奶粉早已淡出大多数人的视线了。前年被披露的三鹿毒奶粉，造成30万婴幼儿遭受不同程度的伤害，其中5万余人住院治疗。只要食品监管仍然处于这样的失控状态，三聚氰胺毒奶粉就绝不会随着三鹿的消失而消亡。这说明当前的食品监管局势仍然不容乐观。

如果说中国是一个相互投毒的国度，那肯定是夸大其词了。但是，目前国内的食品安全现状却不得不让人警惕。在一些地区，猪肉有毒（瘦肉精），养猪的不吃自家产的猪肉，但是他得去买大米吃，而大米有毒（土壤重金属污染），种大米的又不吃自家产的大米，但他得去买猪肉吃。依此类推，就等于相互投毒。

这里要说明一下，从 2002 年开始，最高法对《刑法》中的罪名作了修订，将“投毒罪”改为“投放危险物品罪”。不过我觉得“投放危险物品罪”说起来没有“投毒罪”顺口，本文就暂且沿用旧称。

根据《刑法》的规定，投毒罪在客观上是投放毒物，危害公共安全，即威胁不特定人群的身体（如果针对特定某个人投毒，那应该属故意杀人罪或故意伤害罪）。投毒罪在主观上表现为故意，即明知自己的行为将导致的后果。卫生部这次所揭露的未按照规定彻底销毁 2008 年问题奶粉并私自藏匿和继续使用的企业，他们的这种行为，完全当处予投毒罪。按照《刑法》的规定，未造成严重后果的，处 3 年以上 10 年以下有期徒刑；致人重伤、死亡的，处 10 年以上有期徒刑、无期徒刑或者死刑。

其实，在食品加工领域，这样的投毒行为又何止毒奶粉！可是，无处不在的长期投毒者，除了三鹿这样的倒霉蛋之外，我们看到有几个人被判刑？搞这样的运动式执法，而不是从制度上加强食品监管，风头过去，又卷土重来，怎么可能解决得了问题？毒奶粉在两年后重出江湖，就是可怕的证明。

（原载《南方农村报》2010 年 2 月 6 日）

反腐别成了小品

张　鸣

这年头，好玩的事，多半出自官府。人人都关心反腐，官方反的力度也不可谓不大，但效果好像都不怎么如意。1979 年的时候，一个王守信贪污了 50 万元，就算得上是全国头号贪官，现在贪污上亿的，甚至几十亿元的也有了。50 万档次的，估计连地方小报都没有兴趣登了。

尽管如此，反腐仍然是百姓关心、中央重视的大事，年年讲，月月讲，天天讲，所以，各个地方也高招尽出。什么贤内助反腐、女儿日记反腐，已经算老套了。时髦的有出反腐台历的，制作反腐扑克的，还有做廉洁体操、抄书反腐、领导干部家用电脑安装廉政屏保，等等。这些五花八门的高招，都是郑重其事被当作先进经验介绍出来的。

显然，这样的反腐招数，不管创新度有多高，都反不了腐败。做操和抄书，对于锻炼官员的身体倒可能有点用处，至于台历和电脑屏保，不管装了什么，哪怕把官员家里和办公室的装饰都换成反腐题材的，满墙都是清官的格言外加画像，该伸手的人，肯定照伸不误。这个道理，凡是具有正常智商的人，无需用脑袋，用脚趾头也能想明白。当然，家中如果有深明大义的贤内助，的确有助于培养官员的廉洁作风，可惜，我们看到的尽是不贤的内助，劝夫或父廉政没份，暗中收钱有功。据说好些官员其实自己并不贪，事都坏在家里人身上。虽然理论上官员的贪心的家属是可以教育好的，但这跟教育官员奉公守法一样，理论上没问题，但实际操作起来却跟赶鸭子上树一样难。

谁都知道反腐要靠制度，靠制度化的建设。当下的中国，廉政出现这么大的问题，原因在于尽管设立了很多反腐的监督机构，但我们反腐的领导结构依然存在很大的缺陷。无论存在多少制度的障碍，有力者的一句话，就可以全部扫平。这些年来，学习新加坡成了很多地方政府最热衷的事，但是，新加坡官僚制的廉政，我们却学不来。

其实，这个道理大家都明白，包括那些热衷创新的地方官。所有人都知道，打反腐的扑克，装廉政电脑保护屏，根本就跟反腐没什么关系。别说让贪官的内人反腐，就是动员了他们的二奶，也挡不住那一只只的黑手。但是，地方的反腐创新，还就是要在这些方面下工夫。说白了，这些名堂是做给上面看的。什么体操、扑克、台历，虽然没有用，但能让人看得见、摸得着。年终评反腐成绩的时候，可以拿出来评功，弄好了，还可以拿出来交流经验。至于效果嘛，也好说，官场上的事，有多少东西真有效果？说它有效，还不就有效了？届时动员几个人出来现身说法，就跟真的一样。

可惜，这种玩意千万别露出来，一旦让官场外面的人见了，第一个感觉，就像是在演小品，虽说没有当下曲艺界的反腐小品演得出色，但还是小品。民众看了，可能会笑，而且是苦笑。

（原载《南方都市报》2010年11月9日）

财政为官员犯错埋单的正当性何在

王　琳

本周一的各大门户网站中，一则“公了”和一则“私了”的报道，稳稳地占据着点击排行榜的位置，格外引人注目。

“公了”的主角是河南南阳西峡县气象局。今年9月26日下午5时，该局局长禹相杰在驾驶本单位轿车陪同上级领导到景区游玩途中，将路边步行的三名行人撞死。《大河报》11月15日的报道称，南阳市、西峡县气象局为这场交通肇事共支付了48万元赔偿金。不过南阳市气象局局长回应称，他们的20万元是拨付给西峡县气象局的办公经费。

“私了”的主角是太原拆迁命案中的相关人士。10月30日，太原市滨河西路南延工程晋源区古寨村路段因拆迁公司违法拆迁引发一起重大刑事案件，导致被拆迁户1死1伤。据太原市相关部门11月8日通报，警方已刑拘涉案犯罪嫌疑人12名，一些涉案官员也被问责。但有被害人家属却反映，此前既有官员也有熟人欲私了此事。“他们暗示我1 000万元以下都可谈，我说，对这些数字我没有感觉”，死者长子孟建伟对媒体如是说。（《新京报》11月15日）

这两宗个案发生地不同，性质也迥异，但有个共同点，那就是官员对公共财政的绝对支配权。局长撞了人，因此产生赔偿，公家掏钱；政府拆迁导致命案，公家也掏钱。前一个掏钱，是替责任官员履行赔偿义务；后一个掏钱，是替责任官员堵住被害方的嘴。

先说前一个。公家为局长的交通肇事行为埋单，在网友看来是那么荒诞不经。别拿相关部门的规定来说事，那些条规或禁令中所禁的，都是“公车私驾”，而禹局长分明是“公驾公车”：按照一些官场潜规则，上级领导前来视察，别说衣食住行，就是吃喝拉撒也都是“公事”。禹局长在休息日为领导游玩亲自驾车服务，正是这种潜规则的体现。这些潜规则比文件还管用。这就是“白头（法律）不如红头（文件），红头不如口头”现象的生动体现！

在如此“公私不分”、“公私混杂”的种种潜规则背后，法律法规早就被抛到一边。为何南阳市气象局也要给西峡县气象局拨付一笔20万元的

“办公经费”呢？实在是过意不去呀！下级的局长服侍上级领导，出了点事，受益人好歹还是要表示一下吧。当然，这是实际层面的“解读”。名义上，他们都在“公事公办”，多给下级局一笔“办公经费”，多么冠冕堂皇的理由。下级有情在先，上级有义在后，这和谐的官场“隐秩序”将进一步巩固原本就潜滋暗长的官场陋规。而公众除了围观，难有能有效制约公共财政支出的手段。

再说后一个。拆迁本是行政征用程序的最后阶段，属行政行为。拆迁拆出命案，这实际上是一件发生在行政行为过程中的刑事罪案。不管最后定的罪名是“故意伤害（致死）”，还是“故意杀人（既遂）”——刑事案件的处理，已经不再是行政机关所能主导或左右的。官员试图说服被害人家属“私了”，且给出“1 000 万元以下都可谈”的暗示，实则已涉嫌妨害司法。鉴于被害人家属在描述这一“暗示”时语焉不详，目前亟待司法机关及时介入调查，以证实或证伪“官员欲私了刑案”的存在。

还应注意，这一个案之所以曝光，是因为被害人家属坚决拒绝“私了”。如果我们承认人性也有软弱的一面，我们应进而承认，以中国之大，总会有一些愿意接受这份“巨额私了费”的被害人家属。如果这样的情形发生，我们不妨再追问，官员“私了”的天价赔偿金又从何而来——当然是来自国库，是来自纳税人的钱。

也许，这些“公了”或“私了”的费用，都将被归入到一个堂而皇之的名目中。当人大代表在审议政府的财政预算案，根本控制不了这种堂而皇之的开支时，这些“私了”或“公了”就是必然的。集中的舆论批评或能让一两宗个案改观，却免不了“选择性监督”的现实。遏制公费“公了”或“私了”，关键还在于扩大公民对公共财政的参与度，并让民意成为衡量公共财政支出的唯一标尺。

（原载《东方早报》2010 年 11 月 16 日）

还有哪些人侵犯了公民信息

王　琳

1月4日，广东多家媒体报道了“全国首例侵犯公民信息犯罪案”。被告人周建平因向骗子非法出售官员个人信息资料以“非法获取公民个人信息罪”被判处有期徒刑1年6个月，并处罚金2 000元，成为国内被法院以“侵犯个人信息安全”的新罪名追究刑事责任的第一人。

非法获取公民个人信息罪来自《刑法》第二百五十三条之一，这里有必要照录：“国家机关或者金融、电信、交通、教育、医疗等单位的工作人员，违反国家规定，将本单位在履行职责或者提供服务过程中获得的公民个人信息，出售或者非法提供给他人，情节严重的，处三年以下有期徒刑或者拘役，并处或者单处罚金。窃取或者以其他方法非法获取上述信息，情节严重的，依照前款的规定处罚。单位犯前两款罪的，对单位判处罚金，并对其直接负责的主管人员和其他直接责任人员，依照各该款的规定处罚。”

依上述法条可知，非法获取公民个人信息罪的犯罪主体首先是国家机关或者金融、电信、交通、教育、医疗等单位的工作人员，其次才是一般主体。对于一般主体，必须使用“窃取或者以其他方法非法获取”公民个人信息，方可构成此罪。相关规定源于《刑法修正案（七）》，之所以有如此修改，主要是因为最常见、危害也最大的侵害人，就是“国家机关或者金融、电信、交通、教育、医疗等”掌握公民个人信息的工作人员。最典型的例子莫过于在2008年央视3·15晚会曝光的分众无线违规向手机用户发送大量垃圾短信，据称这家公司掌握了全国5亿多手机用户中一半的用户信息。这些信息来自何处，不言而喻。

然而就在《刑法修正案（七）》施行十个月后，我们仍然没有看到一例国家机关或者金融、电信、交通、教育、医疗等单位的工作人员侵犯公民个人信息罪的案例。倒是作为普通人的周建平“捷足先登”，摘取了“第一案”的“殊荣”。

周建平所用的“非法手段”，在网上已是“公开的秘密”，并且广为一些“私家侦探”所采用。这一行为的入罪究责是必然的，但周的入罪却充满了偶然。如报道所示，周建平将 14 位领导的电话号码及通话清单卖给了一伙骗子，这些骗子又利用上述信息实施了诈骗。假设周建平售卖的个人信息来自一些普通人，并且也导致了诈骗等后果，还会否有如此顺利的侦破及追根溯源的究责？

与这宗“第一案”相关联的，还有一个法律疑问有待法院释惑。《刑法修正案（七）》自 2009 年 2 月 28 日起正式施行，而周建平“非法获取公民个人信息”发生在 2008 年 11 月。依据刑法溯及力“从旧兼从轻”原则，修正后的新规并不能自动适用于既往发生的案件。而从报道中又看不出本案有何“特殊”——除了受害人是官员。因此我认为，相比“第一案”，公正其实更重要。

（原载《信息时报》2010 年 1 月 5 日）

“叛徒”的曝光难撼官场潜规则

曹　林

姜宗福的披露真让我等大开眼界，领导的批示从媒体上见过不少，但没想到横写竖写还暗藏着这等官场暗号，小小的标点空心实心，意思所指竟有这么大的差别，让人想起地下工作者用的莫尔斯密码了。仅仅批示和签名就暗含这么多玄机，整个官僚体系在运行过程中不知道还有多少暗语和玄机。姜宗福自嘲会被官场视为一个“叛徒”，无论如何，感谢这个“叛徒”，让我等官场之外的人窥见了这些神奇、神秘的暗码。

可是，窥见了暗码，知道了这些潜规则，又能怎么样呢？在满足了好奇心之后，人们不得不面对这个残酷的问题。姜宗福对官场潜规则的曝光，爆了很大的一个料，非常可贵，可是，在既有的官本位体制下，这样的披露除了能一时满足公众的好奇心和窥视欲外，并没有太大的意义。既无法撼动官场的那些潜规则，也无法对官场产生什么震动或改变。

姜宗福之前，以切身的做官经历披露官场潜规则的人并不少见，如吕日周、张保庆等人。不过，在他们披露之后，潜规则依旧盛行，官场依旧是那个官场。可以想象，姜宗福的披露，也会如往常一样，在舆论中一时会激起不小的波澜，而官场仍然平静如昔，激不起半点儿微澜。该潜的还潜，潜规则本是怎样还会是怎样。

一个法治社会中，应该只有一个“明规则”，那就是法律，一切都置于法律的统治之下，人人都将明文的法律作为行为的准则，而不会有法律之外的第二套规则。我们的官场，之所以潜规则盛行，甚至潜规则凌驾于明规则之上，真正主宰着官员们的行为规则和官僚体系的运行，甚至官员只认潜规则不认明规则——关键在于，在法律规定的明权力之外，还有隐权力和潜权力，官员手中实际掌握的权力远远多于法律所赋予的。规则是由权力决定的，既然明权力之外有更多的隐权力，规则必然就有潜规则了。

权大于法，官员手中掌握的权力远远高于法律所赋予的，这是潜规则的制度根源。这个制度根源不清除，隐权力不被驯服，作为明规则的法律不被尊重，官场的潜规则自然丝毫不受撼动。

就拿姜宗福披露的那个潜规则来说。一方面，领导批示比法律还管用，法律管了那么多年没有效果，领导一批示就起作用了，这本身就是“隐权力起作用”的典型案例。相比法律，下属们更看重决定着自己乌纱帽的领导的脸色。另一方面，为什么下属学会从批示的横写竖写中辨识领导的意思，这是一种揣摩。因为领导手中掌握着许多制度外的隐权力，这些隐权力决定着下级的利益和仕途，下级自然就以揣摩上意和察言观色为能事了，揣摩中、效仿中，就形成了官场的潜规则。

前段时间媒体曾曝光某地负责接待领导的接待办的一个文案，将每个前来视察的领导都编了号并有详细的信息描述：某领导最喜欢的饮料、最喜爱的香烟、最喜欢的菜肴、文娱活动习惯、坐车喜欢坐哪个位置，等等。这，就是观察和揣摩。因为领导决定着下属的命运，必须侍候好他们。这一套观察和揣摩的结果，就形成了潜规则。

一个被逐出官场的人的曝光，远远终结不了这套根深蒂固的潜规则。官僚体系运行的不透明，政务的不公开，只曝光一小部分潜规则，只可能让官场更加神秘。

（原载《华西都市报》2010 年 8 月 18 日）

神木书记郭宝成为什么必须退居二线

肖余恨

陕西神木县委书记郭宝成退居二线的新闻，一直是这些天的舆论热点。郭宝成由一个掌握着实权的县委书记，调任榆林市人大常委会副主任，用老郭的话来说，是平调，但傻瓜也知道，这是事实上的退居二线。老郭是在当地搞免费医疗、12年免费教育出了名的。他的理念是，虽然神木有点钱，但只要想搞，全国大多数地方都可以搞起来。这话说得在理，也令人动心。遗憾的是，现在老郭不得不退居二线了。

媒体关注的焦点是，老郭退休后，神木会不会“人走政息”。我想不大可能，郭书记调离后，原县长雷正西同志接任，雷原来就是班子的重要成员，是副班长，对于这个颇得人心的政策，新任的雷书记就算是不乐意，也不会冒政治风险，将这个利县利民的好政策给取消了。至于媒体关注的另一个问题则是值得探讨的，那就是神木模式能不能复制？我只要问一个问题，大家就会知道答案了：郭书记干得这么好，为什么会调离？有民意的拥戴，有舆论的追捧，为什么郭书记不能再前进一步？这样的示范作用，在官场上是此时无声胜有声，就算有钱，恐怕人家也未必会冒这个险，步老郭的后尘。

我从来不否认，在官场上，有许多想干事、想干大事、想干好事的官员，官场上并不都是吃喝等混的庸官。没有抱负的官员、只知道捞钱的官员，肯定有不少，但未必是多数，更多的是想干事却无法干事的官员。就是能干事、干成事的官员，也未必能够再进一步，这才是最致命的。到最后，多一事不如少一事，改革创新不如墨守成规，于是亦步亦趋、点头哈腰的官员就渐渐多了起来。

就郭宝成而言，他干得好好的，为什么会调离现职？一个正常的理由是，到站了。不过，郭书记今年才55岁，就算到年龄了，为什么就不能再进一步，而是平调“二线”？当然，人大的位置也很重要，这个退居二线的说法，本身就别有意味。官方只是给出一纸通告，但为什么调动，则属于组织机密，是不宜对外宣扬的。不过，这则通告给百姓的感觉则是，为什么好官不能升官？升官的规则是什么？

不是怀疑陕西官场上有什么猫儿腻，而是说，在涉及这么一个重要人物的时候，在任免方面，恐怕也得顾及民意，不然很伤民心。如果说以前长治的吕日周改革过于激进，任免虽有争议但不至于一边倒，但从网络上我们可以看出，多数人，不，绝大多数人，对老郭的退居二线是惋惜的。就算是正常任免，官方也有必要给出一个令人信服的理由，但是没有，官方似乎认为不需要。

这是一层窗户纸吧。老郭自然清楚，但他不好说。我们局外人只好拼命地猜测。是触及地方既得利益者？是改革过于激进？是老郭过于高调，盖过了同级甚至上级的风头？是我们对郭宝成的认识太片面，只看到了好的一面？还是陕西的官场生态有问题？这些信息都极其稀薄。我们只知道，老郭干得不错，很得民心。

这样的一个好官，居然干不下去，不能获得重任，这真是一个个费解的谜，不是吗？更奇怪的是，大家都有这层疑惑，但都不去说，不愿去捅破这层窗户纸，这本身就是可怕的。

（原载《中国青年报》2010 年 9 月 16 日）

校园安保，怎能“公”“民”有别

熊丙奇

根据近期南昌市相关部门对校园安保的部署，全市各中小学、幼儿园都应配备保安，其中，每所小学、幼儿园保安员人数不得少于2人，中学不得少于4人。同时，每个校园的保安岗点还将配备警用钢叉、警棍、辣椒水三种装备，以增强校园防护能力。7日，记者在采访中发现，正当各公立学校不同程度地提高安保等级时，一些民办中小学和幼儿园却只能“自力更生”。（《信息日报》5月8日）

民办学校安保的困境，最近屡屡见诸报端。《新京报》5月5日报道，在此次整治校园安保部署中，公办学校的安保设备统一发放，而一些民办学校和打工子弟学校则只有自己想办法解决——北京海淀新希望实验学校校长按照报纸刊登出来的图片，以每把120元的价格定做了6把钢叉。打工子弟学校昌平区智泉学校则用土法从校内抓起，8点上课、6点开大门，保证不出现学生被堵校门外的情况；在传达室准备两个灭火器、五六根木棍。

难道政府部门不知民办学校这种安全困境？——根据公办学校聘请专业安保人员和配备安保设备需要资金保障的情况，政府部门不会不清楚，对于办学资金并不雄厚的民办学校，尤其是打工子弟学校来说，仅仅依靠学校自身的力量是十分困难、难以堵住安全漏洞的。可为何却未考虑怎样帮助民办学校、打工子弟学校解决安保问题呢？原因有二。

其一，延续“传统”的只将公办学校纳入保障，而要求民办学校举办者自行解决办学经费的思路。不少地区的民办学校的办学资金，唯一的来源就是学生的学费，除此之外，很难获得政府的任何资金投入，就是实施义务教育的中小学和打工子弟学校，也难以及时拿到政府的补贴。虽然《民办教育促进法》明确规定民办学校受教育者享有与公办学校受教育者一样的待遇，但无论从政府教育拨款，还是从学生获得的奖励、助学贷款、就业机会来看，民办学校都难在公办学校面前抬起头来。甚至一度，教育部被称为重点大学、公办学校的教育部，而非民办教育、全民教育的教育部。此次在校园安保上，“公”“民”有别，也是出自一样的教育管理思维。

其二，政府部门只对公办学校负责，是因民办学校安保问责似乎问不到自己头上来。近年来，每每公办学校发生安全事故，政府教育部门就特别紧张，动用各方资源处理问题，而在安全事故问责中，也极力轻描淡写。而若事涉民办学校，有关部门就松了口气，首先是责成民办学校的举办者处理问题，其次批评学校管理混乱，再次出重拳“治理”。感觉整个处理过程中，政府部门毫无保障不力、监管不力的责任意识。在这种意识之下，政府部门哪会考虑也给民办学校和打工子弟学校提供校园安保资金？

有关政府部门也应该对民办学校进行适当的资金投入的建议，早在10年前就被多次提出，道理也讲了几箩筐——比如，对实施义务教育的民办学校按公办一样的标准、按照学生人头拨款；对实施非义务教育的民办学校，包括民办高中和民办大学，按照成本分摊理论，也应该依照政府对公办学生的拨款标准，等额或者按比例拨付。这才是真正做到“公办学校学生和民办学校学生享有一样的待遇”——而且建言者还列举美国、德国、日本等国政府对待私立学校的做法，但民办学校的低人一等还是客观事实。

这几年来，也有一些积极的变化，比如，对于国家助学贷款，教育部很长一段时间的口径是，“承诺保障公办高校的学生可以获得国家助学贷款”，而现在，在不少地区，民办高校学生也被纳入国家助学贷款体系。与此相似的，还有大学生医保，也将民办学校学生纳入。

已于5月5日审议通过的《国家中长期教育改革和发展规划纲要》（以下简称《纲要》）明确指出，“依法落实民办学校、学生、教师与公办学校、学生、教师平等的法律地位，保障民办学校办学自主权。清理并纠正对民办学校的各类歧视政策”。落实《纲要》，不能选择良辰美景，而应从当下出台的每一项教育政策做起。对于已经提高到国家高度的校园安保，能否采取公办学校、民办学校一视同仁的安保资金保障方法，既可以检验有关部门清理各类歧视政策的诚意，也可传递出教改《纲要》能否得以真正贯彻、落实的信息。

（原载《新京报》2010年5月10日）

与温家宝总理风雨同舟

黎　明

“尽管社会上存在各种各样的议论，尽管存在各种各样的阻挠，我仍然要坚定不移地在我能力范围内，贯彻我的理念，加快政治改革的步伐。我想用两个词来表达我的决心：风雨无阻、至死方休。”温家宝总理近日接受外媒采访，在谈到政治改革时说了上面的话。

人民对民主和自由的向往和需求是无法阻挡的；我相信一个人应该留给世界的是真相；我将我的政治理念归纳为四句话：让人有尊严地幸福生活，让人感到安全可靠，让社会充满公正，让人对未来充满信心；是人民以及人民的力量决定了国家的前途和历史；人民的希望和意愿不会止息，顺之者昌，逆之者亡……这些凝练而清晰的话语，句句铿锵有力，字字掷地有声。

昨天的《中国青年报》在一周舆情综述里谈到，对包括温家宝此番谈话在内的中央领导人近期频频的政治宣示，广大网民普遍抱以热切的期盼。这些理念与目标，也是诸多知识分子平时所倾心、所宣扬的，但不可否认，这类话语出自总理之口，显然更有分量，对启迪民智也有更好的效果。

政改的阻力，从某种程度上讲是拖出来的，且越拖越大。政改不行，会造成社会发展陷入一定的困局，特殊利益集团坐大。无政改配套的经改，出现了很多社会问题，一些以改革名号进行的“改革”，有时以利益集团的利益最大化为最终结局。由是，“改革”这个曾经让人充满希望并形成权力合法化根基的概念，让人体会出复杂的滋味。

“温家宝总理专访”有多篇发在了互动的凯迪网络，其中的一个主帖，在40小时内，点击77万次，“盖楼”2万多层，大批网友见证了BBS奇迹的发生。他们见证的其实是一次民主知识的大普及，一次民心向背的大测验。

在知识分子话语中夹杂着一篇另类的跟帖，在我看来让人印象深刻。

我知道民主自由是个好东西，这是需要我自己去争取的，我是一个做泥水匠的农民工，我知道自己做不了什么，但是我今天特地向工头请了假，到市区的车费加上网吧的费用花掉我半天的工钱，我决定专门来顶您的贴，什么时候能动真格的？无论如何，我顶您了。

这是“人民对民主和自由的向往和需求无法阻挡”的一种直观说法。到了泥水匠也如此渴求政治改革的地步，说“可喜”虽可，但这里也有一些比“可喜”更实在的东西值得咀嚼。

按温家宝总理政治理念进行的改革无须预测，其实就是落实国家法律予以保障的国民权利，这就是最重要的收获。面对“风雨无阻，至死方休”，想到“风雨同舟”。不管能力大小和能做什么，总之不能“打酱油”，因为我们不是局外人，关注国家和社会的未来，就是关注我们自己的未来。

（原载《长江日报》2010年10月12日，原题：面对风雨无阻想风雨同舟）

官员财产申报有效的前提

蔡定剑

最近，中央《关于领导干部报告个人有关事项的规定》（以下简称《规定》）的公布，再一次引发了公众对官员财产、投资、资产等报告制度的热议。公众和媒体都以为，期待已久的官员财产报告制度终于出炉，其实并非如此。

中国并不是没有官员财产申报制度，早在1995年，中央就发布了《关于党政机关县（处）级以上领导干部收入申报的规定》，2006年又发布了《关于党员领导干部报告个人有关事项的规定》。

事实上，官员每年都在填写财产和个人情况申报表，新《规定》只不过是过去两个规定的整合，当然，与旧规定相比，其也有明显的进步。

具体而言，《规定》的新意有四：一是扩大了应予申报的内容，把房产、投资、配偶和子女从业情况等列入了报告内容；二是扩展了报告的主体，把非党员领导干部也纳入了报告范围；三是明确了报告的主管单位和程序；四是加大了对迟延报告、不报、瞒报者的责任追究。

民众对新的规定抱以厚望。新《规定》到底能不能真正有效呢？我不知道，但想告诉大家，到底什么样的官员财产申报制度才能有效。

分清“官”“员”是基础

一个有效的官员申报制度，需要建立在科学的公务员“官”“员”分类基础上。“官”“员”分类不清，申报对象就不准。申报对象宽了或严了都不行。宽了太滥，对象不能集中明确，监督的有效性就低；严了有遗漏，该监督的没监督。所以，一个有效的官员申报制度必须适当地界定“官”的范围。

官员申报制度的预设是：通过申报，防止官员运用权力搞钱权交易。那么，谁是“官”？谁有权力搞钱权交易？在民主的现代国家公务员制度之下，官员一般有如下分类：

第一类是政治类官员，如各级政府的领导人。这是指承担政治责任、对选民负责、具有政治决策权，因而由公民选举产生的官员。这类官员权力极大，发生钱权交易的可能性也最大。

第二类是政治任命类官员，如部门领导。这类官员通常由政治官员提名，由代议机构批准任命，对老百姓负部分责任。这类官员也有很大的政策决定权和法律执行权，也容易滋生钱权交易。

第三类是普通的公务员。这些人是负责执行法律和政策的行政人员，一般不具有独立的决策权和执法权，只是按照法律和政策确定的程序来办事。尽管他们有科层级别，但在一个法治完善、程序公开透明、责任明确、管理严格有效的制度下，这类公务员一般不具有钱权交易的能力和空间。

第四类是技术人员和辅助性人员，如财会、计算机、行政管理后勤、秘书等人员。他们的主要工作内容是处理机关内部事务，其服务的部门不是对外机构，而是辅助性机构，他们也不具有决策和执法的权力，因而也很难有钱权交易的机会。

很显然，前两类才是真正的“官”，是报告制度的对象；而后两类是“员”，不应成为其规制对象。中国的问题是，现行公务员管理制度对公务员缺乏科学分类，把不同类型的公务员混同在一起，以行政级别高低（副处级以上）来确定申报对象，而不是以职务分类来确定。

在中央机关，有的一个处级甚至局级干部，也不过是一个办事人员，不应作为财产申报的对象；而县级政府的部门和乡镇领导，虽然只是科级，但他们的性质是政治类官员或政治任命类官员，权力不小，理当列为财产申报对象。

由于对公务员的分类不科学，极易出现申报对象的错位和缺位，难以达到有效监督目标。因此，有效的官员财产申报制度必须以科学的公务员分类管理制度为基础，否则，难免存在过滥和疏漏。

“权”“责”对应最重要

可能会有人反诘：中国的公务员制度不同，各政府部门的局长、处长也握有大权，还有很多非领导职务的处级、局级，如前商务部官员郭京毅是非领导职务的局级干部，不也照样如此腐败吗？

其实，这是中国公务员管理制度中的另一大问题。也就是说，公务员制度不但“官”“员”不分，职务设置混乱；而且职责不清，不负有领导责任的人也拥有很大的权力。郭京毅案的出现，是由于犯罪嫌疑人行使了很多本不应该由他行使的权力，这反映了政府管理中权责不清的问题。

如果国家机关职务不分、权责不清，每个公务员都握有权力，腐败就会无所不在。这不是官员财产申报制度本身可以防止和解决的，根本的解决办法是要科学地理顺公务员管理制度，厘清权力和职责，加强管理，强化执法的程序和公开性。

为什么要准确界定财产申报的对象？因为官员报告个人事项制度涉及公务员的隐私权。在一个民主国家，政治官员由于需要对选民负政治责任，因此，在其担任职务期间需要放弃部分个人隐私，以便于公民的监督。

但是，对于普通公务员而言，其工作无非是一份职业、一种谋生手段，并不意味着一出任公务员，便失去宪法所保护的个人隐私权。申报不仅包括个人的资产情况，还包括本人的婚姻情况、子女与海外境外人士的婚姻状况等许多私密信息，政府也应尊重公务员的隐私权。申报主体范围过宽，就会侵犯普通公务员的隐私。

官员申报制度应在监督官员和保护公民隐私之间作出平衡，既要有利于监督，也要保护公民的隐私权。

更值得注意的是，虽然新《规定》对报告内容规定不少，但其仍然存在重要的遗漏。我们知道，中国有很多官员外逃。为此，中央规定“本人持有因私出国（境）证件的情况”和“配偶、子女移居国（境）外的情况”需要报告，但这些规定不足以涵盖官员“本人”是否拥有国外居留权的情况。

事实上，许多官员外逃前，往往已经非法获得了外国永久居留权或长期居留权的身份。要杜绝这种现象，就应该把本人是否有外国护照、国外居留权等情况纳入申报范围。

这不仅涉及“裸官”的问题，而且涉及国家的主权问题：一个国家的官员不能由外国公民或获得外国居留权的人担任。

现在，一些官员，特别是国企中的高管，有外国护照或绿卡的恐怕不是个别现象。在这个问题上，包括各级人大代表和政协委员都不应持有外国护照或绿卡，人大代表（包括私企老板）在选举前，也应报告个人的此类信息。

关键是官员财产公开

官员申报制度能否有效，关键是申报后要不要向社会公开。如前所述，中国原来并不是没有财产申报制度，为什么早就存在的官员财产申报制度并不为公众所知？根本原因在于，官员财产申报的结果没有向公众公布，不为公众所知，因而等同于“无”。

现在，国家机关副处级以上的干部每年都在填申报表，据我所知，并没有多少人会认真、如实地填写。表格交到组织人事部门，就被锁进文件柜。由于不向社会公开，不能得到社会、媒体和官员身边人的监督，再好的内部监督也会大打折扣。

要使官员财产申报制度真正有效，就必须把财产的申报和公示联系起来，财产申报的目的是为了公示，而不是内部存档。缺少公开透明的民众监督，任何官员财产申报制度都不可能是真正有效的制度。

如果想使官员财产申报制度有效，还要有基本的社会条件和基础。其中，首要的就是官员的诚信问题。如果官员缺乏起码的诚信和政治道德，申报制度也不可能有效。

中国自 1995 年建立财产申报制度以来，有那么多官员贪污腐败，有谁如实申报过自己的资产情况？很多官员也不把资产放在自己名下，有的转给成年子女，更多的是放在情人名下，不一而足，如是手段，防不胜防。新《规定》对官员瞒报、漏报等问题，虽设置了更为严厉的处罚条款，但是，贪官们连坐牢和杀头都不怕，又怎么会在意这些处罚条款呢？这不能不使人悲观地认为，如果官员缺少基本的政治道德和诚信，财产申报制度也就更显得苍白无力了。

更有甚者，中国缺乏明确的产权登记制度，财产界定也不清晰。而国家又缺乏一体化金融管理制度，征信系统极不健全，现金交易普遍，税务部门不能准确、全面地掌握每个居民的真实收入情况。这些技术条件的缺失，也使官员申报制度缺乏执行的基础。

（原载《新世纪》2010 年 7 月 25 日）

悼念财产申报先行者吴伟平

吴龙贵

在政治舞台上，新疆阿勒泰地区原纪委书记吴伟平只能算小人物；而就中国的官员财产申报制度改革进程而言，吴伟平当之无愧是一个可以载入史册的大人物。2009 年新年第一天，阿勒泰地区酝酿两年之久的官员财产申报制度正式实行，阿勒泰 55 名官员作为首批干部如约公示了他们的财产，这被誉为照进现实的“第一缕阳光”。它的意义不仅在于制度破冰，更在于它所确立的申报与公示并重的制度框架，至今还未被超越。

作为这一制度的主推者和相关文件的起草者，吴伟平被网友尊称为“中国推行官员财产申报制度第一人”。这样一个民间的称谓，放在官员财产申报制度理想与现实割裂的语境下，本身就是一种至高的荣誉。然而天妒英才，年仅 51 岁的吴伟平壮志未酬，便因病医治无效于去年 8 月去世。颇具隐喻意义的是，与他所力主推行的财产申报制度先遭热捧后归于平寂一样，他的早逝与生前的成就形成了鲜明的对比，直到一年之后，公众才得知他离世的消息。而他去世后，留下的纪委书记这一职位一直空缺着。

一位不愿意透露姓名的干部对记者说，一来他确实生病了，二来官员财产申报制度推行后，各方压力很大。他到北京求医时病情突然加重，逝在异乡。从这样含蓄的表达中，我们很难断言，“各方压力很大”是不是导致吴伟平病情突然加重，乃至最终离世的一个重要因素，但可以肯定，官员财产申报制度所遭遇的阻力和压力，一直纠结到吴伟平生命的最后一刻。一个感人至深的细节是，去世前几天，吴伟平还给阿勒泰地区纪委全体干部写了一封信，勉励他们提高自身精神境界，筑牢思想道德反腐倡廉的防线。

这当然是吴伟平不愿看到的局面：自他去世后，纪委书记的职务空缺了近一年，在阿勒泰廉政网的主页，依然醒目地列出了“财产申报表下载”、“县（处）级干部首次财产申报公示栏”两个专栏，但消息只更新到去年 2 月。部分民众开始对阿勒泰地区的官员财产申报制度的后续发展表示担心，有网友说，实际上它已经流产。而吴伟平曾经豪言“不会流产”的官员财产申报制度，如今变成了语义暧昧的“有些条件还不匹配，法制环境也需改善”。

人走政息？难道又是逃不过的宿命？事实上，即便在阿勒泰地区试点改革受到全国瞩目之际，当地依然有七成官员明确表示反对。从某种意义上来说，为此而鞠躬尽瘁的吴伟平既是一个侥幸的成功者，也是一个悲壮的失败者。

吴伟平在 2009 年被民间评选为新疆年度人物之一，当年的颁奖词这样写道：也许从官位和知名度角度来看，年度人物吴伟平略显平凡，但他起草的“阳光法案”具有里程碑意义，无论推行是不是成功，都将注定载入史册。我们可以遗忘他的这些荣耀和赞誉，但不该遗忘他为中国官员财产申报制度所作出的努力，不该遗忘他曾经像一个政治“堂吉诃德”一样挑战过庞大的权力“风车”。对此，我愿意以一个普通公民的身份，写一点文字，悼念他。

（原载《扬子晚报》2010 年 7 月 22 日）

被鞭子撵着去开会的人大代表

杨　涛

前不久，我有幸旁听本市“两会”的人大代表分组讨论，听到这样一则“趣闻”：在分组讨论前，主持人先宣布了前一天出席人大会的情况，称缺席代表很多，市委领导很生气。市委副书记要求，所有缺席代表必须书面向大会秘书处作出说明，此外，第二天起的会议，所有代表都必须出席，确需请假的，必须书面交大会秘书处，由秘书处转交市委组织部长批准。

应当说，各地人大代表、政协委员缺席“两会”的事情时有耳闻，而有关领导批评缺席代表、委员的声音也经常听到，有些省市甚至规定旷会多少次就取消其资格。但这种事发生在我身边，现象又如此严重，不由得引起我的深思。

我不知道其他国家对于议员缺席议会有什么制裁措施，但除非因为对大会某一事项不满，公开退席以示抵制，否则很少听说议员仅因私事而经常缺席议会和议员大面积缺席。反倒常听说议员非常积极地参加议会，有些国家和地区的议员为了某一议题甚至大打出手，开会热情特别高涨。怎么到了我们这里，代表如此懒散，如此不珍惜选民赋予他们的代表资格呢？亲历了本市这次分组讨论，我对这个问题多少有了些答案。

分组讨论的代表要么是县长、书记，要么是局长、科长，要么是乡长、镇长，职位最低的也是村党支部书记，这些“红花”只有极少数劳模或职工代表等“绿叶”陪衬。在讨论拆迁问题时，我听到大多数“红花”代表称拆迁户“漫天要价”，只有一片“绿叶”称：“把工作做到位，老百姓其实也是讲理的。”

接下来讨论“一府两院”工作报告，我听到的最多的声音是“这份工作报告是实事求是的”、“我表示赞同”；而在花团锦簇的赞同声中，我听到的最多异议声不过是“人大常委会是否可以多组织代表视察”。这好比民主生活会上，上级要求下属提意见，结果下属说“领导的缺点就是工作太认真，晚上加班太多，不注重身体”。

从某种意义上讲，代表大多是“官员代表”，而这些“官员代表”又大多是“被代表”——不是选民选举产生的“被代表”，而是由上面摊派指标下来的“被代表”，选举只是一种形式，而担任“代表”则是这些官员义不容辞的政治任务。他们参加“两会”，下意识中认为不过是表表态、举举手。

此外，他们的官员身份决定了事实上不方便监督上级。如果不是领导和上面强行要求，他们对“两会”兴致并不浓厚，要么家里有事干脆不来；要么来到市里、省城，抓紧时间会会上级和老朋友、老关系，或顺便招个商什么的。我看到人大会场是黑压压的一片人，大概有一两千人，一个代表加入进去，就像一个小石头投入大河里，一点波纹也起不来。我想，会不会是那些缺席代表认为，多我一个或少我一个举手、发言、提议案，既起不到任何作用，也产生不了任何影响？当然，这只我的猜测，并没有问过任何一名代表。

如果这样的分析有道理，那就不难理解市委领导的震怒了。本来，代表大面积缺席，该震怒的是市人大领导而不是党委和政府领导，因为他们是来接受监督的。不过，也许在市委领导眼中，代表是他们指定下去的，所以，领导要营造一种团结、欢乐、祥和的面貌，营造人大代表积极参政、议政的气氛，表明在其治理下有一股浓厚的民主氛围，代表当然必须准时参会。

也可能，在一些市委领导眼中，“两会”与市委、市政府召开的经济工作会议、农村工作会议等并没有什么两样，代表既是代表更是官员，开完会后负有向下传达上级精神的任务，焉能随便缺席会议？所以，市委领导就要拿着鞭子撵代表们去开“两会”了。

（原载《中国青年报》2010 年 1 月 21 日）

地方政府，为何一次次通过抢尸来“维稳”

杨 涛

1月7日，江苏邳州市河湾村，200多名男子手持棍棒、砍刀，欲强行征用该村耕地，与前来护地的百余名村民发生冲突，导致村民一死一伤。当地警方称，涉嫌行凶的30人被控制，其中包括河湾村支部书记孙孝军。8日凌晨6时许，当地政府曾动用防暴警察赶到太平间，抢走尸体。（《新京报》1月18日）

抢尸成为一种风尚和一道县域政府治理的独特风景线。在内江“死而复活”的事件中，在更早的湖北“高莺莺”事件中，在现在江苏邳州市的这一事件中，政府有着同样的做法——出动防暴警察抢夺尸体。

与政府抢尸相应的是，死者家属和那些权益受损的民众，也将摆放尸体和抬棺游行作为在突发事件中的首要反应。在“石首事件”中，死者家属将尸体摆放在了事发的酒店内；而在不久前发生的贵州警察枪击两名村民事件中，死者家属也表示，当地政府应公开赔礼道歉，查清事实真相，否则将抬棺鸣冤。

几乎所有发生流血的突发性事件，死者的尸体都成为对立双方一种最重要的筹码，仿佛尸体掌握在谁手中以及是否下葬，从一开始就决定着博弈双方的成败。死者家属需要尸体，不仅仅是一种感情的慰藉，更重要的是，作为弱势群体的他们需要用此举来诉说悲情，争取舆论的支持，从而在与对方和政府谈判时增加话语权，或者引起政府的高度重视，从而更迅速、更有力、更公平地处理问题。而政府抢尸，除了在一些事件中是有意为某些失职或者滥用权力的官员掩饰问题外，更重要的在于“维稳”。当前，在社会矛盾凸显的今天，维稳成为地方政府压倒一切的政治任务，任何维稳的问题都可能让地方主政官员丢失乌纱帽。而死者家属无论是在公共场所或政府大门前摆放尸体或抬棺游行，都意味着社会的不和谐、不稳定，将尸体抢夺过来，这种不稳定根源就消失了。而且，死者家属失去了尸体这个筹码，在未来的谈判中其话语权就更弱，事情就能朝着有利于政府的方向发展。有时甚至是与政府并不直接关联的事件，为了维稳，政府也要抢尸，比如内江“死而复活”事件，是死者家属与医院之间的冲突，政府也要出动警察抢尸，因为“如果家属拿尸体要挟，真的把尸体抬到市政府门口，就变成一个影响社会稳定的问题了”。

在抢尸和摆放尸体与抬棺游行日益占据报纸新闻版面的今天，许多人已经有了审丑疲劳，见怪不怪。但事实上，所谓的抬棺游行，要么发生在战争冲突不断的国度，双方没有任何裁决机构解决矛盾；要么发生在封建社会，那是地方官员腐败无能，徇私枉法，民众想借此寻找“包青天”，让冤情上达天子。在一个法治国度，人民是不需要用这种悲情方式增强政府的重视与公平的；而政府也不需要通过抢尸来维稳，因为民众自会选择对簿公堂。

抢尸和摆放尸体与抬棺游行的盛行，正昭示一些地方政府和法院的公信力在流失。人们已然不相信政府能公平、公正、公开地处理问题，只有诉诸悲情，将事情闹大，危及地方政府官员的政绩考核和乌纱帽，政府才可能会给他们公平。更严重的是，他们也不相信法院，因为他们不认为法院能在他们与政府之间主持公道，法院是站在政府那一边的，民众宁愿相信抬棺游行，也不相信法庭辩论。

当政府一次次通过抢尸达到“维稳”、迅速平息事态和提高博弈能力的目的时，他们也就对抢尸乐此不疲；而当民众从摆放尸体与抬棺游行中发现事情闹大才能得到公正处理，甚至还可能获取额外利益时，对于摆放尸体与抬棺游行也是屡试不爽。当社会稳定与公平、正义的实现取决于双方对于尸体的抢夺能力时，民众权益与和谐社会何以安身立命？

（原载《东方早报》2010 年 1 月 20 日）

东莞火车站领导被处理其实并不冤

刘洪波

春运第一天，广东东莞火车站被记者拍到“乘客爬窗上车，铁路人员协助”的照片，东莞火车站站长和书记因管理不力遭免职。消息传出，众多网友开始为两名铁路干部喊冤。

喊冤当然是基于对铁路人员帮助乘客爬窗上车的认识。大概很多人认为，乘客春运返乡，事情很大，车站人多，按顺序上车恐怕来不及，所以爬窗也未尝不可，铁路人员帮助乘客爬窗，很有人情味。

我想，这种想法是建立在爬窗上车没有导致安全事故的基础上。从车窗上车，肯定不符合安全规程，隐含着危险。并不是每一次违反安全规程都会造成悲剧，但对安全规程视若无睹肯定会导致悲剧。矿井不是每一次忽视安全就要死人，娱乐场所不是每一次忽视消防都要起火，爬窗上车也不是每一回都会不慎坠地或者车动人落，但这都隐含着出事的危险。

所幸爬窗上车未出现意外，若是出现意外，铁路部门必然要为没有制止乘客爬窗而承担责任，何况铁路人员还帮助乘客违反安全规程！春运也好，平常时节也好，安全第一，没有比消除安全隐患和清除不安全苗头更重要的了。

或者，乘客太多，秩序不好，人们担心上不了车。但事情要一码作一码论，铁路人员必须组织得当，保证乘车秩序，而不是助人爬窗，乘客也应排队顺次上车。如有需要，铁路部门可延长站点停靠时间，仍然可以保证安全。若实在出现无法上车的情况，乘客可以凭票向铁路部门提出违约责任赔偿。

铁路部门并未追究爬窗的乘客，也未追究帮助乘客爬窗的普通铁路工作人员，应该说是合乎中国式情理的。但违反安全规程的现象必须受罚处，处罚站长和书记，是适当的。免职处理重不重，是另一回事，可能要看铁路相关规定，但站长和书记未能认真组织春运，未能树立员工的安全生产意识，若不即行制止，很难想象在运输上亿人次的春运期间，忙乱之际会不会出现本可避免的悲剧。

据报道，拍摄东莞车站春运照片的记者为此感到内疚。那本来不是

“舆论监督”，而是一个客观报道，甚至可能有某种程度的“人情温暖”。然而，春运大幕刚刚拉开，铁路部门怎么能眼看违反安全规程的行为而不迅速反应？乘客爬窗，铁路人员相助，人情是温暖的，安全规程是被通融的。通融多了，就没有安全规程可言了。

春运是客流高峰，乘客慌回家，铁路慌运客，越是这种时候，越要看到潜在的危险，越要对安全集中精力，宁可比平时更严格一些，不可以存侥幸心理。前年春运刚开始，就有一个女大学生因被挤下站台而遭火车轧死。不用说，出了事，人们都会要求管理部门维持好秩序，并且回头追问其管理失职。今年春运第一天的乘客爬窗，没有出事罢了，但管理部门严格安全规程，何以会遭非议？

有人说，爬窗上车的地方还有很多。我不知道这样的事情是不是还有很多，但越多越说明问题严重，越需要立即改变。这样的事情，以及其他违反安全运输规程的行为，必须发现一个处理一个。哪里还有爬窗上车的现象，若有证据，也应当与东莞火车站一样处理。如果顾念左右，交通安全、生产安全就会马马虎虎。这也过得去，那也没大碍，如同胡适先生所说，“差不多先生”太多，得过且过，所以我们总是会出大事。

与其出了安全事故再去哭，不如先行管好安全。铁路这几年出的安全事故不少，还放任违反安全规程的行为发生，岂不是一点记性都没有？春运刚开始，还很难保证一定能平安度过，哪怕再谨慎认真，还唯恐会有事故发生，怎么能够看到违反安全规程的事情，只觉通融的暖意，而不在意违反规定的危险？

我们对矿难中的安全疏忽有多痛恨，对火灾事故中的消防隐患长期不改有多痛恨，对违反安全规程的春运组织和管理就应该有多痛恨。矿难之前，安全疏忽可能侥幸没有事故；火灾之前，消防隐患也曾经长期没有问题。旅客未能顺次上车，车站未能制止旅客爬窗，这是大隐患，站长和书记应该被免职。不要说没有发生什么事故，真的发生事故了，损失可能就无法挽回；何况，如果没有事故就不处理违规行为，安全规程难道是专用于事后悔过，而不是用于防患于未然的？

（原载《东方早报》2010 年 2 月 1 日）

抚顺命案能否终结拆迁制度

秋　风

2010年4月8日，辽宁省抚顺市高湾区住建委主任王广良在组织强制拆迁过程中，被36岁的被拆迁户杨义刺死。而就在四年前，那里也曾经发生过一起拆迁死亡事件：被拆迁户李春文的儿子、24岁的李玉亮被一群“逼迁者”活活打死。

如此“恶性轮回”的事实足以警示立法者、执法者：应当采取切实步骤，终结拆迁制度。

旧有的房屋拆迁制度存在严重问题，最大问题就是，拆迁人与被拆迁人在法律上处于不平等地位。在这种拆迁制度下，被拆迁户缺乏制度化渠道来保障自己的土地和房屋的合法权益；而另一方面，地方政府却可以非常便利地启动强制拆迁程序，甚至公然以暴力的方式组织强制拆迁。由此导致暴力拆迁事件在各地频繁发生。据报道，就在杨义刺死拆迁官员的前后一个星期，高湾区已有四人因暴力拆迁被送进同一家医院。

去年春节前发生的唐福珍自焚事件，引发民众、舆论、学界的强烈反响。国务院法制办对这一舆论作出了良性回应，当即宣布将废除现行的《城市房屋拆迁管理条例》，并启动了制定《国有土地上房屋征收与补偿条例》的立法工作。

然而，该条例草案在春节前完成征求民意的程序之后，并没有立刻颁布实施。而地方政府却因此产生了一种紧迫心理，抱着赶末班车的心态，以更加粗暴的手段组织更大规模的拆迁。恐怕正是因此，春节以来，暴力拆迁的发生频率似乎比以前更高，并发生了诸多相当恶劣的案件。通常情况下，被拆迁人是拆迁暴力的受害者，而这一次杨义刺死了拆迁官员，则从反面说明，拆迁暴力正在超出民众忍耐的极限。

这样的局面再也不能继续下去了。政府确实有责任发展经济，也确实无法避免土地用途的转换与产权的转让。但是，转让过程必须公正地进行，为此，必须让利益相关各方的权利在法律上获得平等的地位。

这样的程序当然会降低效率，也可能会抬高成本。但是，对于一个国家的发展来说，速度绝不是最重要的，最为重要的是经济增长、城市化、工业化过程中的正义。因此，不论是为社会秩序的稳定，还是为经济增长的公平，都应当立即终结拆迁制度。为此，立法部门应当尽快出台《国有土地上房屋征收与补偿条例》。同时，对现有拆迁项目进行全面清理，规范地方政府和拆迁人的行为。

（原载《新京报》2010 年 4 月 16 日）

先抓几个受贿 5 000 元的贪官吧

李 龙

5 月 18 日，最高检和公安部发布了《关于刑事案件立案追诉标准的规定》。根据规定，公司、企业或者其他单位的非国家工作人员受贿数额在 5 000 元以上的，将被立案追诉。

这实际上是对“非国家工作人员受贿罪”追诉标准的再次明确。之所以说是再次明确，是因为“两高”于 2007 年 11 月以“非国家工作人员受贿罪”替代了之前的“公司、企业人员受贿罪”。而根据最高检和公安部 2001 年 4 月《关于经济犯罪案件追诉标准的规定》，公司、企业人员受贿数额在 5 000 元以上的，应予追诉。

很明显，5 000 元的追诉标准当是参照国家工作人员受贿罪的相关规定，《刑法》规定国家工作人员受贿罪的起刑标准就是 5 000 元。从社会公平角度而言，如此规定无可厚非。公务员利用公权力受贿是犯罪，其他人员利用手中职权受贿，同样也应受到法律追究，因为两者涉及的都是滥用职权，只不过前者是滥用国家权力，后者是滥用公司权力和其他权力。从社会危害性而言，非国家工作人员的受贿行为，其破坏力和社会影响丝毫不输于国家工作人员，理应界定一个明确的立案追诉标准，而不能留有法律灰色地带。

但从现实考量，受贿 5 000 元即立案追诉的个例实在是少之又少，至少到目前为止，不消说非国家工作人员，就连国家工作人员因受贿 5 000 元而被起诉的事件也是微乎其微。印象中今年 2 月，被前妻和儿子实名举报的安徽砀山县房产局局长刘江辉“涉嫌受贿 1.5 万元”，差不多算是最不贪的“贪官”了。

由此可以看出，反腐缺的不是相关法律规定，而是法律的执行。以非国家工作人员受贿罪来说，法律规定说得很明确，非国家工作人员利用职务上的便利，索取他人财物或者非法收受他人财物，或者收受各种名义的回扣、手续费，超过 5 000 元的，都应立案追诉。可是具体执行起来，就会遇到不少问题。以医生收回扣为例，这两天备受抨击的“出厂价 15.5 元的芦笋片，在湖南省湘雅二医院被卖到 213 元，利润率达 1 275%”可谓一个典型，谁都知道这其中开药医生所获取的回扣比例最高，然而面对这个行业潜规则，扪心自问，有几个医生会受到受贿罪的立案追诉呢？再如，某地曝出近百名校长收受校服供应商几千元到万余元的“劳务费”，可检方考虑数额不大决定免予起诉。公众难免心生疑虑：如此免予起诉是否也是另一种潜规则？

因而，如何将这种所谓的灰色收入纳入法律惩治范围，让5 000元真正成为一切腐败的底线，关键还是在执行上，否则，5 000元的立案追诉标准又将面临沦为一纸空文的尴尬。

如何执行？首先有个立案追诉和定罪量刑的衔接问题。最高法有司法解释规定，非国家工作人员索取或者收受贿赂5 000元至2万元的，属于数额较大。而根据《刑法》第一百六十三条的规定，犯公司、企业、其他单位人员受贿罪，受贿数额较大的，处五年以下有期徒刑或者拘役。应该说法律已经有了一定的衔接，从侦查到提诉再到定罪量刑都有法可依，那么剩下的就是违法必究、执法必严的问题了。

其次，要让非国家工作人员受贿罪具有威慑力，不妨先从国家工作人员受贿罪抓起。严格说来，任何人以权谋私都应受到严惩，不论其是何种身份。但倘若国家工作人员受贿5 000元即应追究刑责得不到很好的执行，公众凭什么相信，非国家工作人员受贿5 000元可立案追诉的法律规定就不会沦为一纸空文呢？先抓几个受贿5 000元的贪官吧，这无疑是对受贿5 000元可立案追诉的最好注释。

（原载《广州日报》2010年5月20日）

从《清明上河图》看流动商贩

韩志鹏

贩夫走卒，引车卖浆，古已有之。创作于北宋年间的《清明上河图》——人头攒动，路边货摊有卖刀具的、有卖茶水的、有卖瓜果的，还有看相算命的，游人或驻足观望，或讨价还价……古代中国百姓的生活与流动商贩融合在一起的情景被张择端勾勒得栩栩如生。千年以后的中国，如今有流动商贩3 000万，其中广州不少于23万。究竟我们应该如何看待这种客观的存在？我们应该如何服务、管理这个弱势群体？

日前，广州市城管委在网上发布公告，就《广州市流动商贩管理暂行办法》面向公众征求修改意见。其中规定，管理部门将通过依靠政府补贴和收取物业管理费的方式筹集经费，对流动商贩进行规范化管理。换句话说，就是让曾经的“走鬼”（即流动商贩）到商铺里营业。

应该说，这个暂行办法是试图解决流动商贩管理难题的一种尝试，但笔者对此不敢抱太大希望。众所周知，流动商贩的商机在街头巷尾、在政府商业规范的夹缝中，在零距离满足部分市民的需要。他们的生存之道在于流动，在于以游走换取经营成本的最低化。

洋洋大观的《清明上河图》中不是没有固定的商铺，但更多的是在路边摆卖的货摊。当然，我们今天的社会比起千年前的北宋有着毋庸置疑的文明和进步，借着这种文明和进步，政府就要改变流动商贩的经营方式，改变城市的秩序和面貌。但笔者以为，一个进步和文明的社会是多元的，和谐的社会更是包容的，市场经济应该允许多种经营方式的存在。政府既然未能为这些流动商贩解决就业问题，就应该最大限度地善待他们。作为职能部门，在进行制度设计的时候，也要考虑到可行性、可操作性，不要以父母官自居，拍拍脑袋，以为用一种行政手段就可以统一江湖，就可以令流动商贩乖乖地入室经营。不知道制定上述办法的官员有没有考虑过，如果流动商贩有能力入室经营，他们为什么还要委屈自己，成天提心吊胆地和城管玩“猫捉老鼠”的游戏？不设身处地作换位思考，这个暂行办法恐怕连暂行都行不下去。

当然，我并不以为对目前流动商贩的无序经营可以放任自流，不久前，《信息时报》在《“走鬼转正”试点走得很艰难》一文中就发表过我的观点：解决“走鬼”矛盾的关键还是要从源头、从制度上下工夫。关键是政府要告诉他们什么地方不能摆卖（例如，影响市容、交通和居民正常生活的地方），什么地方能够摆卖（例如，天桥上、隧道里、公园和社区门前，还有闲置的地块）。个别有条件、有意愿进入市场，提升经营档次的，政府当然可以也应该予以引导、扶持。至于希望入室经营又还没有本钱的“夹心层”，有关部门又可否开放、划定几个街区做灯光夜市，让流动商贩逐步过渡、逐步“转正”呢？记得 20 世纪 80 年代的西湖路一条街，曾经是闻名遐迩的广州一景啊！

（原载《信息时报》2010 年 8 月 18 日）

考生不是教育部门棋盘上的子

信力健

2011年高考广州市考生报名正在进行中，据悉，今年广州市为打击“高考移民”行为，户籍在高中阶段由外省迁入广东省的应届毕业生须在户口所在地报考，一律不得办理省内异地借考；而在高中以前户口迁入广东省的应届生，如因特殊情况需要跨市借考的，经申请同意可以办理异地借考。

近年来，各部委、省市对“高考移民”现象的查处和惩罚力度不可谓不大，但笔者总觉得打错了板子，首先是“高考移民”现象的由来需要搞清楚。高考与移民问题本来是没什么联系的两码事，之所以连在一起并成为一种“现象”，只是由于我国在高考问题上“具有中国特色”的特殊政策，这就是高考分数线各地高低不一。同是中国公民，一些人仅仅因为户籍地的关系就可以享受如此巨大的利益而又不需承担相应的义务，毫无疑问，这种不公平的设计导致的权利义务失衡是产生“高考移民”现象的根源。

教育部门一个通知，以不允许异地考试来杜绝“高考移民”，省事不少。但一个现象却令人反思，据统计，全国每十个未成年罪犯中就有一个判在广东，珠三角地区法院部分判处的未成年罪犯九成以上是非户籍人口。从受教育程度上看，未成年罪犯的文化程度普遍较低，失学、失业、失管的“三失”青少年成为学生犯罪团伙的“主力”。从分析可见，青少年犯罪率的上升，最关键的问题不是教育部门没有教育好青少年，而是不少青少年读不成书，又没有一技之长，有的被逼走上犯罪道路。而大学扩招后，近些年来生源一直不容乐观，参加高考的学生越来越少，这与高考移民相关政策以及教育部门的政策息息相关。

今年国务院、教育部出台了诸多政策推动教育改革，意在实现全民享受公平的教育待遇，国家已经清楚了解到，教育是关乎一个国家民众素质的问题，也是现代人才战争中兵家必争之地，全民教育是社会发展的趋势，教育不能成为少数人的特权，更不是行政部门说了算的事。孩子们是国家的宝贵财富，因此，要搞好教育，在学生的升学等问题上至少应该清除地区划分的印记，尽早废除高考移民政策，允许考生就地高考，让所有学生享受教育公平的阳光普照。

（原载《广州日报》2010年12月22日）

保障公民基本权利就是最大的发展

景凯旋

中国社科院教授于建嵘在微博上披露，他去江西万载县讲课，呼吁台下官员不要拆老百姓的房子，政府要做的就是保障个人基本权利。而该县县委书记的回答则是："如果没有我们这些县委书记这样干，你们这些知识分子吃什么?"（《新快报》11月2日）

那位县委书记的回答，让人想到宜黄拆迁事件后，一位当地官员说的"没有强拆就没有新中国"。如果不是简单地看问题，这说明目前的拆迁不仅使老百姓怨声载道，而且也使各地官员满腹委屈。与以前不同的是，一部分网民认为那位县委书记的话也有一定道理。这个道理的逻辑是，发展就是硬道理，要发展就得拆迁。

但我觉得，这个逻辑是有问题的。发展只是手段，它的根本目的是让老百姓生活得更好。许多官员嘴上也会这样说，但恐怕他们心里想得更多的还是政绩。如果是为了百姓，看到那么多被拆迁人的绝望与流血，他们就不会仍然动用暴力强拆了。退一步说，即使他们自己无法阻止，为了做人的良心，至少还可以挂冠而去。就这点来看，我不同情他们的委屈。古代的士大夫除了职守，头上还有一个"天道"，今天的很多官员除了政绩，头上还有什么呢?

那位县委书记的话，再次证明各地的强制拆迁其实都是政府操作，而不是真正的市场行为。正因为政府主导，并从中获得巨额土地出让金，所以强拆才会不断发生。可以说，强拆已经成为极大的不稳定因素，而发生这一切，责任往往都在那些地方政府。

靠强大的公权操控经济，可以在短期内取得经济的高速发展。但从长远看，以牺牲百姓的利益为代价，这样的发展是不可持续的。也就是说，不能再为发展而发展了，今天最大的发展就是保障公民的基本权利。我赞同于建嵘教授的看法，他说："今天中国的发展，再不能以拆迁为发动机了。宁愿发展慢一点，也要把保障民众的基本权利放在首位。"

确乎如此。发展本身是个永远持续不断的过程，我们不能只追求未来的幸福。从逻辑上讲，如果为了未来的幸福而牺牲当代人的幸福，一代一代下去，那就不会有任何人受益。因此，发展的快与慢都不是主要的，主要的是要符合当前老百姓的利益。发展应当是全面的，物质利益固然是人们所追求的，个人权利同样也是人们所追求的。没有个人权利，任何物质利益都会丧失。要富民，我们就应当反思发展与权利的关系。

说到知识分子靠谁吃饭，我想那位县委书记不会想说知识分子是官员养活的吧。知识分子与官员一样，都是靠纳税人吃饭。惟其如此，维护每个公民的权利才显得尤为重要。作为一个官员，行使正当的权力，维护纳税人的权利，才是对得起自己的职责。知识分子同样如此，运用其专业知识，关心纳税人的生计，针砭时弊，才算对得起自己的良知。我读过于建嵘教授的一些文章，知道他是个有良知的学者，并且敢于说话。在忠于职责上，他没有白拿纳税人的钱。至于那位县委书记，那就不知道了。

（原载《现代快报》2010 年 11 月 3 日）

社保基金再有缺口，是不是让人干到 70 岁

刘洪波

延迟退休的议题最近再次被提了出来。

这个议题两年前提出过一回，那只是学者建议而已。这一回就正式了，场合是“中国劳动论坛”，在座者为包括人社部部长在内的高级官员和“全国各地最知名的专家”，议题呈现方式是“透露”，透露者身份是人力资源和社会保障部社会保障研究所所长何平。

“透露”二字，显示延迟退休已是官方议题；透露者身份是政府部门的学者，更显权威。这就表示，在延迟退休问题上，差不多算是“官意已决”。

民意又如何呢？议题透露以来，反响热烈，赞成和反对两派尖锐对立，网上意见多数表示反对。

为什么要延迟退休？原因还是“养老金缺口过大”。两年前是这个问题，现在还是这个问题。养老金缺口大，晚退可以延迟福利支付，减轻社会负担。

对这个说法，我一直不以为然，两年前如此，现在也是如此。社保基金多得都可以被挪用，还谈什么“缺口”？你有再多的钱，禁得住挪用挤占？就算真的有“缺口”，到底是怎么产生的呢？按 60 岁退休设计的养老保险金，突然就说支付不了，这还没支付几年呢，如果再搞几年，仍然“缺口过大”，是不是准备让人工作到 70 岁？

说到缺口过大，就要扯人口老龄化。可人口老龄化又不是一天到来的，计划生育政策就隐含着人口急剧老龄化的问题，经济和社会发展也是人口老龄化的推动因素，难道人口老龄化因素原来没有包含在养老金制度的设计之中？

又说发达国家都 65 岁退休，这就更不扯边了。发达国家不管是不是福利国家，社会福利水平都是相当高的，不只是 65 岁退休而已。我还听说发达国家的人都不存钱呢，因为一般生活也用不着存太多钱。全世界就数我们储蓄率高，有一个钱存一个钱，这不也是被逼出来的吗？防病、防老，要操心的事情太多了。发达国家的福利制度不学，就学一个让人多干几年

活的制度，这有什么道理?

有人说，一些职业越来越吃香，让人退休浪费资源。我说，谁吃香谁会被人聘走，不仅拿退休金，还能另拿一份报酬，也亏不了个人、费不了资源。不能说少许人越老越吃香，就大家都得跟着拉磨不卸套。你再吃香，能有官员在位吃香?

老人不退，新人没位。现在的老龄化国家多是发达国家，劳动力总体缺乏，社会福利支出又大，65岁退休既可算是享受福利的代价，也算是劳动力供应不足的逼迫。

但在我们这里，又嫌安排就业麻烦，又要人晚退休，这岂不是矛盾?或许账已经算过，到时候会就业人口不足，但又严格控制生养，这都是些什么逻辑?退休延迟，我看最大的好处，莫过于每个官员可以再多干五年，这样社会又得多支出多少费用、费掉多少资源?

退休年龄的设计绝不是一个单纯的社保基金平衡问题，而是一项社会政策，涉及无数人的人生计划。对大多数普通人来说，所做的足够辛劳，而所获实在稀少，平生没有享受太多的福利，整个人生计划就是按照60岁后得到休息而设计的。就社会效果来说，也算是加快了职业岗位周转。你突然说虽然你本来应该领养老金了，但因为我支付不起养老金，所以你多干五年吧。我不认为这是一个公道的做法。

（原载《现代快报》2010年9月16日）

先“感谢国家”是“排序爱国主义”

李晓亮

“两会”还在进行。资讯时代，舆论燃点更低，代表委员不经意的一句话，就可引爆舆论。比如有报道说，体育总局副局长于再清在政协会议上批评冬奥会冠军周洋，称其应先感谢国家，再感谢爹妈。（《南方都市报》3 月 8 日）事后这话招致了非议，政协委员高健很快澄清：“于局长在小组讨论会上根本没提周洋名字。”（中新社 3 月 8 日）

事情原委究竟如何还不便断言。不过这事蕴藉了丰富的舆论质地，值得说道。几年前王蒙曾暗批刘翔夺冠感言不适当，亲自拟定过一个感言“标准模板”。后被赛车手韩寒多次调笑：冠军若还谦称“跑得不快”，未免矫情了点。

“80 后”刘翔和“90 后”周洋的感言，都以真情动人。话说回来，假如先“感谢国家”就离谱了吗？也未必。举国体制下培养一个世界冠军，耗资惊人，道一句感谢并不过分。但为何这话让人感觉别扭呢？

发自肺腑的话是最好的话。几十年前“感谢国家”显得很自然，现在先“感谢爹妈”同样自然（与“感谢国家”并不对立），这勾勒出了个体权利尊严逐步得到尊重的路径。而若“强制感谢”，人们则会对强制本身反感。强制还隐含把个性感言与“感谢国家”这类宏观表达对立的倾向，可能引起误会——有人就将先感谢谁与是否“爱国”相提并论。

在各式新闻中频繁亮相的“爱国”一词，加深着某种误解，误解又多纠结于“感谢国家”这类宏大语词——这也是为何《新闻联播》如今如此“不招待见”，而个性发言却备受好评的原因之一。若“感谢 CCTV……”之类凌空蹈虚，乃至明显言不由衷的感言多了，甚至固化为一种模式，那么即便感言都以“感谢国家”开头也难获赞誉，反而可能引来嘘声一片。这种感言误区，其性质和上述“爱国误区”一样。

“爱国”成了筐，什么都能装：民企被外企收购，刘洪波看见了“器物爱国主义”；诈拍兽首、抵制家乐福，也曾见各色“爱国主义”呼啸的身影；章子怡演个艺妓，还衍生出“床上爱国主义”；获奖感言排序问题，难道也要逼出个“排序爱国主义”？

廉价的口水“爱国主义”，倒适合组成一个新词——“腰封爱国主义”。一条关于腰封的微博，辛辣地说明了这点：一书腰封写着“唐骏、赵本山、刘谦、梁文道联袂推荐”。腰封流行混搭，可腰封小王子梁文道与小品王赵本山咋搭的？另一腰封上书“陈丹青、梁文道、桑塔格联袂推荐”。三位达人一外二中一死二活，阴阳跨界组合？

当“爱国”也成混搭的腰封，就成了失去现实黏力的语词碎片。用词已不考虑词语本义，无意识地转发，又有何意义呢？所以在“感谢国家”和套用“爱国主义”时，首先得弄清国家的含义，再想一下“国家为我做了什么，我为国家做了什么”。国家作为主权载体，其权利是人民权利的集合体，维护人民权利应是其主要目标。这些年社会的进步，不也得益于承认人的欲望的合法性，并逐渐尊重人们选择的自主性吗？

对于国家，熊培云曾有个妙喻。他说国家就像珠宝盒，公民则是盒内的珠宝。保护珠宝不受损，“珠宝盒”才有意义，否则意义全失。一旦本末倒置，就成了我们熟悉的买椟还珠的笑话了。以此为镜鉴，各种“伪爱国主义”将无可遁形。而若以书为喻，其理一也，书的精义也在内容而非花里胡哨的“腰封”。拆除了障目的腰封，“感谢国家”和“感谢爹妈”都不再是问题。

（原载《重庆时报》2010年3月9日）

腐败果真对发展有好处吗

党国英

最近一个时期，关于腐败和反腐败的新闻比较多，这给人的感觉是国家反腐败的力度没有减弱。至少从官方文件和社会舆论看，反腐败的必要性正在成为中国社会的共识，这是一件幸事。不要以为这是一句废话，因为并不是所有人都认为有必要反腐败。

一个曾经流行过的意见，说的是腐败有利于类似中国这样的国家的经济发展。这个看法的理由似乎很充足：因为法制薄弱，做事缺少规矩，官员可能找借口对该做的事情推诿敷衍，从而影响了做事的效率，发展的速度难免降低；有了金钱作润滑剂，办事的效率就会提高。一些腐败官员在法庭上的自辩，则为这种堂而皇之的理由提供了注解。比如，有的受审官员说，自己为商人办了事，商人赚了大钱，地方增加了 GDP，自己的服务有了价值，应该获得服务报酬。这些论调虽然在表面上没有成为社会共识，但从反腐败的困难看，这些论调多少对人们有潜在的影响。

腐败果真对发展有好处吗？我绝不相信。最近听到和看到的两件事，更让我坚持自己的看法。

听一位商界人士讲了一件事。我们都知道，经济活动的专业化能产生经济效益。在北京这样的大城市，一些大机构会给职工提供午餐。如果有商人给这些机构餐厅提供洗切好的净菜，对社会来说会产生效率。在美国大城市吃过中餐面条的人都知道，在那里要讨碗面汤喝是很难的，因为餐馆配送进来的都是煮熟的面条，餐馆只将面条加热后浇上臊子端给客人。这种专业化提高了他们的经济效益。其实，北京摊贩销售的“煎饼果子”也有这样的程序。但是，洗切好的净菜要进北京大机构的食堂很难。有商人曾做过尝试，结果败下阵来。当事人说，仅仅因为回扣这件事，就让他们难以承受。因此，腐败会大大提高交易成本，以致一些交易难以发生，把一定的 GDP 消灭掉了。

还想讲讲在阜阳农村的见闻。阜阳这个地方因过去多发腐败案件，似乎成了腐败的标志性地区。听当地干部说，王怀忠那一届阜阳市委常委班子大都出了问题，问题小的也被判了几年。这种腐败让阜阳经济发展了吗？没有。到过阜阳的人可以看到，那里的市容要比周边其他城市差许多，农村也比河南等地的农村差。而这并不是因为阜阳的基层干部和群众不好。近期到阜阳的农村看，深感那里的农民厚道勤劳。国家推行农村低保政策后，那里的工作也很扎实，好过许多地方。但一届领导班子成了腐败团伙，就毁了一个地方的发展机遇，以致阜阳比其他地方落后了一大截。

有人问，我们国家的经济在整体上发展很快，难道和腐败没有关系吗？当然没有。中国的发展是改革开放的结果。因为国家的对外开放和对内自由市场经济的引入，在旧体制的旁边创造了腐败难以肆虐的市场体系，给人民群众提供了发挥才干的机会，经济才得以迅猛发展。如果反腐败的力度再大些，经济发展还会更快。如前面所说，北京大机构的餐厅可以没有专业化，可以低效率，但北京街头的“煎饼果子”却可以专业化，可以高效率。因为送脆饼给“煎饼果子”摊主不需要回扣。

那个与美国政治学家亨廷顿有关的腐败促进发展的“理论”，其实完全是站不住脚的。官员见钱开绿灯，的确给别人办了事，但此种做法若形成通例，必然弊端丛生。一是官员必然越来越不喜欢规则，从而增大社会运行成本，陷入恶性循环；二是拥有创造力但无钱可送的人群，会被堵截于主流社会之外，使其丧失改善生活的机遇，由此将造成巨大的社会裂痕；三是部分商业集团必然和官员结成紧密的利益联盟，垄断集团将全面控制社会经济。这些弊端不除，任其泛滥肆虐，人民必绝望，国家必衰败。所以，我们再不可对腐败的“好处”存有幻想。

（原载《新京报》2010 年 1 月 4 日）

贪官为什么多有“怨母”心结

十年砍柴

有一则流传甚广的民间传说，说的是一个江洋大盗被判处死刑，临刑前恳求监刑官，让他最后一次吮吸一下母亲那干瘪的乳头。监刑官以为这是他对母爱的留恋，便予以准许。谁知道他一口咬下了母亲的乳头，然后哭诉着说他小时候在外面偷盗，母亲知道后不但不对他严加管束，反而夸他能干，终于导致这样身首异处的下场。

类似这种“怨母”心结，当下中国的一些贪官也有。近日，甘肃窑街煤电集团有限公司原党委书记、董事长李人志（正厅级）收受贿赂上千万元，被法院一审判处死缓。这位贪官在事发后的“忏悔录”中说：“如果纪委、检察院能够定期不定期地对领导干部尤其是‘一把手’进行预防腐败、廉政警示谈话，我可能就不会犯罪，即使犯了也会有所收敛，不会发展到今天这种严重程度。”有这种埋怨组织或者他人的论调的贪官并非李人志一人。数年前海南省监狱局局长戚火贵因贪腐被判处死刑，临刑前埋怨娶了一个鼓励其贪腐的老婆。海南省文昌市原市委书记谢明落马后，将责任归咎为自己仕途太顺，结果得意忘形了。有些贪官则埋怨交友不慎或者被女色诱惑，等等。但如此明明白白地指责纪检监察和检察部门监督不力导致自己走上犯罪道路的，我目之所及，李人志是第一个。

对李人志这类贪官的“怨母”心结，一些人可能会觉得可笑而加以鄙视。但若仔细分析一下，李人志这种埋怨，可能还真有一些道理。从道德上指责李人志是没有意义的，他的“怨母”之语相当程度上说明一个政治学上的规律：没有得到有效制约和监督的权力一定会导致腐败，原本有相当道德操守的官员，也可能被权力腐蚀。可是，为什么纪检监察部门和检察院不能及时而有效地对李人志这样的官员进行监督，防止其腐败呢？是不能还是不为？我想，从古至今，每一个执政者，不论是皇帝还是某个政党，都希望自己的官员拒腐败永不沾，都会建立一支监察队伍和一套监察制度。比如明太祖开国后，极重视司职监察的科道官，而对贪官不惜采取剥皮的严酷刑法来杀一儆百，但明朝后期官员队伍之贪腐，远超前朝。很显然是制度出了问题，一个皇帝或者一个上司，不可能看管住那么多的官员，而担负起监察之职的给事中、御史，他们也属于官僚阶层，很多人同样贪腐，而且用监察权来谋私利，这种内部的监察能起多大作用呢？明朝老百姓把这种监察官员叫做“抹布官”，也就是说抹布自身并不干净，甚至很脏，但它却被用来擦其他地方的灰尘和污垢。

如果把官员的任免权和监督权真正交给广大公民以及各类媒体，他们给在台上的官员挑毛病几乎是全天候的，不会放过一点蛛丝马迹，处处有“提醒”，哪里还需要组织“定期不定期”地警示谈话？如原南京江宁区房地产局局长周久耕，就是因为开会时面前的一盒“九五至尊”香烟而被网民们揪出。如果制度能确保公民和媒体全天候监督官员，李人志这样的贪官落马后，还会埋怨没有被及时监督吗？这类官员得意的时候，多数痛恨公众和媒体的监督，甚至敢于用“跨省追捕”来对付民众！

（原载《华商报》2010 年 10 月 25 日）

看看，多么善解官意的百姓

十年砍柴

“两会”期间，我和全国政协委员、江西师大教授王东林应邀参加一个网站的视频访谈，谈到中国的“80 后”、“90 后”时，我们都有一个共同的感觉——哪怕是户口尚在老家农村的新一代农民工，也已经具备相当的权利意识，不可能再像父辈那样逆来顺受。

话虽如此说，但我们不能不承认，包括“80 后”、“90 后”新一代在内的中国老百姓，在世界范围内依然是最善良纯朴、最通情达理、最容易满足的一个群体。2010 年 3 月 23 日中午，辽阳市检察院工作人员王妍在辽阳市白塔区实验小学接送孩子过程中，因其车辆一处表皮油漆被该校一学生碰损而殴打该学生。3 月 28 日下午，辽阳市公安局白塔分局决定对王妍处以拘留十五天、罚款一千元的治安处罚。辽阳市公安、检察部门对这件事的快速反应博得许多人的肯定乃至赞扬，即说明这一点。

在知名网站“凯迪网”的“猫眼看人”中，在这则新闻的跟帖里，相当一部分网友肯定当地官方的做法。如：“这次反应很快，没有护短，鼓励一下！”“对辽阳市检察院的做法表示支持，我对这个处理是较为满意的。虽然我个人认为应该开除此女公职。”“挺好，如果都这么处理问题，百姓的怨气会小得多！”

但也有相当一部分网友在表示肯定时透出一种悲凉，如：“对于公权机关来说，如此处理是理所当然。这年头，理所当然的事情像大熊猫一样稀少，所以我还是要赞一个。”“满意。希望下次发生类似事件时不要舆论施压，法律便自动发挥作用。”

可见，中国的普通百姓并非天生卑微，尤其对新生代人来说，由于资讯的发达，通过网络等现代传媒，他们获取信息比任何一个时代的中国人都更为迅捷、全面和准确，他们已经具备现代社会的公民意识和公民人格，他们对公权力、私权利之间关系的认识并不比外国人落后多少，但囿于目前中国的现状，不得不调整心态，降低期望值。如此，我们看到了哪怕是公权力的表现有一点点进步，就加以鼓励；哪怕普通人的权利保障有一点点改善，就掩饰不住欣喜之情。诚如民谣所言，“给一点阳光就灿烂，给一点水分就泛滥”。

辽阳市有关部门处理此事获得公众赞许的一个大背景是近期一些比这件事还要恶劣的公共事件，当地公权力部门正在想方设法掩盖、敷衍。如3月27日凌晨，昆明街头发生城管和小贩冲突，引发群体性事件。当地政府在发布会上将责任完全推向摊贩和“不明真相”的群众，当场引起媒体抗议。而就在同一天，江苏东海县发生拆迁自焚，导致一死一伤的惨剧。悲剧发生后，当地政府先是对各地媒体以沉默应对，后迫于汹涌舆论，不得已向社会通报情况，但在发布会上将悲剧归咎于拆迁费用争执，并极力撇清责任，声称“镇政府多次上门做工作未果。涉及拆迁的其余五户已于年前拆除，但由于该房屋没有拆除，黄川镇310国道施工标段停工近三个月”。而对公众所愤怒的拆迁人员任由父子俩自焚而不施救的情节根本不提及。

由此可见，并非辽阳官方做得太好，而是其他地方政府做得太差，因为有比较，辽阳的做法就显出那么一点亮色。

所谓饥者易为食，冻者易为衣。1978年刚刚改革开放时，中国的民气是多么蓬勃向上呀，原因无他，是因为刚刚经历过“文革”劫难，中国人对政治运动不断、温饱问题得不到解决还记忆犹新，而一场改革开放首先让老百姓有饭吃、有衣穿，能不欢呼么？但民众对政府的要求水涨船高是天经地义的，物质生活方面解决了温饱问题，人们当然希望进入小康。同样，在权利保障方面，不仅仅要解决民众的“温饱”问题，在21世纪已过了10年的今天，中国人理应要求获得“小康”甚至更高的水准。而无民权的“温饱”和“小康”、轻民生的“温饱”和“小康”一定是脆弱的。

（原载《华商报》2010年3月30日）

“给祖国拜年”感觉怪怪的

盛大林

1月17日中国政府网消息，教育部日前发出通知，要求全国各级各类学校，于春节期间组织学生参与“给祖国母亲拜大年”活动。这项活动将于春节期间在网上开展。拜年网页的内容设计为：一拜壮美河山，二拜炎黄始祖，三拜历代英杰，四拜革命先烈，五拜英雄模范，六拜亿兆黎民。教育部通知要求，各地教育行政部门和各级各类学校要高度重视此次活动，因地制宜地做好宣传组织。

教育部的通知开宗明义地申明了开展“给祖国拜年”活动的目的和意义，对于这样的良好愿望，谁也不会有非议。但面对“给祖国拜年”以及教育部的部署，我总有一种怪怪的感觉。

拜年是人与人之间的礼仪。或长幼之间，或尊卑之间，或亲友之间……无论是拜者，还是被拜者，双方都是具体的有血有肉的人。而“祖国”只是一种抽象的组织形态，虽然她常常被称为“母亲”，但那只是一种比喻而已。“壮美河山”是物不是人，“炎黄始祖”、“历代英杰”和“革命先烈”是故人，而“英雄模范”和“亿兆黎民”只是看不见摸不到的概念，这六大对象当然都可以拜，但与“拜年”何干？

拜年是一个互动的过程。按照过年的传统，拜年时对方也要有所表示，比如拿出点心、糖果等加以款待，对卑幼还要送上红包（压岁钱），甚至必须“还年”，即以回访的形式给对方拜年——“宁欠人家钱，不欠人家年”，可见“还年”的重要性。中国讲究“礼尚往来”，因为在“互动”之中，情得以传递，年才有气氛。可“祖国”或“六拜”的对象怎么与国人“互动”呢？

拜年是一种民间的习俗。过年是民间的事情，拜年当然也是民间的活动。政府为年节安排放假，只是依法行事或出于对传统文化的尊重，并不意味着过年或拜年是一种公务。虽然过年期间，会有一些官员走进民间，但那只是一种慰问；若有拜年之举，那也只能是个人的行为。自有过年习俗以来，拜年从来都是老百姓的自主行为，与公权向来无牵扯。可是，“给祖国拜年”如今却成了一项行政性的任务。教育部等部门应该知道：

拜年是一种沿袭千年的传统习俗，它的内容都是约定俗成的，岂是一纸文件所能改变的？

诚然，传统或习俗也是发展变化的。千百年来，过年及拜年的内容也一直都处在不断的丰富之中。比如，拜年的对象起初只有长辈，后来逐渐扩展为亲戚、朋友、同事、邻居，等等。但这种丰富是在文化发展过程中由广大老百姓逐渐赋予并慢慢得到认同的，从来都不是出自官府的规定。作为政府部门或官办的团体，在传统习俗之外设置那么多拜年的对象，还要使用行政手段进行组织，难道不是把官意强加于民俗吗？

（原载《齐鲁晚报》2010 年 1 月 18 日）

“安乐死”问题的中国背景

鄢烈山

《中国青年报》近日报道了一个“安乐死”的案件：重庆开县有位长期瘫痪在床又不想拖累家人的曾婆婆，年近八旬只求一死了之。隔壁 76 岁的宋某深表同情，并依她多次的请求助其购买了毒药；曾婆婆服毒后被家人送医院但抢救无效身亡；宋某被控故意杀人罪，一审被开县法院判处有期徒刑三年、缓刑四年，宋某表示不上诉。

“安乐死”是否道德、应否合法化，是个有关生命伦理和家庭伦理而困扰世人的大问题，我这种家有高龄病衰长辈的人想回避思考都无可能。我看南都网上这条新闻的跟帖评论，多数是赞成将“安乐死”合法化的，其观点以这一条最有代表性：“我到现在还想不明白安乐死是对生命的尊重还是亵渎，但我个人还是赞成安乐死的。”

其实，“安乐死”虽说是个古今中外都存在的问题，但其发生的背景和处理模式却是大不相同的。有部获 2004 年奥斯卡金像奖多项提名的西片《深海长眠》探讨了“安乐死”议题。它根据西班牙人雷蒙·桑佩德罗的真实故事改编，讲述了雷蒙为了争取结束自己生命的庄严权利而斗争了 30 年的故事。轮船机械师雷蒙意外损伤了颈部，高位截瘫长期卧病在床，生活完全依靠四个家人照顾，他坚持认为最爱他的人应该帮助他结束生命，而其单身母亲罗萨违心地帮助他服下毒药，正是出于对他的挚爱。显然，编导并不认为罗萨有罪。

在中国古代，孔夫子早就表明他的人生愿景是“老者安之，朋友信之，少者怀之”，而我们知道愿望正是基于相反的现实，否则就用不着发这个大愿了。孔子还说过：“幼而不逊悌，长而无述焉，老而不死是为贼!”即说轻点，老而不死就像人成年了无所作为一样是吃白饭；说严重点，就像毛泽东将“浪费”说成是“极大的犯罪”，老了不事生产却耗费物力人力就像盗贼一样不道德。这也是本文开头曾婆婆讲的不愿拖累后人的意思。在生产力十分低下的时代，许多民族有过听任甚至逼迫老人死亡的习俗。日本影片《楢山节考》就是讲明治维新前日本山村遗弃年满 70 岁老人的野蛮风俗。正因为生存资源贫乏，老有所养不易，孟子才在他的仁政理想国中特别提到老人赡养问题。

考诸当下的中国，既有《深海长眠》中提出的纯粹的精神生活和生命权自主问题，也有类似《楢山节考》中那种生存维艰而不得不然的问题。也就是说，我们讨论安乐死问题，决不能忽视它的中国当下背景。

据我所知，现在年高罹病的老人中，有两种相反的现象同时存在：一种是不得不活，为别人痛苦地或无知觉地活着；一种是不得不死，家人已受严重拖累或害怕家人被拖累。

关于前一种情况。比如，巴金老人在逝世前几年，尚清醒时曾多次表示，自己靠那么多管子维持的生命已毫无意义，希望能早日拔管让他解脱。这种愿望其实很好理解，了无生趣，就会觉得花钱维持自己的生命于人于己都是荒谬的。经济条件和社会地位低的人，不仅受病痛之苦，还可能要看人脸色，很容易觉得自己失去了活着的尊严，正如庄子所谓“寿则多辱”，但求速死。做子女的自然也有不同的心思。如果老人治病用的是国家的“无限额支票”，甚至护工也是公家请的，老人多活一天就多一天人脉呢，对子女有益无损。如我在一篇小学生来信中读到的，他舅舅舅妈都下岗了，就靠他姥爷两三千元的月退休金过日子呢，生怕病恹恹的姥爷死去了。这样的老人就得为了别人硬撑着。

后一种不得不死的情况更多。我的大姐、大姐夫都70多岁了，还在风里雨里种田；我的二姐、二姐夫60多岁了，还要种10多亩棉田和稻田。小病都挺着，我不敢想象他们若有大病怎么办，若卧病在床会是什么后果。我只知道，有个“三农”学者做过一项调查，现在很多农村老人一旦生病，就会喝农药自杀，以致成了乡里见怪不怪的习俗。我老家村里就是这样，以致我的84岁老母亲也说她天天打针“活得不愿了”，让我们给她农药算了。而重庆青年为母亲筹医药费在广州劫持女人质的事是大家早已知道的例子。我们关注青年工人的自杀问题，可曾想过有更大比例的老人自杀？

综上所述，讨论安乐死问题，除了普天下皆同的生命权和伦理原则，不能忽略当下中国的特色和背景。这就是，医疗资源分配差距巨大，有人享有公费无限额开支特权，有人连最基本的医保也不能兑现。有人不仅可养老还可养少，有人至死方休。因外出打工、计划生育等因素使传统的家庭养老机制已不复存在，而国家与社会的养老机制则形成缓慢。我们要关注“不得不活”的问题，更应关注因经济困难和医疗条件缺乏而“不得不死”的问题。

曾婆婆是什么身份，是否为城里的有养老金的退休干部或工人而寄住在乡村二儿子家，报道没有说；是她的儿子媳妇起诉宋某还是公诉，也不得而知。我只清楚，曾婆婆是摔跤而不是中风瘫痪，她请人买毒药且拒绝医生抢救，表明其神志清醒。我很想弄清她不愿拖累子女的详细缘由。我觉得她与影片中雷蒙的想法肯定有所不同。

（原载《南方都市报》2010年8月25日）

人祸面前的奇迹不值得过分骄傲

王　攀

山西王家岭煤矿透水事故抢险救援指挥部4月5日召开第十次新闻发布会。发言人表示，截至目前，事故井下153名被困人员中已有115人获救。山西省省长王君在接受采访时透露，预计矿井下的38人还有生还可能。国家安监总局局长骆琳说，王家岭矿救援创造了中国救援史上的奇迹。

我注意到，随着4月5日凌晨1点40分首批9名幸存者安全升井，王家岭矿难的官方情绪和舆论情绪双双出现了变化，矿难之后笼罩在王家岭8天8夜的阴霾正在风吹云散。在官方，有副总理向救援指挥部发来贺电，省长乐观估计其他38人可能生还，骆琳称这是中国救援史上的奇迹……在舆论上，央视对救援进行了现场直播，媒体报道重点也都转向了幸存者的救治和救援者的辛苦……

115名被困工人死里逃生，面对生命，我们可以表达几乎全部的关注；8天8夜，救援人员的疲劳付出，我们也可以表达几乎全部的敬意；事故发生后，上至中央高层，下至地方政府的重视，我们也可以表达几乎全部的认可。但是，我们在表达关注、敬意和认可的同时，也不得不警惕王家岭矿难这一悲剧被喜庆的成分冲淡。特别是在历来存在“坏事变好事”的现实里，王家岭矿难很有可能更多地只剩下“奇迹”和“伟大”；而官方和舆论在给予“奇迹”和“伟大”的创造者以褒奖的时候，矿难的原因、问责以及警示，并非没有被淡化处理的可能。

我们不妨作一个听起来很残忍的假设：假如这115名工人没有了生命体征，官员还会高调面对媒体吗？电视还会现场直播吗？媒体还会强调奇迹吗？115名工人是幸存还是遇难，仅仅是复杂矿难中的一个百分之五十的选择，甚至是一个万分之一的幸运而已。他们的幸存，固然有政府重视、科学救援等因素，但矿难无疑是最具有决定性的因素。而且，也并不是所有的矿难都会出现奇迹。

事实上，以往的矿难救援现实已经给了这个假设最令人沮丧的答案。我们曾经发生过无数次矿难，当遇难者的遗体被救出来的时候，哪个官员高调了？哪个电视台直播了？不高调、不直播，固然是因为不是好消息，但恰恰正是对坏消息的回避，才造成了矿难屡屡频发的现实；而对好消息的高调和直播，并不必然带来下一个矿难的“好消息”，更不能避免矿难的发生。

人祸面前的奇迹，不是一个值得过分骄傲的奇迹。王家岭矿难中的人祸现象非常明显，比如煤矿“勇争第一”，比如对事前征兆没有重视，比如工人没有经过培训。人祸面前的奇迹，等于先伤人后救人。救人的奇迹并不能抹杀伤人的罪恶，充其量不过是一种补偿。

期待王家岭煤矿所有被困人员都能奇迹生还。但这个奇迹不该成为王家岭矿难“坏事变好事”、淡化追责的理由。否则，一个奇迹的幸免，就意味着多个没有奇迹的惨痛。

（原载《信息时报》2010 年 4 月 6 日）

新闻发布会不是公权道具

燕　农

日前，昆明市五华区政府就“北仓村农贸市场冲突事件”召开新闻发布会。短短五六分钟，五华区副区长李英杰宣读通稿完毕后，起身就要离去。通稿中涉及“记者强行穿越警戒线、执法人员依法进行强行处置”的说法与记者述说的事实完全不符，出席发布会的《生活新报》编委当即表示强烈抗议。(《北京晨报》3 月 29 日)

仿佛不谋而合，3 月 28 日，辽阳市有关方面召开新闻发布会，就网上“检察官殴打女学生”事件进行公开发布，整个发布会时间仅五分钟，未设记者提问环节。再稍微向前回首，3 月 22 日，山西省政府就疫苗事件召开新闻发布会，除了表达重视之外，并未提供任何新情况，发布会仅持续十分钟，以致被惹怒的省外媒体记者当场围堵官员质问事件有无贪腐。

昆明城管与“不明真相群众”冲突事件，导致 10 多人受伤，多辆汽车损坏，40 人被警方带离现场进行盘问；“检察官殴打女学生”事件反复遭网友强烈谴责。这些备受关注或者盘根错节的事件，竟然试图通过五六分钟就解决问题，实在是让人大跌眼镜。

一场新闻发布会，先不说要花掉多少纳税人的钱，消耗多少如会场、交通等公共资源，带着若干疑问参会的新闻媒体显然不满“竹篮打水”，而新闻媒体的背后，聚集的是所有关注事件、觅寻真相的民众意愿，换句话说，新闻发布会的态度要对得起民意企盼。

进一步讲，温家宝总理在今年的政府工作报告中指出：创造条件让人民批评、监督政府；同时还要充分发挥新闻舆论的监督作用，让权力在阳光下运行。应该说，近年来逐渐完善的新闻发言人制度和新闻发布会，是“让人民批评、监督政府”的重要条件之一，理论上应该是批评和监督政府的平台。但是，太多“就在一眨眼”的新闻发布会，只能说是在形式上提供了条件，至于“让人民批评、监督政府”，不过是摆了摆造型。

更有甚者，越来越短的新闻发布会填满了政府部门单方面自言自语的表白，俨然变成了公权自证清白的道具。这种现象的背后，潜藏的多是公权的傲慢、自负与霸道，试图通过高高在上的、貌似权威的新闻发布会，来覆盖汹涌如潮的负面舆论。但是，结果往往适得其反，欲盖弥彰中反而会再次激起舆情反弹，或者成为新一轮舆情爆发的导火索，山西疫苗事件如此，昆明冲突事件亦然。

由此看来，变了味的新闻发布会已经成了一把双刃剑，不只伤害了民众的知情权、监督权和批评权，还会伤及政府部门自身的权威性和公信力，直至引火烧身。所以，即使从走出被围观的尴尬境地方面考量，有关部门也需要放下“世故”和自以为是的“睿智”身段，还新闻发布会以本来面目。

（原载《珠江晚报》2010 年 3 月 30 日）

“邳州现象”是乡村沦陷的缩影

燕云飞

江苏邳州连续数年经济增速居苏北之冠，去年跻身全国百强县（市）。调查显示，这个百强县的背后，是大量耕地被违规占用的现实，邳州五年内扩城至50平方公里，一度被国土部点名批评。经营城市、卖地生财的模式被称为“邳州现象”。（《新京报》2月1日）

先不说邳州城区面积从2001年的19平方公里，扩大到2007年的50平方公里，以及接下来将进一步拉开98平方公里的城市框架；也不说邳州被称为世界最长的汉白玉大道、超出审批面积10倍的仿“中南海”的行政中心，在邳州经营城市的经济增速过程中，且让我们把目光聚集到当地乡村的沦陷。

这是一幅怎样的乡村图景？暴力征地几乎贯穿了邳州经济增速的全过程——断电、打骂、将人强行拖走、威胁“沉湖”、引水淹地……直至2007年7月，村民在地头阻拦征地被殴打致死；今年1月又一护地村民被当场刺死。一个个村庄被“铲平”，全村土地被征收，村民用全部加起来都不够的补偿款向“农民公寓”迁徙转移，部分青壮年劳力外出打工……

乡村一步步被城市化的力量所吞噬，人与自然的隔膜不断加深。如果这就是经济增速所必须付出的代价，那么或许很多人宁愿日出而作，日落而息。现实在一次次迷茫而哀伤地敲响乡村沦陷的警钟后，乡村的征地与拆迁问题，已经丝毫不亚于城市的拆迁矛盾。

以往谈到乡村沦陷的沉重话题，人们的观察视角多停留在文化或者经济的范畴。事实上，最为根本的应该是权利领域。长期以来的城乡二元结构，本身就体现为不同社会群体的权利严重失衡。日前，进入新世纪以来指导“三农”工作的第七个中央一号文件出台，在保持政策连续性、稳定性的基础上，一系列含金量高的惠农新政面世。但是，“邳州现象”告诉我们，一些惠农政策落到基层，既有可能变味，也有可能被截留，否则不会出现一面在加大惠农政策，另一面是一些乡村在沦陷的现象。

权利匮乏，往往伴随着权力膨胀。在这个前提下，很难说服掌权者去还权于民，有效路径是向法律寻求公平与正义。在通篇的邳州报道中，很难数清到底有多少宗耕地征收违反了《土地管理法》，单单一些做法已经让人瞠目结舌，譬如每隔两年就修改土地利用总体规划，将基本农田改为耕地、耕地改为荒地；将基本农田和耕地拉上围墙、填上建筑垃圾，造成土地已是建设用地的假象；在建设工地上铺稻草和玉米秆，欺骗国土部遥感卫星……

某种程度上说，公民权利最惨重的沦陷，往往缘于政府部门的违法。遥望那些已无炊烟的乡村，不仅仅为了山水田园，更为了不可突破的耕地红线，法律应该给予回应，应该有大作为。

（原载《华商报》2010 年 2 月 2 日）

“扫黄家书”误入法律歧途

廖德凯

为从源头上杜绝非正规休闲店的卖淫活动，杭州拱墅区祥符派出所想出了给有卖淫嫌疑的“发廊女”家属写信的办法。“你们的亲人现正在××美容休闲店工作，该店属于非正规的美容、美发休闲店。作为家属，你们有权利了解自己亲人的从业环境。公安机关也希望得到你们的配合，劝说你们的亲人不要误入歧途。”同时，信内还提醒，从事这一职业“容易感染梅毒、艾滋等性病”。(《法制日报》9月6日)

警方显然对自己的做法有着“人性化”的自信，表示信中的措辞很婉转，不会挑得太明。不过，除非是对社会一无所知之人，否则都会很清楚地从信中知道自己的家属在干什么。而且，如果“发廊女”的家属不能从信中知道其工作性质的话，这封“扫黄家书”也就起不到作用了。但是，这种急不择路的“从源头上杜绝卖淫活动”的扫黄方式，其自身已经“误入歧途”。从法律与人性理念来看，“扫黄家书”都存在着明显的瑕疵。

“扫黄家书”的内容本身没有什么问题，说的都是常识，问题在于这封家书发出的程序。警方承认，这是因为没有证据证明“发廊女”从事卖淫活事之后的无奈之举，这就说明，在无证据支持的情况下，警方单方面作出了法律上的事实判断。然而，法律上的事实判断不等于事实本身，即使事实为大家所认可，但作出法律判断必须有证据的支持；如果没有证据支持，从法律的角度就必须假定当事人的“清白之身”。这是个基本的法律常识问题。如果以国家强制机关的名义进行定性，哪怕这个定性是“婉转”的，这一“法律文书”只是一封信，都有悖于法律精神。

在法律上拥有“清白身”的“发廊女”，拥有自由的生活方式和个人隐私权利。虽然警方及社会可以用“经验”判定“发廊女”并不清白，但由于缺少证据支持，决定了她们在法律上的清白身。法律上清白，则意味着生活上的自由，她们可以选择自己如何生活，可以决定自己的生存状态的公开范围和方式。在没有经过她们的认可之前，警方的“扫黄家书”强有力地介入其隐私领域，是背离了法律规定，有侵权之嫌。

从“扫黄家书”的产生来看，警方的扫黄陷入了一种焦躁之中，虽然

“家书”的文字很“婉转”，但掩饰不住那股急躁之气，也因此而影响了警方对卖淫嫖娼环境的正确认识。警方认为嫖娼只是“临时的”，“杜绝了提供者，自然也就没有了消费者”，这些认识并不客观，而且在嫖客与卖淫者之间显然作出了歧视性的判断。因此，从“挽救这些女子”的“目的”出发，粗暴地将并未经过法律认定的“嫌犯”绑上“家庭法庭”，这种不顾及当事人的自尊及法律基本精神的做法，岂非又让“有罪推定”死灰复燃？

（原载《沈阳日报》2010 年 9 月 7 日）

“为申遗涨价”还是“为嘴巴涨价”

司马童

8月17日，南岳大庙门票价格由40元/人次调整到50元/人次。湖南省物价局价格成本调研队的一份报告则指出，此次门票调价是因为南岳区为了申报世界自然遗产，投入大量资金对古镇和大庙进行整修，管理成本逐年提高所致。(《中国青年报》8月24日)

听证等于听涨，调价等于提价。近些年来，有关各地风景名胜区的门票价格调整听证结果，唱的几乎都是这“同一首歌”。始建于隋朝，有着“南国故宫”之称的湖南衡阳南岳大庙，继2006年门票由20元/人次涨至40元/人次之后，这次稍事听证又顺利涨了10元，大概也是预料之中的事情。

“为申遗涨价”也算是一种时髦的措词，俨然成了眼下最冠冕堂皇的说法。尽管公众对“申遗成功”就是“涨价成功”的急功近利做法鲜有好感和认同，但人们更为愤懑的，则是一些地方的“为涨价申遗”——才闻申遗声，已见涨价来！

“为涨价申遗”当然说不出口，于是，就得搜索枯肠、绞尽脑汁地罗列理由、编织借口，以期尽可能地自圆其说。譬如，“南岳大庙目前的门票价格为每人40元，而中岳嵩山少林寺的门票已经上百元了。如果旅游产品价格定得过低，潜在旅游者就会认为旅游产品质量较低，从而影响其消费热情”。真是没有最雷，只有更雷，听闻这种涨价依据，不知闻名遐迩的杭州西湖会作何感想。照此逻辑，这些年来大刀阔斧坚持推进“还湖于民”、不收门票的杭州市，岂不是笨上加笨，少收了大把钞票，还可能在游客心目中落得个“旅游产品质量较低”的不佳印象？

为了涨价，就自说自话地将游客消费热情“被影响”一下，这固然有些好笑，而另外的所谓涨价因素听起来就要令人生疑了。南岳管理局列出的近五年基建投资明细表中，香炉维修一项为420万元，公厕新建一项为197万元。可惜大庙内一位法师一语不慎道破天机：近几年这儿只建了一个新厕所。如此昂贵的“超天价厕所”，绝对与“申遗要素”扯不上一点关系，那么，像作为消费者代表的律师质疑的那样，其中是否存在为了涨价而大肆虚列成本的猫腻呢?

假往往为了掩饰真。个别风景名胜区门票价格的急涨猛涨，未必真是为了申遗着想，倒更可能是想把游客当作“唐僧肉”，转嫁其人浮于事、吃喝超支的沉重包袱。公开的资料显示，南岳大庙隶属于南岳管理局，管理局下设22个部门。2008年和2009年，大庙的门票收入分别为5 932.73万元和6 271.15万元，而仅仅在招待费一项，该两年的支出就分别有825万余元、895万余元。联想到山西平遥古城也曾爆出“不堪接待负担推动门票涨价”的传言，可见有些时候、某些地方的“为申遗涨价”，其实是无妨解读成“为嘴巴涨价”的。

（原载《新文化报》2010年8月25日）

选择性“物价接轨论”糊弄谁

练洪洋

最近，居民用电实行阶梯电价公开征求意见一事，已引起社会广泛关注和讨论。据《中国青年报》的调查显示，92.2%的人对此表示关注；90.4%的人希望公开意见征求结果，采纳与否都应作出说明。

活在当下，真不容易。房价、教育、医疗“老三篇”的价格未降一毫，粮价、油价、菜价、电价……又芝麻开花。在高物价的不断电击下，公众早就告别了“恐高症”，经济学家也适时提出调高通胀警戒线，替政府“分忧”。在此情形下，仍有超九成公众还关心电价，实在非比寻常，盖因兹事体大。

哪怕涨价的理由再多、再堂皇，都基于电价偏低这一顽固观点（有关部门去年11月曾表示“居民电价严重偏低”）。事实如何？某些人不是总把“国际接轨”挂在嘴边吗？于是，有人将电价与国际接了一回“轨”。统计显示，世界发达国家居民消费1 000度电能的费用占全国月平均工资的6.79%，目前中国这一数字是30.68%，也就是说，相对中国的平均工资而言，目前中国的电价是发达国家的4.52倍。

就事论事，我们很容易被数字说服，被冠冕堂皇的“接轨论”击倒，可一旦与收入相提并论，便若醍醐灌顶。同样的数据，换一个角度审视，换一种方法比对，结果竟然判若云泥。灯不挑不亮，理不辩不明。这一比下来，再多的涨价理由在公众眼中似乎都变得苍白、懦软，难以自圆。有人说，幸福因比较而生。其实，痛苦又何尝不是如此？

许多决策者之所以在公共决策时只执一端不及其余，强调“国际接轨”时只拣对自己有利的数据说话，而对其他比对参数视而不见，如果不是因为常识不足，只知其一，不知其二，或被利益集团俘获，以至于屁股决定立场，为利益集团牟利背书，那便是对公众痛感的感应迟钝，过高估计了公众的承受能力——在某些官员眼中，公众是“九牛”，拔“一毛”不足惧。但他们没想到，你也拔他也拔，哪怕是“九牛”之“毛”，终归有被拔光的一天——这并非诛心之论，似曾相识的说辞一再灌耳，从房价、医疗、水价、油价、气价到税负，莫不如此。

我国的房价高不高？有官员表示不高，理由是，东京的银座最高时每平方米 50 万美元。特例说明不了什么，公众能看到的是，去年 12 月纽约房价最高的曼哈顿区的中间价格约为每平方米 2.75 万元人民币，而国内一些大城市的房价已接近甚至超过这个数字。再考虑 2010 年我国人均 GDP 仅 3 000 美元而发达国家已达数万美元的事实，我国的房价高不高还用得着争论吗？

我国的宏观税负高不高？专家说，我国宏观税负明显低于世界平均水平，宏观税负实际偏低。税务官员表示：中国宏观税负还有提升空间。这又是一个典型的取我所需、为我所用的案例，以数字论“宏观税负”有什么意义？“宏观税负”会把国人在“费”上的巨大支出统计进来吗？会把税的使用——公民享受到的福利考虑进来吗？

他山之石，未必可以攻玉。不同国家，不同发展阶段，未必具有可比性，以他人收入论自己支出恐怕也有失客观。既然如此，要么不比，关起门来论民生，一心一意谋发展，制定公共决策时，深切公众痛感，尽可能减轻公众负担，提高公众幸福感；要比，就要客观、全面、科学地比，比优势也比不足，比支出更比收入，这样比出来的结论才不至于离事实太远。

（原载《广州日报》2010 年 10 月 20 日）

警察家丁化与“家丁”警察化

张敬己

从今年7月15日开始，湖南省邵东县社会综合治理委员会办公室与保安服务有限公司签订协议，以每月7.5万元的承包费，在夜里十点到次日早晨六点之间，保安公司有偿地为县城区提供治安巡逻服务。这种政府让保安公司“承包”当地社会治安，用雇用保安替代警察夜巡的做法，引发社会的广泛争议。近日邵东县官员回应，称实施效果很好，还将考虑外包白天治安防控。(《新京报》9月18日)

在评述这个事情之前，先说说“警察家丁化”这个现象。大家都知道，警察的权力由法律赋予，其一切公务行为，只能听从于法律许可范围内的任务的指令。简而言之，警察不是旧时豪强家的家丁，不能无条件地听命于主人的吆喝而充当爪牙。可是，我们在众多所谓的“诽谤案”、“跨省追捕”、“进京抓记者”里，包括触目可及的暴力拆迁现场，都能看到他们忙碌的身影。于是，评论者给这种现象取了一个非常形象的名称，叫“警察家丁化”。自然，“警察家丁化”是要不得的。

现在邵东县则反其道而行之。如果警察或被动或主动充当滥权者的马前卒，可称为“警察家丁化”，那么，邵东给保安这种民间的治安力量赋予一定程度的公权力，则可称其为“‘家丁’警察化”。

我们一点也不否认，群防群治是维护社会治安的一个好方法，尤其是保安这种相对专业的治安力量。可是，正如报道所言，将社会治安承包给保安公司，其中有一些问题不是“实施效果好”就可以遮盖得过去的。其一，治安防控交给保安，我们还缴纳税金养公安做什么？难不成公安的职责范围，仅限于公安机关的大院之内？如此这般将公权力进行有偿让渡，是否有真正意义上的“权钱交易”、“权力分肥”之嫌？其二，“没有处罚就不存在有执法权”一说经不起推敲。如果照此逻辑，执法权就完全等同于处罚，这当然从哪种角度都说不通。进而，有了“抓捕权”的保安，会不会因为图“抓人指标”奖金的诱惑而滥用权力？从近些年来媒体报道的诸多消息来看，法律意识相对较高的警察都有挡不住这种诱惑的时候，何况仅为“稻粱谋”的保安？

如果邵东县不能对这些疑惑给出一个能说服人的理由，不能完全消除民众的隐忧，那么，我们就可以这样认为："'家丁'警察化"很不科学，违背了现代社会的法治伦理。有意思的是，邵东县政法委副书记、综治办主任朱学明在回复这些质疑时，使用了一个新鲜的词汇：治安权"商业化"。现在当然不是小国寡民的时代，也不是诸侯裂土分疆的时代，治安权是公权力，与豪强为保全家族出钱聘用"长枪队"使用私权力绝不可相提并论。但我们却由此得以看见这样一个荒谬无比的实情：权力商业化。

"警察家丁化"其实也是这个原因。地方领导或出于政绩考量，或因直接染指相关利益，利用公权谋私利，才是核心的秘不示人的东西，这当然也应该算作权力商业化。只是"警察家丁化"成为其滥权的表象，当然，有时冲在最前面的警察难免沦为替罪羊。

警察变家丁，"家丁"变警察，都不是现代法治社会的应有现象。可笑的是，如此"权力商业化"的行径，居然还被美誉为"创举"。法治社会里还有这般开倒车的官方举措，实在令人有些想不通。公权力只能在合法的轨道上行驶，公权力自然也仅应该由法律规定的职责赋予者依法行使，让非法的执法者理直气壮地行走在阳光下，岂不是一个让人笑不起来的笑话么？

（原载《杂文报》2010 年 10 月 8 日）

别让“寻衅滋事”成为整治公民的借口

张若渔

武汉市洪山警方以其所作所为，证明了他们根本不值得被信任。21日下午4点，武汉市洪山公安分局关山派出所的民警向跨省“自首”的童贻鸿家人送达了拘留通知书，童贻鸿因涉嫌寻衅滋事被刑事拘留。（《新京报》11月22日）

以“涉嫌寻衅滋事”刑拘童贻鸿，罪名之吊诡、之混淆视听，令人震惊。当地警方的做法可以说是完全罔顾案件的基本事实，即童贻鸿当时正面临一触即发的强拆危机，他抛掷砖头不过是一种公民情急之下的反抗行为，与“寻衅滋事”截然不同。以“涉嫌寻衅滋事”这种扭曲的罪名抓人，令人禁不住认为，当地警方是必欲刑拘童贻鸿的，至于罪名，则似乎可以信手拈来。

其实，童贻鸿本人难道不正是“寻衅滋事”的对象和受害者吗？应该被刑拘的恰恰是那些啸聚在童家楼下的心怀不轨的强拆队伍。刑法上有关“寻衅滋事罪”的客观要件有此一条：“强拿硬要或者任意损毁、占用公私财物，情节严重的。”显然，以当时盘踞在童家楼下的拆迁队的主观动机和客观行为来看，他们才是货真价实的“寻衅滋事”者，而童贻鸿本人则是那个凄楚可怜的“犯罪客体”。

然而，事情就是这样难以理喻，我们觉得是“受害者”的童贻鸿，在武汉当地警方的眼里却成了施害者。他以一人之力，在自己家里，面对簇拥着轰隆隆的破拆机而来的浩浩荡荡的队伍，悍然实施了“寻衅滋事”的行为。这听起来完全超过了我们的想象力和理解力，但武汉当地警方却似乎对此坚信不疑。

“寻衅滋事”这个罪名已经不是第一次让我们感到不适了。结石宝宝之父赵连海，就是以寻衅滋事罪被判刑的。从赵连海案到如今的童贻鸿案，我们似乎都看到了警方或司法机构在适用寻衅滋事罪时的某种随意和粗率。尽管这项罪名在法律界常常被诟病为“布袋罪”，意思是什么罪都可以往里装，但一个基本的法治底线是，我们无论如何也不能让“寻衅滋事”成为强力机构整肃公民的一个堂皇的借口。

事实上，我甚至不认为，武汉当地警方能想得出一个确切的罪状拘留童贻鸿。坦率地说，任何不经合法程序、直接诉诸蛮力的强迁队伍，都不过是一群暴徒而已，面对这些人多势众而且武装到牙齿的暴徒，一个公民为了捍卫自己的财产权，除非他愿意引颈就戮，或者伤害自己，否则就只有“以暴易暴”这条路。即使在这个过程中他采取的手段出现了瑕疵，也只能说他有错，而不是有罪，有罪的是他的对手。

如果刑拘童贻鸿是正义的，那就意味着他的反抗是非正义的，强拆才是正义的。也即，警方通过办案告诉“童贻鸿们”，在面临类似的情势时，不要反抗，因为任何反抗都是犯罪。有了这样的逻辑，谁还会认为童贻鸿赴京自首是“奇闻轶事”？他对于当地警方强烈的不信任情绪，来源于耳濡目染的社会见闻，继而又以自己的遭际成为别人“社会见闻”的一部分，从而培养出一个又一个的“童贻鸿”。

（原载《珠江晚报》2010 年 11 月 23 日）

政绩观的“血铅中毒”最可怕

王旭东

记者从湖南省郴州市有关方面获悉，因铅中毒住院的村民人数不断增加。19 日晚 10 时 40 分许，湖南省郴州市桂阳县委常委、副县长蒋利明称，该县中毒住院村民已有 14 人。而据村民和中毒儿童家属透露，中毒者已经超过 300 人。据郴州市知情人士称，当地政府已封锁血铅中毒人数，新增人数约 100 人。截至晚 10 时 40 分，郴州市委相关官员拒绝透露新增中毒人数。（《新京报》3 月 20 日）

近两年“血铅事件”的罪魁祸首都是炼铅企业。去年，陕西凤翔县“血铅事件”造成 615 名儿童血铅超标，东岭冶炼公司被认定是这次“血铅事件”的“祸首”；今年 2 月 24 日，湖南嘉禾县 250 名儿童血铅超标，引发中毒事件的炼铅企业腾达公司，曾被县市两级环保局几度叫停，但仍继续生产。据该县环保局局长雷向东介绍，作为贫困县，嘉禾急于发展经济，一批从周边省市淘汰下来的企业来到嘉禾，不作环评就开始上马生产。在牺牲了几百名儿童的身体健康之后，腾达公司才被关闭停产。

如今，在一些发达地区污染严重的企业已被列入淘汰的范围，或者说，被环境保护与科学发展所“赶走”、所“抛弃”。然而，一些欠发达地区则把别人淘汰的东西当作“宝”，当作发展经济的“法宝”，当作实现政绩的“法宝”。

曾经有一位“最牛副局长”——海口市水务局副局长符传君，在回答记者“海口污水问题为何长年未解决”的提问时，抛出“雷”人之语：“经济越发达的地区，水越黑。”水是发展的一面镜子。以水为镜，不仅能照出环境污染与否，更能照出政绩观正确与否、发展观科学与否。同样，“血铅中毒”事件的频发，真正的幕后“黑手”是错误的、有害的政绩观和牺牲环境甚至公民身体健康的发展观。

错误的政绩观已到了“血铅中毒”的程度，这才是最可怕的。不少政府片面追求发展速度，满足于 GDP 增长，不惜牺牲环境，其根源在于扭曲的发展观与政绩观，说白了，就是发展观、政绩观遭到了严重的“污染”。

如何纠正“污染”的政绩观，如何给“中毒”的政绩观消毒，关键在于从源头“治污”，关键要给政绩观“刮骨疗伤”。首先，要改革考核政绩的传统模式，实现环境保护一票否决制；其次，要打造公众深度参与环保公共事务的“回音壁”，让公众对环保公共事务的每一次投诉或举报都有着落，第一时间处理，第一时间回复，让公众的监督落到实处。

（原载《中国青年报》2010 年 3 月 21 日）

河里不长鱼，只长 GDP

严辉文

在陕西安康境内的岚河上，100 余公里的河道上建有 16 座电站，几条支流上也建有 10 座电站，致使河道断流、鱼类灭绝。(《中国青年报》5 月 19 日)

报道以“被撕碎的河流”为题，讲述了这条曾以泉鱼、棒棒鱼等特产闻名且鱼群资源丰富的河流如今“鱼不聊生”的尴尬。小水电站显然是其中的罪魁祸首。中国水利水电科学研究院高工刘树坤指出，“引水式电站对生态的破坏是毁灭性的。一条河流只要修一座引水式电站，就可能导致整个生态系统破坏”。在岚河上竞赛式的无序水电开发，所带来的生态危机可想而知。河流断流了，不仅鱼类灭绝了，人们的日子也十分难堪。电站开发导致河道干涸后，祖居于沿河流域的居民失去了水源，甚至连饮用水也受到威胁。

一边是河流生态的毁灭性灾难，一边是无法遏制的河流开发热，不知道这是显示出了地方政府的决心还是愚昧。“靠河吃河”早已是某些拥有河道的地方政府发展的重要抓手，且大有不可阻挡之势。如几年前陕西平利县委、县政府就提出“以林蓄水，以水发电，以电促工，以工富县”，将小水电站作为振兴县域经济的支柱产业来抓，并以此为契机招商引资。由于投资小、见效快，私人老板竞相斥资建站，甚至当地还盛传多起倒卖电站开发权的事件。如今仅平利境内数十公里长的岚河干支流上，就共规划了 14 座电站，已建成和在建的各 3 座。

看来，虽然科学发展观推行有日，一些地方甚至还在用“河长制”之类的新型行政管理体制来强化党政官员的河流管理责任，但此举仍未能避免河流被肢解和被撕裂的悲剧。在一些地方政府眼中，念兹在兹的莫过于可观的 GDP 和税收；而放着好端端的河流让鱼儿优游快乐更显得太过奢侈。鱼儿呀，子非人，安知人之乐？顾头不顾腚的强力开发之类，不仅体现了私人老板的追求，似乎也更符合某些地方政府的行事逻辑。

河里不让长鱼，不只令鱼难受、令人欷歔，也使我想起时下国人爱玩的脑筋急转弯。如果有人问：河里不长鱼，长什么？联系各地“靠河吃河”的实际，估计答案也将是五花八门的。对于热衷于滥取河沙的人来说，河里长鱼真不如长河沙；对于安康这样酷爱建小水电站的地方来说，河里长鱼不如长水电；而对于更多大力发展旅游的河流流经地来说，河里长鱼不如长出更多的游船……在某些地方政府的幻想中，一网打下去，河里哪怕没有活蹦乱跳的鱼儿，但有令权力和资本笑逐颜开的 GDP 也就足够了。

（原载《中国青年报》2010 年 5 月 20 日）

“民告官”胜诉率该怎么估算

毕诗成

江苏省高院称，当地20年来受理的“民告官”案件中，民众胜诉的案件占结案总数的10.99%，但若加上民众利益得到满足撤诉的情况，估算赢面超过50%。

原来这“过半胜诉”只是“估算”出来的，而且所谓“过半”，是包括大概40%的“撤诉”的，真正在结案中胜诉的只有10%左右。不过10%左右还是比较可信的，这有一些参照，按照官方数据，全国的行政机关败诉率是20%左右，甚至有地方近三年行政机关败诉率不超过3%。对此，官方的解读是：这反映出各级行政机关依法行政的水平较高，发现问题后马上通知行政机关纠正……

《半月谈》杂志曾报道：中国近年来“民告官”案急剧增加，但胜诉率不足三成。有律师就对“民告官”作了概括——起诉难、官不理、难告赢、执行难、代价大。有网友就在“胜诉过半”新闻后跟帖追问：（民告官）能立案吗？立了案能开庭吗？开了庭能打赢吗？打赢了能拿回钱吗？拿不回钱能强制执行吗？

到底怎么看较低的“民告官”胜诉率，官方“成绩”的宣传与舆论“败绩”的解读俨然有点背道而驰——官方说这是依法行政水平提高了，舆论说这是民众诉求被压制了。客观而言，依法行政水平近年来确实有所提高，但对于仍然大量存在的民众求告无门案件也不能视而不见。

在现实矛盾面前，当务之急是呈现司法的独立与公开：如何向公众展示，“民告官”案件中法院能排除权力的干扰；如何让民众信服，被各级法院宣扬的“调解撤诉”是公平依法而不是权力施压……“民告官”胜诉率到底是高好还是低好，这需要人民群众的普遍感受——这就是笔者的“估算”。

（原载《广州日报》2010年9月28日）

开放低空不能只盯住万亿市场

梁江涛

国务院中央军委出台低空空域管理改革意见。总参作战部空管局人士称，计划开放的是1 000米以下的空域，开放的空域将主要允许轻型固定翼飞机和直升机等一些小型飞机飞行。低空飞行前要审批航线，确保民航飞机以及空军部队飞机和低空的飞机不会有交叉。（《新京报》11月15日）

制度一旦张开翅膀，就能带来无限遐想。此次改革意见的出台是中国低空开放的重要一步，最大的亮点在于对4 000米以下低空飞行无须报批只须报备，这打破了国内通用航空业发展的制度壁垒。目前，中国通用航空飞机有1 000架左右。民航部门曾预测，到2012年，中国需要各类通用航空飞机为1万~1.2万架，按单架飞机平均价格300万元，产业拉动比例按1∶10估算，上下游产业将带动超万亿的市场规模，以及整个产业链的十年黄金发展期。由此可见，开放的不仅仅是千米低空，更是有着巨大潜力的广阔市场。

早些年腰包渐鼓的中国富人都把目光投向豪华汽车，等财富再次积累之后，私人飞机就自然而然地进入了他们的视野。然而，不少富人兴冲冲地买了飞机，结果却因为各种配套跟不上而成了一件摆在家里的奢侈品——没有空域、航线，飞机没地方飞；没有机场，飞机没地方停；没有飞行通信导航系统，飞上天会迷路；飞机零部件、航油和日常养护服务等跟不上，飞行安全得不到保障等，富人买飞机“只求拥有，不求有用”。如今开放千米低空，先富起来的人也能先飞起来，中国富人就可以张开翅膀，在蓝天畅快翱翔了！

然而，开放千米低空不能只盯住万亿市场。要看到，在中国的低空领域向私人飞机开放之前，“无许可、无审批、无驾照”的“三无飞机”一样直冲云霄。在拥有飞机的富人眼里，“直升机就是插了翅膀的摩托”，近些年私人飞机出事常见诸新闻。曾有数据表明，私人飞机旅行比民用飞机遇到飞行故障的可能性高了27倍，遭遇严重问题导致飞机坠毁的可能性高了225倍。有钱人可买飞机，但绝对没有“想飞就飞”的特权。如今开放千米低空，会不会助长“过把瘾”的娱乐心态，甚至会不会有“富二代”跑到天上来“飙机”？

如何防范危及个人和公共安全的非法飞行；如何遏制手续不全的“不明飞行物”上天；如何鼓励公益用途的私人飞机；如何借鉴发达国家行之有效的管理办法，捆住漠视公共安全的“炫富翅膀”等，这些都是制定开放低空制度的同时必须回应并有细则跟进的。

（原载《华商晨报》2010 年 11 月 16 日）

政府给公民“评级”是权力越位

潘洪其

江苏睢宁县今年启用一套大众信用管理系统，涵盖了公民私人生活方方面面的内容。依照这个信用管理系统，当地民众按分数被评定为 A、B、C、D 四个等级，获评 C 级、D 级者在政审类考察、资格审查、执照审核、社会救助等方面受到限制或不予考虑。睢宁县委书记王天琦表示要“严管民风”，让群众“一处守信，处处受益；一处失信，处处制约”。

据称睢宁县民风一向“质朴存彪悍”，百姓“喜争好斗善诉讼”。于是，睢宁县委县政府试图通过一个几乎无所不包的征信管理系统，让良好信用行为人受到优待，使不良信用行为人受到制约，以此提高公民素质，促进社会风气好转。

应该说，这种做法的出发点是不错的，也有一定的针对性，然而，政府的任何施政行为，特别是直接针对公民权利的施政行为，不论其出发点有多好，都必须经受合法性的考验。如果一种施政行为明显背离了法治的原则，那么，无论它具有多么良好的初衷和多么切近的针对性，都属于权力的越位和错位，甚至涉嫌行政违法。

先看睢宁县大众信用管理系统征集的内容。这些内容可分为三类，第一类是通常意义上的个人征信内容，如银行还贷记录、水电气缴费记录等；第二类是一些违法行为，如交通违章行为、治安违法行为；第三类是一些不文明行为或不道德行为。

目前条件下，第一类信用行为已纳入由金融机构掌握的征信系统之中，公民若有这类不良信用记录，将在个人贷款、信用消费等方面受到相应限制，这方面政府无须施加其他限制。同样，公民如果有交通违章、治安违法等行为，按照法律法规将受到相应的处罚，也无须政府另行施加限制。至于第三类不良信用行为，因大多属于公民教养或道德层面的问题，一般予以教育、规劝、舆论谴责即可，政府若动用行政手段进行规约，显然是过于严苛了。

再看那些被睢宁县用来对不良信用行为人施加限制的事项。这些事项包括政审类考察、资格审查、执照审核、社会救助等，它们本身都各有一套评判和审核的标准，有的还是法律明文规定的标准。这些事项往往与公民权利的行使或救济密切相关，政府如果在原有标准之外附加新的标准，必将抬高公民行使权利和获得救助的门槛，从而造成公民权利损失。

一个公民申请教师资格、律师执业资格，或者申请工商营业执照、低保救助，如果他符合法定的申请条件，他的申请就应当得到核准，其权利就应当得到保障。然而，如果因他有过水电气欠费记录或交通违章记录，有关部门就限制或否决他的申请资格，这无异于是对公民权利的公然侵犯和剥夺。

政府权力介入公民个人信用管理，一方面将征信范围扩大到“无远弗届”，另一方面又用扩大了的征信内容对公民权利进行限制，如此“严管民风”，是典型的政府权力越位。

其实，对政府权力而言，当前有一项远比“严管民风”重要得多的工作，那就是严管官德、整顿“官风”。对于所谓“民风”，法律法规、道德环境已经形成了基本的管束机制，无须政府再予以“严管”；倒是一些公权力机关及其公职人员在工作作风、权力行使、公众形象和道德信用上问题多多，亟须政府权力强力介入并进行规范与整饬。

如孔子所言，“君子之德风，小人之德草，草上之风必偃”（这里的“君子”、“小人”无贬义，意思是说官员的道德好比风，百姓的道德好比草，风吹在草上，草一定会顺着风的方向），政府如果下大力气建设好官德，整顿好“官风”，必将对提升百姓道德素质、形成良好社会风气发挥强大的促进作用。反之，如果大张旗鼓“严管民风”，却在严管官德、整顿“官风”方面少有作为，则政府权力不但越位，还出现了严重的错位。

当然，作为一名近年来力推新政、媒体曝光率颇高的“明星官员”，睢宁县委书记王天琦在强调“严管民风”的同时，并没忘记强调“严管干部”。这让人想起了另两位“明星官员”和改革风云人物——原山西长治市委书记吕日周和现任云南昆明市委书记仇和，两人也都曾推行“严管民风”之举措。但是到后来，两人都把“严管”的重点从“民风”转向“官风”。显然，他们也都清醒地意识到，“严管民风”不是政府的职能所在，严管官德、整顿“官风”、防止公权力滥用才是新政的当务之急。

政府权力缺乏监督制约，致使“一不小心”就出现权力越位和权力错位，这是睢宁县政府对公民“评级”给世人留下的沉痛教训。这个故事再次警醒我们：深入推进各项体制改革，强化对政府权力的规范和监督，依法保障公民权利的实现与救济，任重道远而未有穷期。

（原载《东方早报》2010年3月29日）

勿再以弱小生命检验安全制度

秦 宁

今年 3 月 22 日，乌鲁木齐八一中学附小发生拥挤踩踏事件，导致学生一死三伤。时隔 8 个月，阿克苏第五小学发生踩踏事故。

重提乌鲁木齐踩踏事故，是因为在该事故发生前的两三个月里，新疆教育厅已转发、下发关于校园安全工作各类通知文件 19 份，旨在为全区各中小学校加强校园安全管理敲响警钟。然而这 19 份通知文件并没有挡住踩踏事故的发生。数月过去，相关部门又下发了多少份安全通知尚不知晓，但残酷的事实是，安全文件也没能阻止事故发生，血淋淋的事故也未震醒相关人士。

此次事故的具体诱因有待权威部门调查。将目光拉回现场：当时正是课间操时间，学生从楼上蜂拥而下，前面的学生摔倒后引起踩踏，楼梯扶手被挤歪，造成孩子被挤伤或摔伤。早在 2005 年 11 月，教育部曾专门下发通知，要求各中小学就预防学生拥挤踩踏事故建立专门制度，每学期组织一次应急演练，学生做操集合上下楼时错开时间。不知道阿克苏第五小学是否组织过应急演练，但当时学生做操集合上下楼时，并未错开时间，为悲剧发生埋下了伏笔。都说“魔鬼藏于细节之中”，如果置细节于不顾，魔鬼必然会跳出来吞噬生命。

安全不是说出来的，而是做出来的。只要绷紧安全弦，多一些制度性预防，安全事故就会退避三舍，即便遭遇意外之祸，也能合理规避。汶川大地震中，四川桑枣中学的叶志平被称为“史上最牛校长”，全校师生无一伤亡，究其因，叶志平连续十多年对学生进行安全教育。每学期都组织全校进行紧急疏散演习，还规定下课、课间操、午饭、晚自习时，老师必须站在各层楼梯拐弯处，因为拐弯处最容易摔倒。如果在阿克苏第五小学，学生受到了严格的安全教育，下楼时错开时间和地方，或者哪怕有老师在拐弯处疏导，悲剧或许就可以避免。

常听到有人感叹现在的学生安全意识差、自救能力弱。但安全意识不会从天而降，没有制度化的安全教育，孩子哪来安全意识？当前中小学校罕有开设专门的安全教育课程，即便开设了，也是徒具形式的多，更不要说入耳、入脑、入心。校园踩踏事故不是孤例，为何别处吃堑了此地还不长智，别人亡羊了自己还想不起来补牢？在这个问题上虚与委蛇，拿中央政令不当回事，就是拿学生的生命开玩笑；缺乏基本的警惕心和警醒意识，就是陷学生于危境之中。

在乌鲁木齐踩踏事故发生后，当地教育局长曾沉痛反思："校园的安全、学生的生命是天大的事情。各区县再不能一味地转发文件、一味地宣读，必须牢牢抓在手上，一天都不能忘，严格做，严格落实。"痛定思痛，痛何如哉？其他地方把学生的生命当作天大的事情了吗？

孩子稚嫩的肩膀扛不起太多的无妄之灾，不能总让弱小的身体检验制度执行之失，更不能一再让无辜生命为相关人员的麻痹意识陪葬。一千份通知文件不如一次严厉问责。

（原载《京华时报》2010 年 12 月 1 日）

中国“精英移民潮”的背后

王子石

今年6月，《国家中长期人才发展规划纲要（2010—2020年）》提出，到2020年，中国人才发展要进入世界人才强国行列。而中国社科院发布的《全球政治与安全》报告则显示，中国已经成为全世界最大的移民输出国家，海外侨胞数量已超过4 500万，中国正掀起自20世纪70年代末和90年代以来的第三波移民浪潮，这次移民潮的主体是知识精英和新富阶层。（《国际先驱导报》7月12日）

我国提出，到2020年人才发展要进入世界人才强国行列的目标，然而却面临“越来越多的社会精英走出国门，成为另一片国土上创造价值的中坚”的现实。消耗国内紧缺的教育资源，培养出来的社会精英们，在国内完成巨额财富积累后，却移民国外为别的国家创造GDP。这对于我们国家而言，正如有人形容的那样，真可谓是“人财两失”了。

尽管在眼下看来，所谓人才流失以及由此引发的对中国巨额资金逃离的担忧还只是“少数派报告”，而且自中国打开对外开放的大门以来，人才的流失就没有停止过。在中国是世界上最大的移民输出国，也是最大的精英输出国的双料头衔下，中国经济仍然保持着快速增长的势头。但当越来越多的社会精英走出国门，成为另一片国土上创造价值的中坚时，却传递给了我们不能忽视的信号，这也是进入新世纪第二个10年的中国应有的警醒。精英流失对于人才强国的理想颇具挑战性，在美国媒体近日推出的“失败国家”指标中，“人才流失”更是被作为其中最重要的一项单独列出。而在其中，我们不得不承认存在着科学合理的一面。

当然，面对“精英移民潮”，我们也不能只把眼睛盯在精英们的身上找原因，请看看美国、加拿大、澳大利亚、新加坡这些对社会精英移民最有吸引力的国家。这些国家的法治化程度普遍很高，官员廉洁且行政效率极高，权力运作透明且公信力很强，社会相对比较公正，环境得到有效保护，社会保障体系比较健全……因此，人们生活在这样的国度里，有着很强的安全感、幸福感。而转型期的中国社会已经进入矛盾多发期和凸显期，高达0.5的基尼系数更是意味着中国的贫富悬殊已达危险阶段。时有发生的群体性事件、恶性拆迁事件、校园血案以及毒奶粉事件、泡沫化的楼市、严重的腐败，时时刻刻都在刺痛着人们的神经，挑战着社会公平，吞噬着社会的凝聚力和政府的公信力。“人往高处走，水往低处流”是一句颠扑不破的真理。追根溯源，中国“精英移民潮”的出现，显露出的是我国社会对精英人才吸引力的不足。

我们知道，在人类自由迁徙的权利面前，任何手法都无法阻止人们迁移的脚步。非洲的津巴布韦，10 年中有五分之一的国民选择了离开祖国，其中首先流失的就是人才，其原因无他：政治动荡不安、经济危机深重。正是因为这样，要实现 2020 年进入世界人才强国行列的目标，要在人们“用脚投票”的过程中，赢得精英们最多的青睐，首要的就是提升我国对精英们的吸引力。

（原载《民主与法制时报》2010 年 7 月 19 日）

社会篇

为什么穷人更容易堕落

周筱赟

近日，媒体先后揭露了一个令人震惊的事实：四川省雷波县一些深山中的村民，像养牲口一样圈养着一些智障人员，平时让他们帮着放羊、干农活，条件成熟时，以他们的性命作为赚钱工具——将哄骗来的或买来的智障人员带到全国各地去打工，在矿井下伺机将其杀死，以骗取老板的赔偿金。目前，案情已经惊动公安部。2009 年下半年以来，这类“以制造矿难索赔为目的，实施故意杀人案件”在全国各地不断发生，甚至有“井喷”之势。

贫穷，且是看不到脱贫希望的贫穷，可以把人变成魔鬼。而这不仅仅是这些赤贫者的错，更是我们整个社会的悲哀。

早在 2008 年 6 月，雷波县警方就一次性在深山中解救了 40 名智障人员。2009 年在卡哈洛山区也解救了 7 人。但由于地处山区，交通非常不便，这样被圈养的智障人员究竟还有多少，谁也不知道。

据我所知，雷波县属于四川省凉山州，位于横断山脉东段小凉山，海拔 3 500 多米，交通极其不便，从村里到最近的乡政府，通常要步行八九个小时，属于极端贫困地区。很多中国农村地区虽然很贫穷，但靠自己的土地出产，填饱肚子问题不大。但在雷波，由于山区土地贫瘠，土地出产连填饱肚子都很困难。当地的村民，如果不出去打工，就会处于赤贫状态。

有媒体在 2008 年报道过东莞童工现象，一些凉山州的儿童，被人贩子拐卖到广东东莞打工，超强度工作，待遇非常低，媒体连同警方将他们解救后，在老家的家长竟然埋怨警方，认为本来在那里打工还能赚点钱。而这些童工甚至主动向卧底记者介绍，可以找同来的女童工卖淫。

这次媒体披露雷波县的情况，让我想起了著名社会学家孙立平教授的“穷人更堕落”论。孙立平教授说：“社会堕落的时候，穷人也会随之堕落，而他们堕落的过程甚至超过了整个社会的堕落。为什么？因为他手里没有资源去抵御这个堕落的过程。”

在这些雷波县赤贫村民眼里，连自己子女的生命安全和健康都可以拿来换钱，更何况那些被哄骗或买来的智障人员的生命，随时可以被他们杀掉换钱。人心已经败坏到这种地步！人性已经沦落到了这种地步！因为穷人，尤其是最穷的人，根本没有任何能够抵御堕落的资源。贫穷，且是看不到脱贫希望的贫穷，可以把人变成魔鬼。这不是这些赤贫者的错，这是我们整个社会的悲哀。

雷波事件让很多人想到了2003年李杨导演的电影《盲井》，这部电影是根据作家刘庆邦的小说《神木》改编的，获得柏林国际电影节银熊奖。在电影中，两个杀人伪造矿难索赔者多次得手，但把一个16岁男孩骗到矿区打工后，其中一人竟然对男孩产生了恻隐之心，最终在井下把同伙杀死，自己也伤重而死，男孩因此得救。

小说《神木》是这几年大行其道的“底层文学”之一。在这些“底层文学”中，底层弱势群体拥有勤劳、朴实、善良、坚忍等一切美德，即便在环境影响下作恶的底层人士，在最后一刻也会良心发现。

可是现实却总是比文学残酷！雷波事件中，我看不到赤贫者存在一丁点对弱者的恻隐之心，他们连一点良心不安和感情波动都没出现过，因为智障人员在他们看来根本就不是人！文学作品却非要搞个“光明的尾巴”。在山西发生黑砖窑事件时，有论者呼吁“以国家的名义捍卫文明底线”，如果山西黑砖窑事件触及了文明底线，那么雷波县的情况，更是击穿文明底线了。

无数的励志故事总在强调“人穷志不穷”，而雷波事件正揭示了事情的反面：穷则失志，穷则变态，穷凶会导致极恶。在GDP主义盛行的今天，贫富分化进一步拉大，如果不加以改变，雷波县的情况就会一再重演，因为人性的沉沦是没有底线的。

（原载《上海商报》2010年1月5日，原题：现实版“盲井”频发展示出人性之恶）

反回扣医生的“人格病”怎么治

椿 桦

不拿回扣的医生我听说过，但自己不拿回扣还阻止别人拿，这样的医生则鲜有耳闻。最近，媒体正盛传着这样一位“反回扣医生”的事迹——山东滕州市中医院的医生杨国梁，多年来拒收回扣，还因拒开回扣药而与领导打架。不仅如此，他还与兄长一起将医院里收回扣成风的现象反映到市委书记那儿。杨医生的连续举报，招致同事的反感与孤立，卫生局的官方文件则显示，杨国梁“疑有人格障碍倾向”。

这种事儿听起来很新鲜，但如果你绕开“反回扣医生”的人物特征，而将杨国梁看作一个普通的上访举报人，就会觉得这种现象其实很常见。杨国梁仅被诊断为“人格”问题算是很幸运的了，君不见许许多多的举报人被确诊为“精神病”而被强送到精神病院，最终弄砸饭碗，毁了家庭！

杨国梁到底有没有“人格”疾病，以咱们旁观者以及患者的朴素感情作诊断，是不专业和不权威的。按咱们社会的某种惯性，多数人、官方鉴定，是判断事物性质的两大主要指标，其中后者尤为重要。譬如当年的华南虎照片事件，官方不表态，即便有权威专家鉴定为假照片也不算数。有关这两项指标，杨国梁倒是都符合。他的反回扣行为在医院里很不得人心，遭到了“压倒性多数”的反对；不仅上司揍他，连同事也是“见一次骂一次”，还朝他扔扫帚、矿泉水瓶，甚至找人殴打他。这分明是将他当作了精神病人！官方态度则非常明确，卫生局在文件中怀疑他“人格”有问题。而医院负责人在解释他被同事打伤的情形时，则称是“往垃圾桶扔矿泉水瓶时扔偏了”——这位同事的内功真是了得！

按照“得道多助，失道寡助”的逻辑，杨国梁似乎真的病了。看来，当务之急就是治病救人。那么，杨国梁的病该怎么治呢？在下不揣浅薄，推荐两个药方一试：

第一，培养杨国梁的“团结协作”意识，帮助其回归集体，遵守“潜规则”。在黎巴嫩作家纪伯伦的作品《英明的国王》中，国王就是通过这种办法治好自己的。故事说，一个女巫深夜潜入国王的城市，在井水中滴入可致人发疯的魔液。第二天，除国王和大臣之外，全城百姓都喝了井水，成了疯子。可所有百姓都认为国王才是疯子，不适合统治国家，要废黜他。国王为保王位，取来井水喝下。最后，百姓奔走相告，欢呼国王治愈了疾病。

第二，环境疗法，即查找杨国梁“致病”的土壤，然后改善之。以我所见，反回扣医生杨国梁所反的并不是回扣，而是回扣背后的问题。这些问题既有医德因素，也有制度因素。我不想指责医风日下，至少，杨国梁还算个有医德的医生吧！现实中，有许多医生吃回扣，不能否认也有医生待遇与其学识不成正比的因素。而医生待遇不高，又与医疗投入不足有很大关系。我琢磨，滕州市卫生部门回避医生回扣问题，主要也是想掩盖医疗投入不足的问题。而该结果难免让人觉得这是变相支持医生通过“市场”改善自身待遇。当医生吃回扣成了无奈的现实问题，自然就造出了与“反回扣医生”的对立土壤。

显而易见，要摘掉反回扣医生“人格病”的帽子，第二个药方才是靠谱的。然而，现实中不乏“英明”的事主默默地选择了第一个药方，知难而退！

（原载《广州日报》2010 年 10 月 7 日）

乐清村主任之死犹待进一步调查

南　都

12 月 25 日，浙江乐清蒲岐镇虹南公路寨桥村路段上演了一幕惨剧：54 岁的寨桥村村委会主任钱云会被一辆大型工程车轧断脖颈，身首异处。惨不忍睹的现场图片被网友到处转帖，群情激奋。相比死者是被“故意碾死”的网帖申告与质疑，当地官方新闻网站的简短通讯中将这起事件描述为“乐清蒲岐镇今日发生一起交通事故，致 1 人死亡”。27 日下午，当地有关部门就此事召开新闻发布会，新闻通稿依然将其定性为“一起交通肇事案件”，对媒体以及网络的诸多疑问则未作太多回应。

显然，历时 30 多分钟的新闻发布会，根本无力消弭事件发生几十个小时以来积攒下的如潮质疑，还原事件真相仍须努力。当时现场究竟发生了什么，强烈刺激着无数网友视觉神经的那些血腥照片，是否足够承载事件的来龙去脉？既然现有叙述无法说服悠悠之口，那么在没有独立公正的第三方调查的情况下，当地有关部门其实已经陷入一种意料之中的尴尬。

公众之所以会为真相难明而困惑，是因为有太多的疑问和所谓巧合围绕着这起“交通肇事案件”。在事件发生不到十个小时之后，当地媒体用一则简讯进行了第一时间的报道，但也就是这则寥寥数语的消息让网友疑窦丛生：既然只是“致一人死亡”的普通交通事故，缘何招来“乐清市相关领导非常重视，第一时间赶赴现场指导处置”的高规格对待？而据最新的官方新闻报道，接到报警后才到场的有关部门，下车伊始就将先期在场的群众定性为“不明真相”了。双方冲突，特警到场，村民、家属被拘，尸体遭抢，路口的监控设备又恰好“只能拍摄，没有储存功能”……这些情节都太过熟悉了。

来自官方的解释无法消解这些怀疑，现有的讯息至今不足以为公众勾勒出一个清晰的现场。不仅如此，据《中国青年报》报道，有多位村民反映“全村电话都给控制了”，在官方新闻发布会进行的同时，死者钱云会的大女儿却被关进看守所，之前她接受媒体采访时坚称自己的父亲是被谋害的；还有欲言又止的目击者和因“寻衅滋事”被抓捕的村民，以及采访经历吊诡异常的记者……种种迹象表明，有关部门似乎在试图封锁和垄断信息。这些与“一起交通肇事案件”格格不入的异常举动，只会愈发加重公众的猜疑，对当地政府的公信力更是致命打击。

与草草结束的官方新闻发布会截然相反，互联网上关于本案的讨论依然没有消减的迹象。已经有网友开始根据现有的图片资料进行分析，专业抑或不尽专业，却都表现出一种对真相的渴求——或许真的无法还原，但起码要有不断逼近的努力。疑云重重的现场，谁有权力视而不见？拥有充足调查资源和便利条件的当地有关部门，恰恰在这个最需要它的时候无法获得公众足够的信任。越是在这样一种局促的情形之下，充分而独立的媒体调查才更显得迫切和必要。

真相依旧未明，也没有办法对惨剧进行哪怕是最基本的事实论断。但不管最终结论如何，都注定无法纾解我们的忧伤。一个民选村主任在这个冬天离奇死亡，他生命最后几年所遭遇的坎坷、所进行的努力让人难以释怀。2005 年 4 月，钱云会通过村民选举当上村主任，任职 20 天后便踏上带领村民上访的漫漫长路，其间先后三次被投入看守所；2010 年 4 月，有媒体曾报道该村村民因为钱云会被关押而退选、罢选；2010 年 6 月，“钱云会”的 ID 还曾实名在论坛上发帖，即发出“强取豪夺、一手遮天”究竟“是官是贼”的吁问，这一帖子直到他死后才被网友发现而“盖高楼”顶帖……这是能够检索到的、关于这个已经不在人世的村委会主任几乎全部的信息。然后，就只剩下这场或曰普通或曰离奇的“车祸”了。

呼吁真相，不仅是为了告慰死者。检视现实，谁能说这是离我们很遥远的故事？在这个冬天，一幕惨剧发生在那个叫作乐清的地方，但事件的真相到现在为止依然无法清晰起来。围观不会停歇，调查必须继续。

（原载 2010 年 12 月 28 日《南方都市报》）

对“富二代手刃被撞者”齿冷之余

徐 锋

这年头，富二代飙车撞人已成旧闻，但一些顽劣的“衙内”们、豪门公子哥们立志要把这种旧闻推陈出新。

媒体昨日披露，10 月 20 日晚，西安大学城内，26 岁的女服务员张萌（化名）下班途中被一辆小轿车撞倒，当她试图去看清并记住肇事车牌时，却被犯罪嫌疑人——开车的大三学生药家鑫连——砍 8 刀，最终由轻伤变成当场死亡。

这是一则让人齿冷到无语的新闻！一宗普通的交通事故竟引发了一场冷血杀戮。按照现有披露的信息，我们尚难对杀戮过程进行还原，但“撞人后连砍 8 刀”的确凿细节，足以展现年轻富家子杀人灭口的坚定决心以及势必令对方毙命的锲而不舍的精神与非凡的耐心。

我们不想过多讨论富二代撞人后挥刀索命的所谓“作案动机”，因为哪怕是最客观的陈述，都会带有为残暴凶徒开脱的嫌疑，让我们感觉愧对无辜被残杀的女服务员。很显然，在此个案中，诸如“撞伤不如撞死”的所谓“心理暗示”也好，“道德陷阱”也罢，都很难有说服力——以道德和常识底线作为标尺，一个已经成年的大三学生，即使是在最慌乱的瞬间，也理应明白：在肇事车牌被记下与故意杀人之间，在赔偿医药费、被交警扣几分与凶残夺去一条鲜活生命之间，孰轻孰重?

然而，我们失望地看到，即便对这样最简单明了的权衡与判断，富二代大学生却作出了全然匪夷所思的选择，他毅然、决然地拿起了屠刀，在夜色中向一个几乎不具备攻击和抵抗能力的弱女子接连砍了 8 刀。如此血腥的一幕，这种“杀无赦”的冷酷，即使在香港的古惑仔电影里也并不多见。

那么，到底是何种内心的魔鬼在那一刻驱使富家子作出了最冷血、最丧失人性的决定？在齿冷和痛心之余，人们必须进一步如是追问。或许，在这个养尊处优的年轻人的潜意识里，从未学会尊重生命尤其是穷人的生命，从未遇到过自己“摆不平”、“收不了场”的后果，这都让他在作决定的一刹那多了几分自信和草率，少了一丝敬畏和怜悯。我们无法钻进他的脑子里了解其当时的想法，但可从其他富二代、官二代的类似言行中总结、归纳出某种共同点：比如，2003 年哈尔滨叫嚣着“信不信我撞死你”的宝马女，果真就钻进车里开车冲向农妇导致 1 死 12 伤；又如，今年 10 月 16 日，在河北大学校园内酒后驾豪车肇事导致 1 死 1 伤的“李衙内”，居然还能若无其事地去接朋友（民间一说是接女朋友），并飙出“我爸是李刚”的狠话……可见，某些官二代、富二代的思维方式，确实突破了普通人的底线，难以常人之心衡量之。

最近，《人民日报》罕见地刊登了一系列关注“弱势群体”的文章，对底层人群的生存状态进行了深入调查，并称这种弱势心理正在我国蔓延。文章引起极大反响。按照辩证法的观点，弱势群体很大程度是与“强势群体”相伴相生的，一部分人的权利和权力过甚，就会导致另一部分人的权利空间遭到挤压。从这个意义上说，要想改变弱势群体的生存和发展状态，一个重要方面就是减少（至少是有效约束）强势群体及其“强二代”们的权利，让权利之秤多少回归平衡。惟其如此，方能救赎富二代药家鑫们误入歧途的灵魂，方能真正告慰那些被撞、被砍杀的无辜者的在天之灵。

（原载《广州日报》2010 年 11 月 29 日）

我和方舟子一样没有安全感

五岳散人

前两天，著名的学术打假者方舟子先生于傍晚在自己家附近接受某电视台采访后，被两人袭击。按照方舟子先生事后的描述，先是某人向他喷了一种疑似乙醚的东西，企图迷昏他，方先生觉得不对就开始跑，另一人用铁锤向其投掷两次，后一次砸到了他的腰部，使其受到了轻微伤害。要说这是临时的打劫，想必是谁都不会相信的。方先生这些年来因为学术与科技打假，不知道断了多少人的财路，几乎可以肯定是报复。

听到这个消息之后，我拿着当年习武用的大刀就跑出去了，没办法，我写评论也得罪了不少人或者势力。结果发现虽然这些年练习得少了，但动作都还记得，也算是知道这些招式怎么用。练完两趟之后喘得像条狗似的，几乎是拖着刀爬回家。这时候忽然想起来，似乎这个年代不能带着砍刀上街，菜刀都实名制了嘛，我又不是像姜子牙、张三丰那种老而弥坚的老怪物，估计就是回到“全盛时期”，也未必能在突袭下保护自己。

有朋友调侃道：估计以后也就是你这种带着拳刺的人敢写时政评论了。但他要是看到我赶紧去临阵磨枪、意图找回点儿功夫，也就不会如此说了吧。

一般来说，谁都有遇上刑事案件的可能，但这次之所以不同，是因为这次是针对一个具有知名度的学术打假者，而在此之前，有个网名为“钱烈宪”的朋友在签售自己的书时被扎了两刀，《财经》的记者方玄昌在回家路上被两个手持钢筋的人打成重伤，更别说其他以言论与曝光为职业的新闻界同行了，甚至前段时间还有通缉某人的现象发生。

而针对言论以及基本社会正义的这种暴力之所以屡屡发生，可能与处置不力还是有很大关系。前两天伊春空难，记者进行例行采访时被当地警方无理扣留，当地警方在强大的舆论压力之下用“我是个粗人”来作为道歉的词句，几乎令人想到了当年那种以没文化为美的时代。这还算好的呢，更多的情况是从此再无消息，不但当事人没有被惩戒，甚至被打的记者都不能再说什么。

在这种近于放纵的态度之下，自然也就会有一些越来越猖獗的势力打算用手里的钢筋、铁锤封闭言路。是啊，这谁能不害怕呢？我们也都是有家有室的人，即使自己不怕，可老婆孩子怎么办？恐怖就是这么种下的。

在一个社会里，如果每一个写完一篇批评报道的记者、每一个揭穿某个谎言的科普作家、每一个哪怕在博客里发表了不同意见的人，都不知道自己是不是能安全到家，也不知道是不是会有牢狱之灾、通缉之令。这样的社会就是让人看不到希望的地狱，大概也只有魔鬼才能潇洒自如地生活吧。

但是，如果听任这种状态发展，我们的社会就不止这些人没有了安全感，而是所有人都不会有安全感。没有了秉持公正的言论，更多有组织的暴力就会更加没有约束地降临到所有善良者、无力者的头上。

所以，这并不是针对某一个人的行为，而是对言论以及正义本身的挑战。这是无可退缩的战场，因为下一个可能就是任何人。宋朝百姓曾经调侃道：你有狼牙棒，我有天灵盖。这个场景今天是不能也不该重演的。

（原载《齐鲁晚报》2010 年 9 月 1 日）

记者为何连连受辱

长 平

最近记者备受羞辱。除了权力部门一如既往地动辄跨省追捕、“网络通缉”之外，社会名流也不吝口德，对记者挖苦谩骂。地产大亨禹晋永被质疑造假和欺诈，召开新闻发布会辟谣，竟宣称“我要关门打狗，就要先把狗放进屋来，所以今天很多媒体都来了”。“非著名”相声演员郭德纲的弟子殴打记者之后，他又亲自上阵破口大骂，“北京电视台是个龌龊的单位”、“记者不如妓女”。著名导演冯小刚辱骂记者成了习惯，不久前宣传新作《唐山大地震》被问到不愉快的问题时，称记者“没人性”。

我知道自己生活在一个粗鄙的社会，但是这些公权力的拥有者，经济、文化领域的强势者，在大庭广众之下说话如此没有教养，仍然让我感到惊讶。捷克作家哈维尔等人曾倡导“对话八原则”，得到了广泛的认可，其中两条就是“不作人身攻击”、“不要坚持错误不改”。这两点在我们这里都反过来了，成为官员和名流们的制胜宝典。禹晋永大言不惭地说，“诚信不需要用语言来表达，更不是用行动来做的”，而是“心中的那份（无论对错的）坚持”。

不过，在这几个例子中，他们都是针对记者发飙，言语中表达了对于媒体的蔑视。有单纯而敬业的媒体朋友问我，到底该怎样看待记者的工作？于是我想，媒体人士在愤怒还击的同时，也不妨借机反躬自问：为什么媒体人得不到起码的尊重？除了权势者的嚣张之外，还有没有自身的原因？在一些被争相传颂的正直、勇敢而又专业的优秀记者身后，整个媒体的生态到底如何？

从现代社会的结构来看，媒体起着支柱性的作用，在西方被称为立法、司法和行政之外的“第四种权力”。它主要扮演三种角色：一是信息提供者，方便民众生活，同时辨识真假，探究真理；二是权力监督者，通过满足民众的知情权来防止权力的滥用；三是自由意见平台，让不同的观点都能得到表达。第二个角色的任务很容易使记者成为挑战权力的英雄。因此，记者头上一向拥有无数耀眼的光芒。很多媒体人都记得普利策说的这番话：“倘若一个国家是一艘航行在大海上的船，新闻记者就是站在船头的瞭望者。他要在一望无际的海面上观察一切，审视海上的不测风云和浅滩暗礁，及时发出警告。”更著名的赞扬来自美国总统杰斐逊，他说：“是要没有报纸的政府，还是要没有政府的报纸？我将毫不犹豫地选择后者。”

很多中国媒体人都用这些话来鞭策自己，但是在反复吟诵之后，有时也会发生误会，以为自己就是普利策或杰斐逊描绘的那种角色了。事实上，按照这样的要求，西方媒体也没有完全做到位，甚至在新媒体时代还有倒退的倾向。中国媒体近二三十年来发生了很大的变化，开始有了独立和专业的意识，但是同时受困于权力和市场，几乎还没有走上正道，就开始贪恋歪门邪道了。

头戴“地产大亨”的帽子，禹晋永应该不差钱。他在新闻发布会上说：“我这么多钱没有用……花不了这么多钱，要这么多钱干什么？”但是他知道钱对媒体的重要性，“打垮你的财政你就知道厉害了。当5 000万元落到你的头上你就知道什么是生不如死”。高额索赔的确是一种恐吓办法。不过我想告诉他，真正的地产大亨是不会这样做的，没有这个必要。只要跟管事的官员打个招呼，媒体就会“生不如死”；或者给媒体投点广告，媒体就会选择“死不如生”。

我想起上个月在成都参加“中欧社会论坛”时，媒体人士讨论起记者拿红包的现象。红包在媒体业内非常普遍，甚至成为很多记者的主要收入来源。展江教授等媒体研究者对此非常痛恨，因为没有人会相信，记者受人钱财，还会坚持独立立场——即便能够坚持，这也是一种不义的行为。一些媒体从业者却很不耐烦，他们抱怨说几乎每次参加这样的会议，都会讨论这个注定没有办法解决的问题。有人指出，几乎每个报社都有广告客户的保护名单，记者即便不拿红包也未必能够正常写稿，报社有什么底气要求记者拒收红包？即便强行规定，那也不是什么正义的力量。

在场的西方记者插不上话，因为他们对此难以理解。有人好不容易想起来，好莱坞的电影公司有时会请欧洲娱记去参加看片会什么的，该不该让人家出机票钱引起过一些争论。但是无论采访哪个行业，每次写稿之前直接从采访对象那里拿点钱，这超出他们的想象。

法国《世界报》前主编阿兰·弗兰尚（Alain Frachon）先生介绍说，他在担任主编期间，为了避免人情干扰，尽量避免和政要人物吃饭，尽管这些饭局大多是以友情的名义，未必有具体的要求。我不得不诚实地说，中国的大多数主编，无论大报小报，如果能够得到政要人物的宴请，不仅不敢拒绝，而且定然深感荣幸，还会写进宣传手册，甚至会在报纸上发表消息来炫耀。

前不久，有一位日本媒体研究者来中国，我陪同她对一些媒体人士进行了访谈。她的研究题目是中国媒体的职业化转型，大多媒体人士都认为这是一个安全的话题，乐意和她交流。结果略感意外的是，她提出的每一个问题，基本上都是媒体和政府的关系。原来，在她看来，职业化转型的前提是媒体的独立；而很多媒体人士理解的是，职业化就是采访编辑和经营管理上技术含量再高一点。难怪郭德纲对于参与捧红他的北京电视台不屑一顾地说，大家都是彼此利用，谁也别装。有些媒体人士劝他要讲江湖义气、知恩图报。我不认为这种道理可以让媒体获得尊严。

冯小刚在回答年轻的记者提问时，时常以“小妹妹”称呼之。他用这种称谓来表达不满：你们太年轻了，不知道的事情太多；你们都是屁小孩，不懂得礼貌。这里面含有年龄歧视和性别歧视，但是也对记者的专业素养提出了质疑。他之所以敢骂记者，除了自身修养之外，更是因为他也了解这些记者的行止，知道媒体没有什么值得尊重的。他在电影中植入的广告，也许还要从媒体的软文广告得到灵感呢。

一些记者敢于挑战权力或者金钱，勇敢地为公众提供真相，的确令人佩服，值得敬重。但是，很多时候我都会感到悲哀，因为他们所做的工作，不过是一个记者的分内之事。媒体行业作为一个整体，受人羞辱未必有多么冤枉。

（原载《南方都市报》2010 年 8 月 8 日）

谁导演了“群众斗群众”的好戏

马志海

城市建设少不了拆迁，这些年来不断上演着有关拆迁的戏码，血与火，情与仇，生与死，应有尽有，那戏演得叫一个轰轰烈烈！然而不论是哪出戏，角色其实就那么多：开发商、拆迁户，外带一个既是导演又偶尔客串演员的政府。其他人，只能是坐在台下的观众吧！随着剧情上演，或者叹息或者无奈或者愤怒，也会有呐喊，看得兴奋了说不定也会往台上扔几块板砖。

既然是戏，那自然会有文戏武戏，武戏最刺激，像是在成都发生的，女主角唐福珍为抗拒拆迁引火自焚，好一个悲壮激烈！至于文戏，有时候演得也比《潜伏》还好看。

眼前又一出拆迁戏在广州上演，演出了新桥段：“广州 169 户居民 14 年未能回迁，联名告‘钉子户’。”说的是广州越秀区珠光路一地块 14 年前被开发商征迁，700 户居民已搬迁，但因为“钉子户”廖某屡次拒绝开发商提出的补偿方案，导致 169 户居民无法回迁。于是，众多街坊正式向廖某提起民事诉讼。

想起了革命样板戏《沙家浜》中的台词：“打起来了打起来了”，“谁跟谁打起来了?”“阿庆嫂和沙老太婆打起来了!”

拆迁关系到千家万户的利益，一般来说，拆迁户被贴上的是弱者的标签，在戏里都是抗争的正角，而开发商当然被贴的是反角的标签，矛盾冲突也是在这一正一反两个阵营中展开。然而被拆迁户也不是铁板一块，被拆的房子有大有小，人的胃口也有大有小。很自然的，每个拆迁户都会各有各的利益诉求。就比方说这位被街坊们告上法庭的被告廖姓街坊，“戏文”里说，就因为他狮子大开口，才令开发商拆而不建，一拖就是 14 年。苦盼回迁的街坊望穿秋水，无奈之下把廖街坊给告了。他们的理由很朴素很简单：如果不是你做钉子户，我们不是早就能回迁了吗?

这出戏，怎么看?有人会暗中高兴：“喜看群众斗群众，为我发财做嫁衣。”这个人是谁?不会是原告，也不会是被告，更不可能是全心全意为人民服务的政府。咱们来分析：14 年未开发，表面上是开发商吃亏，但你想想这十多年，地皮涨了多少倍？如果不是那钉子户，政府说不定就把那地给收了，如此一来，说不定还有人要谢谢那位钉子户呢，甚至有网友设计了这么个恶毒的情节：开发商为了保住这块地，倒贴钱请人做钉子户。这有点阴谋论，但越想越合理。

戏看到这儿，有个问题不能不提：钉子户和开发商，是公有理婆有理地争拗了十几年，可那 169 户街坊没招谁没惹谁，凭什么就让他们过了整整 14 年无家可归的苦日子？是谁编的这出戏？169 户居民的命运、前程又如何安排？这个问题，问导演，问编剧，问那袖手旁观淡定了 14 年的人。

（原载《信息时报》2010 年 9 月 9 日）

有一种病毒叫“李刚”

杨耕身

网络越来越肃静，生活越来越无趣，幸好“李刚”驾到。“前世五百年的回眸，才换来今生的我爸是李刚。”“不是每一个爸爸都是李刚。”“撞人恒久远，李刚永流传。”“此情可待成追忆，只因我爸是李刚。”“给我一个李刚，我能撑起整个地球。”……几天之内，网络出现了不下于36万条关于李刚的“造句”，唐诗、宋词、歌曲乃至广告语，无一不被网友们改成“李刚版”。这真是：“李刚”一出，谁与争锋！

李刚者，乃保定市公安局北市区分局主管刑侦的副局长。几天前，其子李启铭（又名李一帆）酒后在校园内飙车，将两名女生撞飞，致一死一重伤。在被拦下后，他口出狂言：“你知道我爸是谁吗？我爸是李刚！”这引起了网友的极大愤慨与关注，“我爸是李刚”也就争诵一时，成为网络大观。值此不难看出，那不下于36万条关于李刚的“造句”，不是一种娱乐化事件，而是人们自发形成的对权力阶层的一种声讨。

显然，这种声讨早已不限于“李衙内”的酒驾撞人本身。车祸效应开始席卷李刚及河北大学校长。有网帖表示，在保定市，李刚名下有两套房产，李启铭名下有三套房产。意外卷入的还有河北大学党委书记、校长王洪瑞。因为学校师生被打招呼不能接受采访，网民开始将愤怒指向了该学校校长。记者调查发现，新语丝曾连续发文揭露王洪瑞的两本著作和博士论文均为抄袭之作，且曝光至今，其未有任何解释与答复。

“过去说拔出萝卜带出泥，现在是拔出萝卜带出屎。”有网民这样形容河北大学校园车祸事件所引发的连锁反应。如果这一说法可以成立，那么它是不是也暗含了另一层意味，那就是我们所不得不面对的一个“以屎为香”的“逐臭”时代？无论是肇事者对生命之漠然、对法律之轻蔑，还是校方对言论自由权利之封阻，以及校长本人之抄袭与沉默，都是这个社会之“屎”，但问题在于有多少人不以为臭、反以为香呢？

假如要我用“李刚”造句，我更想写下的是“每个人心中都有一个李刚”。在这一语境之下，“李刚”不是被带出来的“屎”，而是一种甚嚣尘上的特权思维。它不仅让我们看到一种“权力通吃”的社会特性，而且足以解释“拼爹游戏”为何成为浩然大势、师生封口如何成为可能，而区区一名公务员却为何拥有那么多房产。同时也让我们看到，为了成为“李刚”而不择手段，这也足以解释大学校长的抄袭事件。

“我爸是李刚”不是口不择言，实则是下意识发作。不得不承认，我们的社会培养了官二代，同时也为他们提供了适宜其生长的土壤；不得不承认，一种社会心理相信什么、崇尚什么，一个社会就会真正流行什么。“我爸是李刚”式的宣告、声明或抵抗，正是这样的一种流行。因此，由一起官二代校园肇事事件引发的对李刚财产问题的曝光、对王洪瑞抄袭问题的质疑，仍不是公众声讨的最终指向。它的最终指向，只能是一个社会规则、道德及人心的溃败。这不仅是权力通吃所制造的溃败，更是溃败引发的进一步的权力通吃。

“李刚”意味着一种病毒，它存在于这个社会体制的深处，也同样存在于每个人心灵深处。从这个意义上说，“李刚”不是李启铭的李刚，它很可能是所有人的李刚。这跟那些看似基于正义的声讨与谴责无关。这是无法收拾的人心。

（原载《青年时报》2010 年 10 月 25 日）

“坐牢货币化”源于“权力江湖化”

李晓亮

坐牢也“明码标价”，这事儿悍然出现在一个致力打造法治社会的国家，无论如何，不能不让人错愕。记者近日在浙江宁波象山县调查时，就发现一些贪腐官员在刑满释放后，竟“意外”地收到了原行贿人送来的巨额“坐牢补偿费”，有的甚至公开炫耀。

贪腐入狱，稍有耻感者都会视之为耻，出狱后理应低调回归社会。可现实却令人瞠目：有些人刑满之时，竟是大肆收受“坐牢补偿费”之日，且金额之巨，动辄百万。

这一场景，与港台黑帮片剧情何其相似：大佬出事，马仔顶包。两厢讲好价钱，蹲几年给多少钱，妻儿老小如何照应，都按道上规矩，心照不宣。这种经典桥段，出现在以江湖道义、帮会匪气为生存法则的文学或影视作品中，还是别具感染力的。

而真实的“坐牢补偿费”事件，则是植入现实且角色代换后的另一番令人难以接受的景象：本应充当社会守夜人的政府官员，竟以权谋私，还无耻地和行贿人成为“患难与共”的“亲密战友”和江湖“兄弟”。推杯换盏间，蚕食民众权利；觥筹交错中，置换公共利益。种种上不了台面的非法利益输送所积敛的肮脏财富，最后都变成了行贿者的“政策利好”和受贿者来源不明的巨额财产。

这一系列龌龊运作几乎形成产业化，而民意对此的感受又岂是“愤怒”、“震惊”等词语所能概括的！

从某种意义上讲，政府官员和行贿人成为朋友甚至成为“兄弟”，就如猫鼠联姻一样畸形。行贿受贿本不该和公权运作有任何关联，即便出现这种苗头，也应受到法律严惩，以儆效尤。而那些专门针对“前官员”的“坐牢补偿费”，则形象地说明了有些领域的行政权力没有受到有效制约。权力变现之后，变质的权力沾染上了江湖习气，呈现“匪化、流氓化”气质。握有这种权力的官员，自然也有变身为“权力流氓”的可能。在他们眼里，公益不值一文，而私利则重于一切，即便为此坐牢，刑满后也要按江湖规矩收“损失费”，并以此为荣。

公权力是什么？是政府公共部门维持社会正常运行、维护公众利益、输出公共服务的根本力量。这种权力不是凭空而来，而是每个纳税人让渡了一部分自己的私人权利积聚而成的。自愿让渡，是为了让政府部门用这种权力来为民众谋福，促使民生福祉最大化；而不是让某些利欲熏心、权欲膨胀的官员拿来“做生意”的。流氓化的官员或许是极少数的，但其对政府美誉度、公信力的影响却是极其恶劣的。因为这些“极品”害群之马，可能会让民众产生发散联想。当然，这样的思考也并非完全无益。假如权力流氓化加剧，“政府公司化”倾向就会很明显，而这又严重偏离了公益轨道。所以，“坐牢补偿费”不能只当奇闻轶事的花边新闻看看，而应从此开始系统地探讨权力江湖化、官员流氓化、腐败产业化、反腐复杂化的制度性应对之道。

（原载《华西都市报》2010 年 10 月 21 日）

沉默，你的名字是弱者

董碧辉

“窗前明月光，我爸是李刚”；“老夫聊发少年狂，我爸爸，是李刚”；“试问卷帘人，却道我爸是李刚”；“日日思君不见君，我爸是李刚”；“假如生活欺骗了你，不要悲伤，我爸是李刚”；“前世五百年的回眸，才换来今生的我爸是李刚”；“我在遥望，月亮之上，我爸是李刚”……10月16日，“官二代”李启铭在河北大学校园内醉驾撞飞两女生，造成一死一伤的惨祸，一句“有本事你们告去！我爸是李刚”震惊全场。不是刘刚，不是吴刚，突然间暴得大名如雷贯耳的是“李刚”。

撞人之后，不但不停车，反而若无其事地继续驾车前行，被别人拦下后脱口而出“我爸是李刚”，这样的嚣张无疑让很多目击学生气愤，可是当肇事者被刑拘、警方进入调查取证程序时，车祸的目击者们集体沉默了。

沉默的原因据说是学校不让说这件事，说了怕学校处分。自己学校的学生被人撞死撞伤，却不允许学生发言，不允许学生作证，难道想让撞人者逍遥法外？还是被“我爸是李刚”吓坏了？

沉默啊沉默。我们首先看到的是学校的沉默。这种沉默让人愤怒，作为学生的母校，何以没有一点母性？不但不呵护学生，积极为被撞的学生伸张正义，反而乖乖地闭上自己的嘴，还要求学生们也装哑巴，奇哉怪哉！

沉默啊沉默。随之而来的是学生们的沉默。作为一场让人气愤的车祸的目击者，他们不应该沉默。他们的沉默当然与鲁迅先生笔下那些麻木的看客不同，不是因为麻木而沉默，而是因为压力而沉默。有些沉默的学生说自己在受着内心的煎熬：“我妈妈已经严令禁止我再管这件事，但我没办法让自己的良心受煎熬！”这位妈妈可能跟大多数人一样，想的是如何明哲保身，想的是如何不惹祸上身，可是她有没有想过，如果那辆狂妄的轿车撞向她或她的孩子时，她从哪里去找那个不沉默的人为她作证呢？迫于家庭或学校的压力，学生们沉默了。

作为孩子，家长的影响力是巨大的；作为学生，他们还无法跟学校抗衡。可是对已满18岁的他们来说，他们已经是一个公民，只要拥有基本的道德感和责任感，在这种时候沉默，给他们自己的内心带来的压力应该更加沉重吧？不沉默可能受学校处分，可他们应该问问自己，学校会给什么处分，学校敢用什么名义来处分他们？因为学生们说出事实，因为学生们敢于跟邪恶风气斗争，所以，给他们处分？

沉默本身让人压抑，但是沉默的土壤更加值得我们挖掘与深思。对于这样一起恶性的车祸事故，学校禁止学生和老师接受采访，学校在沉默，我们的成人习惯了沉默，无论发生何事，无论这桩事情给别人带来了什么样的灾难，一概沉默不语。这种沉默变成了积习，变成了我们的行为准则，然后要求我们的下一代也沿袭下去。

我们当然可以沉默。在沉默中变得畏缩，在沉默中等待沉没。沉没的不只是生命，还有人性、人情、道义。

有些东西终究不该沉没，看到央视新闻频道关于这起事故的节目中，有的目击者没有沉默，接受了央视的采访，尽管是电话连线，可是至少那个声音没有沉默。所以真相也就不会沉没。

抛弃沉默吧，大多数情况下，它不是金子，而是弱者的代名词，卑鄙者的保护伞。

（原载《钱江晚报》2010年10月22日）

“集体下跪”也是一种社会抗争

叶匡政

广东化州新安镇梅子坑村因与邻村发生耕地纠纷，引发冲突，梅子坑有六名村民被以故意伤害罪刑拘。日前，近百村民在化州市政府门前长跪，一个小时没人理会，被指“在这里下跪也没有用”。七个披着“冤”字白衣的村民跪在最前面，当时天正下着雨，场面异常凄惨。(《南方农村报》5 月 18 日)

本以为庄河市的千人下跪，跪掉了一个“冷血市长”孙明，今后民众想见市长会容易点，哪知仍然如此艰难。看了整篇报道，心中一个挥之不去的疑问是，现代社会民众想见一面市长，为何会如此困难？即使古代衙门，民众只要击鼓三通，官老爷就得升堂办案，何况是被称为人民公仆的现代官员？

公权力的傲慢，在今天已成社会常态，于是民众下跪“抗议”，也成了社会热点。前几天还发生了湖北公安县数百名教师集体下跪县政府的事件，看到这一幕幕让人心酸的图片，我想任何有良知的人，也会如鲠在喉。民众如今可能也只有下跪的自由了，这是他们真实的处境。这种下跪背后的潜台词是，我承认你权力的强大，但期望你迫于道德或舆论压力，能倾听一下弱者的声音。有人把下跪称为弱者的“武器”，只是这种亮出武器的方式过于屈辱。

甘地曾把绝食看作是非暴力反抗的最后手段，我想中国民众的“集体下跪”，也算是非暴力反抗的新手段。它比绝食对自身伤害要小，但比绝食更为屈辱。甘地把非暴力看作是一个教育公众的过程，让它渗透到社会各个层面，直到民众自己最终变得不可战胜。如今我从这种带有传染性的“集体下跪”中似乎也隐约地看到了这种力量。

民众通过公开自己的诉求，唤起地方政府和社会的关注与决断，本来就是现代社会实现治理的方式。民众正是用这种方式参与到公共事务中的。他们通过对自己负责，达成对组织和国家的负责。这种参与热情理应受到保护，地方官员也理应做到与之呼应。当诉求能在公共空间得以声张时，民众才可能实现与政府和社会的互动。从这种互动中，民众感受到的也是社会机制在向积极方向转变。

但实际情况并非如此，一些地方官员已丧失了与公民对话的能力。由于官员常年身在官场，使民众与政府的交流机制名存实亡。很多官员一看到民众要求对话，首先感到的是紧张与恐惧。他们根本不把坐到谈判桌边协商解决问题看作是社会治理的方式。民众迫不得已发明了“集体下跪”这种屈辱的抗争方式。很显然，“集体下跪”也是眼下最安全的一种抗议方式。至少不会像游行示威那样，以暴力抗法的名义被投入监狱。然而，即便民众在雨中以屈辱的方式集体下跪，这些地方官员也还是冷眼旁观，毫不体恤民众的艰难。

“集体下跪”虽然屈辱，但仍然是一种社会抗争。在民主社会里，社会抗争从来就是民众常态的政治参与形式。在非民主和民主社会之间，没有一个刻板的边界，而是一个民主形态不断递增的漫长过程。在这个过程中，社会抗争对民主化的推动作用尤其重要。它是在革命暴力和议会政治之外，达成社会民主化进程的一种更为平和的方式。公民与政府关系的变化也主要是由抗争政治来调整的。

就转型期的今日中国而言，现在需要的是对非暴力的社会抗争事件建立常态的制度认同，使民众因社会不公引发的各种矛盾，能被正常化解在社会机制中。只有这样，社会才能不总是摇摆在暴力潜伏或爆发的两极之间，才能迫使地方政府建立高水平的协商机制，通过社会抗争机制的反复作用和磨合，社会才可能步入民主法制化的轨道。

必须认识到，每一次社会抗争事件，哪怕是屈辱的“集体下跪”，也是社会实现民主转型的努力。只有让抗争政治常态化了，公民的民主与自治意识才会日趋成熟。不能把社会抗争和维稳对立起来，而是要和保护民众权益统一起来，重新调整和界定政府与社会的关系，重新审视政府治理的原则和动机，真正实现和社会各类群体、组织的良性互动，这样才能达成多元化的社会治理。在这个过程中，一旦民众形成了普遍的制度认同，也就意味着社会自治机制粗具雏形了。

（原载《燕赵都市报》2010 年 5 月 21 日）

九问湖北“打错官妻门”

王石川

打错了。公安错打了政法委副厅级干部的家属。武昌公安分局派驻湖北省委大院的六名便衣警察错打了湖北省政法委综治办副主任58岁的妻子。记者调查此事属实，公安方面的领导来医院道歉时说，打人纯属误会。

闻所未闻事，竟然出今朝。而且就发生在光天化日下的省委大门口。厅官妻子遭警察群殴事件的真相如何，有待进一步剖析，而当下则有诸多疑问需要厘清。

既云“打错了”，那么何谓“打对了”

武昌区委政法委副书记、武昌区公安分局政委、水果湖派出所所长等一行看望陈玉莲。分局政委说：“误会，纯属误会，没想到打了这个大领导的夫人。”若是打错了，何谓打对了；若是误会，何谓不误会？厅官妻子不该打，其他上访公民就该打吗？即便陈玉莲不是“官妻”，对一个手无寸铁的女子就下得了手？

群殴时手脚麻利，为何被提醒后，照打不误

有个细节是，被打得东倒西歪、眼冒金星的陈玉莲质问：“我是省委干部的家属，你们为什么打我？”现场陈玉莲的邻居也上前劝说，“她是省政法委‘黄厅’的爱人，你们不能打了”。但警察为何继续殴打？这其中有着什么样的蹊跷？

便衣警察就该像黑社会吗

“（这些人的）装束既不像工作人员，也不像好人，更不像人民警察，看上去完全就是黑社会。”戴着粗项链，光头，自称“老子”……咆哮：

“就是省长的老婆也打了，怎么样？”打人的警察，满脸横肉，一上来就把陈玉莲的提包一脚踢飞几米远，对着头就是一拳，照着大腿又是一脚。陈玉莲被关进公安室里，“一个警察坐在我对面，把脚跷到桌子上，冲着我的脸”……

打人录像为何不公之于众，而是被“封存”

陈玉莲被打过程，被省委南大门几处监控摄像头全程摄录，施暴过程“惨无人道”，殴打时间超过 16 分钟。事后陈玉莲亲属强烈要求将录像曝光，但直到目前，“录像仍被有关部门封存”，这是为何？

陈玉莲在医院为何被监控

在陈玉莲住院的头 10 多天里，公安干警每天都在医院守着，不让陈玉莲休息，有个派出所所长连陈玉莲上厕所也要站在厕所门口。如此监视，意欲何为？

“信访专班”是什么意思

据称，打人警察的编制属武昌公安分局水果湖派出所，是公安部门设在省委大院的“信访专班”人员，任务则是维护治安秩序，如一旦发生冲击省委大门或打砸烧等突发事件，则由他们来维持治安。那么，陈玉莲打砸烧了吗？

难道真是误会吗

其实，陈玉莲也是“上访户”，被打当天想找政法委副书记，一问自己职称和待遇问题，二问几年前女儿非正常死亡事件。那么这两件事，与陈玉莲被殴打有无关系？

如何处置打人警察

据称，打人的六名警察，目前状态为“下岗、停职、反醒、等候处理”，但公安内部消息却称，打人的六名警察被停职后，“已经安排他们出去旅游了”。此说是否属实？

为何同情与幸灾乐祸并存

陈玉莲被打激起了公众义愤，但耐人寻味的是，网上不少人幸灾乐祸，并且这种声音十分多。比如有人说，这是报应！还有人说，不要怪我没有同情心，暗地里真是有几分欢乐。更有人说，长期依赖并用惯了暴力的人，早晚会亲身体验被施暴的滋味……这些论调当然值得推敲，但为何会出现这些论调呢？

这是一个个案，但又不是一个个案。假如被打的不是厅官妻子，而是庶民，还会有这么大的动静吗？厅官妻子被打，引发不同的社会反响，是该追问到底为了什么、到底释放了什么样的社会情绪与时代表情？

（原载《扬子晚报》2010 年 7 月 21 日）

唐福珍自焚后，钟昌林为何没有歉意

熊培云

唐福珍的死，对这个时代来说，无疑是悲剧。但没有歉意的钟昌林，其人生又何尝不是悲剧？钟昌林指责唐福珍是法盲，无外乎两个原因，要么是别无选择而“恶意辩解”，要么是“身是悲剧”却又浑然不觉。

最新一期《南方周末》刊发了记者对钟昌林的采访。这位在唐福珍自焚事件中曾被停职的城管局长表示，“唐福珍自焚是一个法盲的悲剧”，而且“我对唐福珍不存在歉意。我是执法者，应严格执法，在法律面前不应该有歉意”。

能在报纸上读到这样赤裸裸的表白，也算是奇迹了。就在前几天，当我了解陶兴尧老人的自焚悲剧时，也曾忍不住发出这样的感慨。这位92岁的农民，一生经历无数苦难，却都能逢凶化吉。而现在，因为抵抗非法拆迁而自焚的他，正躺在医院里接受治疗。他的儿子和唐福珍一样不幸，在自焚时死了，而他侥幸活了下来。我在《新京报》看到陶兴尧老人躺在病床上的照片。这张俯拍的照片只有一张黑脸，像京剧脸谱，我不忍心再看第二眼，这是我在2010年最能记住的“中国表情”。它穿越了一个世纪，最适合为余华的小说——《活着》做封面。

而就在这时，在唐福珍死后几个月，当时的执法者钟昌林却在报纸上堂而皇之地为自己辩解，并且给死者唐福珍来一个缺席审判，为她强加一顶“法盲”的荆冠，丝毫不谈那个高于《物权法》的条例是否有效，不谈在这场“众人拾柴火焰高”的悲剧中，自己究竟扮演了怎样的角色。这个言必称“公共利益”的执法者，似乎要将自己的责任撇得干干净净，干净得像一个圣徒。

这位城管局长相信城市拆迁条例，而唐福珍相信《物权法》，唐福珍如何会是“法盲”呢？如果唐福珍不惜以生命捍卫私权是因她是法盲，谁还敢说自己不是法盲呢？2007年《物权法》通过时，举国之民为之欢呼雀跃，难道只是为了祝贺大家都成了法盲吗？

对发生在成都的这起不幸事件，观者早已心明眼亮，这是《城市拆迁条例》针对《物权法》的一次拆迁，是公权力对私权利的一次拆迁。钟昌林与唐福珍之间的冲突，实际上是两个世界的冲突，钟昌林只是对上级的无条件服从而不是对法律的坚守，不问是非，甚至将无条件服从等同于公共利益本身。而唐福珍相信个体权利，相信“家之不存，国将焉附”，相信执法者的意志并不必然代表法律的意志，相信法律不能流放良知与公正。如果她认定法律被用于侵犯人权，那么最先被拆除的应该是法律，而不是装载笑语欢声、更无害于社会的民宅。

没有歉意的钟昌林，难免让人想到小说《朗读者》里的那位女看守。满脸冷漠和无辜，将“敬业”、“守法”、“执行命令”挂在嘴边，全然忘了自己也是人类中的一员，捍卫人的生命是一切政治的根本；忘了自己所谓的“严格执法”同样出于一己之私，或多或少都会以牺牲他人利益为代价，以保护自己在体制内的利益。背后最真实的合谋是，一方面执法者隐藏了自己在体制内的利益，并且自觉不自觉地视体制内利益优先于被执法者的利益；另一方面执法者又借“公共利益”之名，为自己的过失敷衍塞责，换取良心安宁——如果还有良心的话。

人们高歌开放社会，在于每个人的生活都可以选择。更准确地说，正因人人可以选择，才决定了社会的开放度。而一个社会最终走向封闭，也正因许多人心甘情愿地认为自己别无选择。

钟昌林的辩解让人齿寒，因为它道出了一个事实：即使知道唐福珍会自焚，他也会不惜他人代价强拆。在这里，尽管钟昌林没有直接射杀唐福珍。唐福珍的死，对这个时代来说，无疑是悲剧。但没有歉意的钟昌林，其人生又何尝不是悲剧？钟昌林指责唐福珍是法盲，无外乎两个原因，要么是为别无选择而“恶意辩解”，要么是“身是悲剧”却又浑然不觉。

（原载《新京报》2010 年 4 月 10 日）

请问，什么叫“依法维权”

邵　建

湖北竹山县一位无业妇女租用民宅装修开餐馆，被认定为违规装修并罚款，又因逾期未缴罚款，被法院裁定执行总计14万元的罚款。经过一周的求情、上访无望后，她当着县装修办主任的面喝下农药……这件事连日来都是网上的热点。事发之后，县政府在认定装修办相关责任的同时，指出“要依法维权，不要采取过激方式”。

自各地政府疯狂拆迁以来，“依法维权”这个词不时见诸媒体。看起来，我们果然进入了法治社会，官员张口就是法；什么都要依法，连维权也不例外。但，恰恰是这个词本身，表明我们的一些官员，从根本上就不懂法。

维权，是个人权利受到不当侵犯时向法律求助的一种方式。但从实际情况看，向法律求助者远远不如向政府求助者来得多，比如信访。大量非法拆迁，民众投诉无门，盖因法院对此类事件作壁上观。当然，除了它站在政府一边介入拆迁外。维权的诉求对象不是法院是政府（信访办属政府），这正是法治不正常的情形之一。至于上述这位妇女，先求情后上访，她当然不会去法院，因为就是法院判她罚款14万元。县法院受县政府管辖，法院如此滥罚，她只好找政府。上访无果而自杀，政府却无关痒痛地说要“依法维权”，我不妨替她问一句：法在哪儿？

如果有法，如果按法办事，也就不会有维权这个词。这些年的维权案例，基本上是政府公权对个人私权的侵犯，尤其表现在拆迁上。维权之难，不亚蜀道，绝望之下，自焚、自杀之类的事件已经不绝于耳。对此，有的官员便用这样的词汇说话：要依法维权。殊不知，这种说法在法理上完全说不通。

依法维权，混淆了两个不同的主体。维权的主体是权利，正如依法的主体是权力。依法云云，本是对权力的约束，“依法维权”无异于把对权力的约束转移到权利头上。须知，在公权与私权的关系中，只有权力才需要依法，权利则没有依法这一说，它只要不违法就行了。现代社会，法的根本在于保障权利、限制权力。因此，从法理上讲，政府一定要依法行政。政府权力来自法律授予，所谓法无授权则不可为。这就决定了权力的行使必须符合一个基本规范。因此，政府，只有政府，才是“依法”这个词唯一不二的主体。

维权不需要依法，更何况其也无法可依。权利既然是法的保障对象，它就可以享受这种保障。当然，这种享受是有义务的，即你的行为不能侵害他人。但这不是权利依法，而是它不得违法。这里，“依”“违”之间，性质迥然。对权利来说，法无禁止即自由。难道我们可以有一部禁止维权的相关法律吗？当然没有。如果没有，依法维权又何从谈起？维权是权利受到侵害时的自我救济，它本身就受法律保护。因此，依法不是维权的事，而是政府的事，政府必须依法保障公民维权的权利能够兑现。至于竹山县政府劝导这位妇女要依法维权，言下之意，好像连自杀都不合法，假如官员有权力不让人活，难道还有权力追究这位妇女的死吗？一个假仁假义的“依法维权”，张口之际便露出一些官员在法律上的无知。

（原载《现代快报》2010 年 5 月 6 日）

官大乎，神大乎?

张　鸣

最近，由拆迁引发的新闻事件可谓接连不断。在江西宜黄，老百姓被搞得无路可走；而在广东肇庆，则是连神仙也难得安宁。

事情是这样的：肇庆将军山上一座耗费 3 000 万元、刚建起不久的关公像要被拆了。官方的理由是这个坐像乃“三无”建筑，未经批准。人们这下就搞不懂了——这座关公像顶天立地的，又没有藏在角落里，怎么建的时候没人管，建成之后却要拆？网上一份来自肇庆市政管理局的文件表明，关公面临拆迁，跟他过于高大、傲视党政机关有关。当然，事情被曝光之后，肇庆市有关方面一致否认此举跟风水有关。其实，我们不妨认可这个说法，的确跟风水无关，但跟关公过于自大、傲视党政机关有关。可以说，这不是风水问题，而是态度问题。关公是神，但官大还是神大呢？当然是官大。因此，敢于傲视党政机关的神像，命运只有一个：拆！要怪，就怪设计者，谁让他们不建一座和颜悦色的神像？如果建一座关公躬身向党政机关办公楼方向行礼如仪的像，哪怕三无、四无，估计都没有问题。

不过，说起来，这事多少还是有些蹊跷。现在的有些官员，恐怕已经算不上是彻底的唯物主义者了，上庙里进香，早就不是新闻。什么和尚、道士，外加风水师和算命先生，也在官场出出进进。说官员不信神，恐怕连他们自己都不信。关公在中国的信仰史上可是非同小可，自打清朝以来，由于满人迷信他的缘故，关公的地位陡升，天老大，他老二，把他的主公刘玄德比得不像个人样了。北方男神第一位是关公，女神第一位是观音；南方男则关公，女则妈祖。可是，偏偏肇庆的官员不把关公当回事，还没怎么的呢，一道拆迁令就下来了。这是怎么一档子事呢？

当然，按中国的传统，官家一向大于神仙。不过，这个大于神仙的是官家的代表——皇帝，而不是所有的官员。只有皇帝可以封神，得到皇封之后，神更有神气，但是封完之后，各地官员照例是要拜的。眼下，显然某些地方的官员，自我感觉就跟皇帝一样，即使是神，也得听命于自己。

说到底，一些官员所最崇拜的，无非是权力。在他们眼里，俯瞰众生的，只能是官衙，只能是他们自己。所以，各地大兴土木建起来的一座座巨大而豪华的官衙，无一不有傲视苍生的景观。有的地方，要进衙门办事，得规规矩矩走上几十个上百个台阶。很多官衙，甚至大学的校长办公室，都建得像宝座，面南靠北，富丽堂皇。

有了这样的权力意识，对高高在上的关圣帝君（还拿着青龙偃月刀）看不顺眼，恐怕也就不奇怪了。

（原载《新闻晨报》2010 年 10 月 13 日）

蚁族逃离“北上广”背后的真问题

张　鸣

要不要逃离北（京）、上（海）、广（州）？现在已成为一个网上炒得很热的问题。这个问题，很显然是某些部门针对大学生蚁族或者将要成为蚁族的应届大学生而提出的，当然，某些长期的北漂或者海漂似乎也会面临这样的问题。这个问题其实已经相当老了。几十年前，政府就号召大学生，不要迷恋大城市，到内地去，到边疆去，到祖国最需要的地方去。只不过，现在的提法，是把祖国的需要，暗中换掉了而已。

如果说逃离“北上广”，仅仅是离开北京、上海、广州这样的超级都市，转到珠三角、长三角或者环渤海经济区这些地方去发展，也许还有几分可行性；但是如果还是像过去那样，号召大学生去内地或边疆发展，则基本上行不通。行不通不是因为大学生害怕艰苦、迷恋大城市，而是那些地方他们大体上没有发展的空间。

我们学校一个曾经到边疆支教的大学生告诉我，他其实蛮有理想的，支教在内蒙古一个县城，就打算毕业后在那里做一个中学老师。但是，去了以后才发现，那里的中学老师早就超编了，不仅中学超编，县城里所有吃公粮的地方，统统人满为患。像他这样的名牌大学毕业生，人家公开说，根本不需要。这种情况其实相当普遍，很多内地的中小城市，吃公家饭的地方，早就满出来了。开公司创业，没有当地强有力的靠山根本没门。而且由于经济不发达，大学生在市场上基本没有多少空间。一个人人都明白的事实是，无论什么人，要想在市场上找机会，还得去发达地区，不仅农民工打工如此，大学生打工也是如此。

什么叫蚁族？实际上所谓的蚁族，多为三流大学的毕业生，漂在北京，工资收入非常低，只在一两千元上下，成群地居住在城乡结合部的农民房群租房或者地下、半地下室里。这些人绝大多数出身农家或者小城镇的贫民家庭，只能上三流甚至四流大学。在学校基本上什么也没学到，既无素质，也无技能。大学教育，对他们来说，可能只长了一点见识（在城市里生活过一段时间），少数人英语比中学好了一点。显然，这样的大学生在市场上并不受欢迎，就是没有经济危机，他们在最初的时候，也很难找到满意的工作。而回到家乡，由于父母无权无势，更是死路一条。唯一的出路，就是跟众多农民工一样，往沿海发达地区去。由于大学生基本上难以接受蓝领工作（其实他们的身体也难以胜任），因此，找底层的白领工作，北（京）、上（海）、广（州）这样的地方，在目前看，还是最佳的选择。不仅以前毕业的大学生要做蚁族，今年即将毕业的六百多万大学生，有相当部分的人，还是要做蚁族。因为比较起来，这里无论政治环境还是就业空气，甚至接受再教育的机会，都比别的地方，包括苏州、无锡这样的二线城市要好一点。

在“北上广”当蚁族，固然是一种不得已的选择，但是，这种选择还能给他们以希望。鉴于现在大学毕业生的职业素质和职业技能，基本上都得在就业后的岗位上才能获得，作为一个学习过程，在“北上广”这样的地方拼杀，显然有利于他们的成长。这就是蚁族忍受蚂蚁一样低贱的生活状况的时候还能相当乐观的原因。因为，举国上下，只有在这里混，希望才最大。这种苦涩，在外人看来似乎是不靠谱的希望，却是支撑蚁族走下去的动力。政府和社会要做的，不是号召他们离开“北上广”，而是给现在的蚁族一点培训，给他们更好、更公平的环境，给他们以机会，给后来的蚁族更好的教育。

（原载《南方都市报》2010年2月9日）

那些“单位人”制造的黑暗

吴祚来

福建南平血案的主犯郑民生，本是一个“好人”，一个医术精良的外科医生，但他不善与人交际，在单位遭冷落，最终失业，在爱情上又因自己出身乡村、经济困窘而备受打击。在接受审讯时，他道出了实情，他是想借杀人来制造巨大的影响力，使人们看到他身后的、造成他身心受伤害的幕后角色，其中一个是他当医生时的领导，这位领导“总是排挤他，给他设置升职障碍，还唆使他辞职，想逼走他，致使他最终失业”，而另一位就是他的一位情人。

法律会审判罪犯郑民生，而社会要审问的是民间社会自身。我们要问的是，如果民间社会有足够的善意，如果单位领导有足够的善意，郑民生会被他内心中的恶意逼到这个分上，成为杀人元凶吗？

这个曾被誉为“郑一刀”的外科医生，用本来可以给人治病的刀，砍向了社会，砍向了社会最软弱的地方、最容易受伤害的群体——孩子们。我们正在被撕裂的社会，因此流血，痛彻心扉。这位外科医生，报复的是整个社会。但现在对他的任何谴责都没有了意义，都不可能挽回那些幼小的生命。我们真正要铲除的，是滋生郑民生恶行的社会生态。

传统中国社会转型到现当代，取代家族的经济文化主体是“单位”。传统社会里，人们重视个人的家族，所谓名门望族就是一种身份的体现。新中国成立以后，单位则成为个人身份地位的某种象征，社会转型之时，大量的经济单位瓦解，事业单位也面临各种问题，但有一点几乎相同，就是单位一把手几乎掌握着每一个人的发展命脉。他们与传统社会里的族长不同，没有血缘关系，对个人也就谈不上责任感与爱心，因此，一旦个体疏于应对单位领导，他可能就“运交华盖”，结果就如郑医生这样，被迫辞职，在下坡路上走到天黑。

即便是在知名高校里，我们仍然能看到这种单位力量的巨大存在，西安交大六位教授举报本单位的教授科研造假，被学院打压，正义无法伸张；而近日媒体广泛报道的中国政法大学副教授萧瀚被无端下岗。这些都使我们看到，“单位”在暗箱行使着公共权力，这种权力使“单位人”不仅谈不上尊严，连工作机会都随时受到威胁。一个私营企业主可能会任贤用能，因为下属能给自己的企业带来财富，所以能够宽容下属；但一些事业单位却不同，其享受着政府财政，又有着生财之道，只有权力没有责任，更谈不上对他人的义务，因此，在这样的单位只要下属对领导稍有不尊，动辄就被解聘、下岗待岗，而被下岗待岗者却无处伸张。有人说，绝对的权力带来绝对的腐败，对个人来说，单位负责人绝对的权力，必然对个人形成绝对的高压，个人一时可能屈从于其高压，但若在一定的时候爆发出不满情绪，危害的则可能是单位甚至整个社会。

相比之下，郑民生遇到的爱情挫折，则是因此而次生出来的必然结果。没有单位，没有像样的工作，没有家庭后援，无法在城市中生活与立足，爱情连连告吹，是其必然。一次次寻找工作机会的失败，一次次爱情无望，在内心中积累的，只会是仇恨，其他人的目光对他都会是一种歧视与嘲讽。他因此要报复的是整个社会，借此使自己仇视的对象曝光，让人们看到驱使他作恶的潜在力量。

有道是冤冤相报何时了，据《新快报》报道，26日上午，在南平市第一人民医院的重症监护室里，一位中年妇女突然向前来医院慰问受伤孩童的南平市委书记雷春美拦路喊冤，并口出惊人之语："我女儿的冤屈得不到伸张，如果你们不处理好，我也去杀人！"这样的狂语出自一位母亲之口，足以使我们这个时代蒙羞。当人们将杀人作为追求正义的补偿之时，当市委书记无法一一面对自己市民的公义之时，我们的执政者应该警醒。只有缝合这个社会伤口，使因经济差距拉大而造成的社会断裂不断修复，使每一个正义都得到伸张，才能避免恶性的流血事件再度发生。

（原载《东方早报》2010年3月30日）

纪念卢安克的神话

宋金波

本文标题的上下半身分别借自《纪念白求恩》和《西西弗斯的神话》。还有什么能比这两个外国人的名字更传神地描摹卢安克的影像？西西弗斯，一直被看成“知其不可为而为之”的英雄，是牺牲者而非为自己过分的热情受罚的人；白求恩，更是“一个高尚的人，一个纯粹的人，一个有道德的人，一个脱离了低级趣味的人，一个有益于人民的人”，一个圣贤。

外国人卢安克与外国人白求恩最相似的一点，是“外国人”的身份，尤其是来自西方发达国家的身份。因为是外国人，所以他们所面对的一切梗阻与颟顸，才让很多国人羞惭得无地自容，“家丑外扬”了嘛——尽管那也是国人每天都必须面对，且无法回避闪躲的；因为来自发达国家，所以他们曾放弃的生活才更昂贵，所作的取舍才更值得中国人钦佩。内中逻辑，不外这些，白求恩如此，卢安克亦如此。很难想象如果卢安克来自印度会是怎样的情形，但理解为什么柯棣华的知名度远远不如白求恩却容易得多。

在中国偏远山区义务支教十年后，德国人卢安克因种种困难，关闭了博客。我看到网络上有分贝甚高的诘问：“我们的卢安克在哪里？”这个设问无形中承认了卢安克还是“德国人的”，不是“我们的”。鉴于国人的心理承受能力，鼓励更多发达国家的“卢安克”大举赴华既不可行也无必要，而谁能想象“我们的卢安克”去布鲁克林给黑人小孩支教呢？“我们的卢安克”要去的，即使不是伊拉克或阿富汗，难道至少不该是刚果、海地么？问题是，这是舆论所要的“我们的卢安克”吗？

成为卢安克的前提，是“物质生活得到满足”；需要卢安克的地方，物质生活就不会“得到满足”。卢安克到中国不再是从第一故乡到第二故乡，而是从发达国家到第三世界。卢安克不是支教者，更像是“传教者”、“苦修者”。在被附加了“本国人”的种种希望与失意、牵扯了种种历史与现实之后，卢安克已经越来越像“本国人”浇平“自家块垒”的“他人酒杯”，越来越模板化、标签化，而他本人所强调的——“仅仅是一种生活方式”——于不经意间被忽略了。

这是一种“白求恩”式的圣贤情结。在我们这里，一向有很多人患有这种强迫症，喜欢“高、大、全”的偶像，厌恶活生生的复杂多面的人。事实上，卢安克远非一颗只能仰望的孤星。有大量的“本国人”，他们在以不同的方式、不同的力度，做着与卢安克类似的事情——从到边区支教到为贫困学生募捐图书，当然，也承受着不同程度的压力、奉献乃至牺牲。他们填补了卢安克周边的大块地带。只是因为他们与常人更近，也便更容易被忽略。

说到底，大家其实都是“为自己的人”，无论卢安克，还是那些钦佩、仰慕他的人们。这才是世界真实的一面。

据说卢安克本人倒最怕别人这样描述他：“一个外国志愿者，不远万里来到中国贫困的山村，愿意吃苦，具有崇高的精神。”在他看来，一旦成为公式化的先进人物，很容易把许多标签贴上身，活生生真实的自己反而消失了——这是我喜欢他这个人的原因。至少，他比那些把他称之为“现代版白求恩”、“活着的白求恩”的人要明白也真实多了。

不需要袁腾飞的考证我们也能知道，把若干个“抽象的人”从活生生的白求恩身上剥离出来的文章，其实另有目的。真实的白求恩是怎样的呢？2007年第6期《随笔》上曾刊载薛忆沩的文章，记述了白求恩的最后岁月，或者可与卢安克的心境相印证：

他（白求恩）看到了“专门利人”的生活“利己”的一面：它能够分散他对外界的留心和他对孤独的注意，它能够帮助他在“完全与世隔绝”的状况下艰难地生活下去。……在寄往加拿大的最后一封信里，他的孤独已经扩散到了他细微的感觉之中：“我梦想咖啡、烤肉、苹果派和冰激凌美妙的食物的蜃景！还有书籍……书还在写吗？音乐还在演奏吗？你们还跳舞、喝啤酒和看照片吗？软床上干净的白色床单是什么感觉？女人们是否仍然爱自己被爱？”他绝望地问道。1939年8月16日，白求恩给延安的组织写了一封短信。这封信可以看成是他向组织递交的正式假条。他的语气没有商量的余地。……然而，白求恩最终没能离开中国，他永远留在了这里。

卢安克比白求恩幸运，他能回去，他所钟情的这个国家也不复有包装、宣扬一个外国人的热情及理由，甚至还有些厌烦与冷淡。

卢安克要下山，我很高兴。神话唯有在破灭时，才值得纪念。加缪说西西弗斯“热情之多一如他的苦难之大”，果真如此，山上的西西弗斯，不下山，如何再上山？

（原载《东方早报》2010年5月28日）

中国校长为什么这么累

曹　林

虽说中国大学离世界一流水平尚有很远的距离，可中国大学校长们的烦恼一点儿不比世界名校的校长少。清华大学校长顾秉林近日就在《人民日报》撰文抱怨：中国大学校长可能是最累的校长。校园内部的一些治理结构，导致校长整天忙于处理具体事务。如果哪一天校长也可以去打打高尔夫、喝喝茶，学校也就治理好了，因为那就意味着有了明晰的规则。（《人民日报》10 月 18 日）

“最累”之说带着点儿撒娇的意味，但他们确实是世界上最累的校长。

中国的大学校长们累在哪里呢？累在他们实际上不是当大学的校长，而是把校长当官员了，像当官一样在当大学校长。他们手中掌握着巨大的权力，校长就是学校的“一把手”，从基建到人事，从学术到后勤，再到引进人才，什么事都抓，大事小事都要校长签字，还要迎接教育部的各种劳民伤财的评估，当然很累了。权力不是白享的，你手中掌握着多大的权力，就要承担与权力相对应的事务和责任，所有权力都揽在手上，自然累不堪言。

世界名校的校长没什么权力，他们平常做得最多的事情，就是四处筹钱，向杰出校友和富豪的基金会们筹钱。因为国外大学不像我们这样都是政府办，有政府掏钱堵各种窟窿。他们多数是私人办的，最缺的就是钱，校长干的就是这件苦差事，筹款越多的校长就是越好的校长。其他事情都不必校长去干，学术上的事有教授会，花钱的事有校董会。筹钱有暇，当然可以悠闲地去打打高尔夫、喝喝茶。

这不是累不累的差别，而是管理制度的差距。一个好的制度能解放管理者，本身能创造出生产力，让管理者将精力用在最需要他的地方；而一个坏的、差的制度，对人则是一种奴役，虽然很累很累，但都耗费在一些本不该由其负责的事务上，把人累趴了也累不出成果。中国校长们，就是如此典型，比国外校长累十倍百倍，创造出的效率却不足人家的十分之一。

对于这一点，清华校长当然心知肚明，所以他说：如果哪一天校长也可以去打打高尔夫、喝喝茶，学校也就治理好了，因为那就意味着有了明晰的规则——这个明晰的规则就是清晰的大学治理制度，就是大学的去行政化。不能把校长当官当，不能什么权力都揽在手中。改革大学制度，让出本不该由校长掌握的那些权力，学术上的事交给教授们，招生、花钱等等烦琐的事都由制度决定，那就清闲很多。

校长的累，与如今许多官员的累是一样的，都源于权力集中之累。因为权力集中，一把手什么都抓，什么事都管，不累才怪。而且累还有其他方面的累，权力那么大，要经受巨大的腐败诱惑，心累；腐败了害怕被查出来，精神紧张；不腐败又心有不甘，也累。因为权力大，到处被吃请，收到许多条子，都累。

校长们的累，不是体力问题，而是大学治理制度的问题。

（原载《华西都市报》2010 年 10 月 19 日）

“以泪洗面”不是没可能

叶　扩

河南文联副主席、剧协主席李树建 8 月份在与省委书记卢展工会见时的一句话日前被网友翻出。李树建说：“卢书记到河南之后，我们河南文化界的春天就到了。我们每天激动万分，以泪洗面。”

李树建说出此话后，报道显示，卢展工回答：“可不能这么说，每天以泪洗面怎么行？”李树建又说：“我们能做的，就是踏踏实实，出好作品，为河南人民奉献更好的作品，为党的文艺事业尽忠尽心。”但正是因为这番对话，被网友在网络文化特有的“造句大赛”中极尽挖苦嘲弄。其实我相信李树建说“以泪洗面”是发自内心的真情实感，而不只是拍马屁。虽然我们也可以理解为这是有的人的劣根性，但未尝人间苦，又岂知苦滋味。更何况戏剧在中国本身就处于劣势、弱势，在边缘社会中要想快乐地跳舞唱歌，又需要有多大的清苦耐力。

或许这“以泪洗面”是用得不恰当，制造出很具幽默性的语言氛围，或许我们也可以认为“为领导服务”的拍马屁文化已经根深蒂固，跟朱自清、陶渊明等文人墨客的清高傲气自然难以同日而语。但与此同时，我们是否也应该反省，与那些光彩照人的影视和明星相比，为何戏剧会沦落到如今的地步？有网友为此举出例子打抱不平：7 月底，因为卢展工书记的一次调研，河南文化团体受捐 6 000 万元，同时解决了工资无法及时发放和缺乏保障的问题。在河南文化团体内，一个刚毕业的学生平均月工资才 500 元左右。这 6 000 万元无异于雪中送炭。那么，李树建式的“以泪洗面”，用小沈阳的腔调说，“这个是可以有的”。

由此可见，贫富悬殊不仅发生在社会生活领域，也发生在文化领域，甚至在其他不同的领域也一并存在着。我想，这才是我们最应该关注的问题之一。正是在这一意义上说，李树建式的“以泪洗面”恰好暴露出残酷的现实。既然有人可以挥金如土，为何就不能宽容有人喜出望外之时“以泪洗面”？

当然，只因为省委书记的调研就一下子改变了河南戏剧的贫穷命运，这在法治社会中其实也是一种非正常现象。就像很多上访户一见领导就以为是包青天，为了求得问题的解决和利益诉求而条件反射地下跪，这种条件正是中国传统文化中过分强调人的不平等关系造成的。

因此，如果说“以泪洗面”很让人恶心，那么倒不如去追溯个中的根源。“激动万分，以泪洗面”，依现时的环境，真的可以有，虽然这的确是一种无奈，也是一种悲喜交集。但怕就怕所有公民面对公权都“激动万分，以泪洗面”。

（原载《深圳商报》2010 年 10 月 27 日）

我们为什么慢不下来

陈一舟

最爱“快进”，狂点“刷新”；评论，要抢“沙发”；寄信，最好是特快专递；拍照，最好是立等可取；坐车，最好是高速公路、高速铁路、磁悬浮；坐飞机，最好是直航；做事，最好是名利双收；创业，最好是一夜暴富；结婚，最好有现房现车；排队，最好能插队……没有时间感的中国人变成了最着急、最不耐烦的地球人，“一万年太久，只争朝夕”。(《新周刊》7 月 15 日)

似乎还真的是这样，我们很着急，我们很不耐烦，我们每时每刻都在盯着钟表，渴望一步到位、名利双收、嫁入豪门、一夜暴富、35 岁退休……凡此种种，读来百味杂陈。中国本来是一个最有文化底蕴的国度，如今却变得来去匆匆、人心浮躁。

我们为什么慢不下来？解读如是问题，我们所能看到的表象是传统人文精神的退缩、功利价值观的渗透辐射，但“内涵”却不是那么简单——前所未有的生存压力和生命焦虑感，让我们精疲力竭，已经无力再去维持对人文精神的信仰；生存成本的不断提升，社会竞争的日益加剧，又让我们难以对身边的城市产生归属感。

收入和消费最能直观反映生存状态。不说别的，单单一套动辄数十万元、上百万元乃至更高价格的房子，就足以透支一个人从青年到老年的全部积蓄。对于大多数工薪阶层来说，要在城市中立足，就不得不成为房奴，每月收入中的很大一块，不得不去偿还银行贷款。为了获得更好的生活状态，实现更美好的未来，他还必须继续拼命地赚钱——不着急又能如何？不奔忙还能怎样？

而另一方面，现实社会存在的“结构性危机”也让人慢不下来。社会阶层之间，有一条不断流动循环的“河流”。穷人成为富人或者富人变得一贫如洗，大众变成精英或者精英沦落为草根，都是很正常的事情。但现实却是，户籍、收入分配、教育等诸多领域的落后甚至是不公，逐渐导致精英和底层的“固化”，阶层与阶层之间的流动困难。为了竭力实现向上的流动，只能选择“着急”和来去匆匆。

生活太匆匆，脚步穿梭于高楼大厦之间，却没有多少闲情逸致去欣赏城市的风景。一回到家里，便“关起房门成一统”，自我封闭起来。一言以蔽之，不耐烦的中国人隐喻着不牢靠的归属感，假如安全感和归属感还处在游离缥渺的状态，我们大概也只能感叹“一万年太久，只争朝夕”。与此同时，“不耐烦”的生活透支了生命的质量，却造成了恶性循环——越烦就越忙，越忙就越烦……当然，压力客观存在，调整心态很关键，生活总是美好的居多，只要我们积极向上。

（原载《今日早报》2010 年 7 月 16 日）

“闹饥荒”冒犯了“政治美学”

周士君

某馒头店由于起名“闹饥荒”被紧急叫停，因为其店名违反了《广告法》相关规定，不符合公序良俗。当地工商执法人员已责令馒头店经营者停止经营，完善经营手续，同时拆除不合格的店面招牌，消除影响。（重庆晚报5月30日）

仅仅因为店名叫“闹饥荒”便被工商部门叫停，这倒真有点“秀才遇到兵，有理说不清”的味道了。假若该馒头店的“罪名”是由于其为自己起名为“闹饥荒”，是不是它改名为“庆丰收”，便可以大张旗鼓地开门营业了呢?

什么样的店名更具美感或更讨人喜欢，似应归结为“萝卜白菜，各有所爱”的个人审美偏好。比如，某市民说“只有我们经历了那个时代的人才晓得，现在日子好过了，这些人又把它扯出来做广告，看了太让人难受”。笔者认为，立足以史为鉴的角度，“闹饥荒”的店名，非但不会令我等伤心，反而让人对那段悲戚的“闹饥荒”历史保持足够的警觉，即我们越是过上了好日子，就越要牢记那段惨痛的历史，珍惜今天来之不易的生活，以防止那幕悲惨的历史重演。

说“闹饥荒”被叫停是冒犯了“政治美学”，而非不符合所谓公序良俗，是因为立足政治视角，同样是“闹饥荒”，为何旧社会的“饥荒”却常常被我们的主流影视一而再、再而三地烘托和渲染？甚至常常组织百姓搞吃糠咽菜的行为艺术，不厌其烦地给百姓上“忆苦思甜”政治课。类似“政治美学”不仅人为地把美学狭窄化，也使其直接服务于某种狭隘而偏颇的目标，而且更与百姓正常的审美情趣相背离，如令某些官员引以为傲的宽马路和大广场，在那些被强拆的百姓眼中，却常常会勾起一种截然不同的审美体验。

“政治美学”追求的往往是“一张白纸好画最新最美的图画”式的诗意与浪漫，但政治家的诗意与浪漫，除带给百姓“闹饥荒”之类的不堪记忆之外，常常毫无任何审美价值可言。

（原载《长江日报》2010年5月31日）

好看的最是值得警惕的

周云龙

前些天看一档生活智慧脱口秀节目，有嘉宾讲解说，市面上卖的馒头，如果个头特别大、特别白，摸起来很松软，吃上去松软得像面包一样，那就是添加了膨松剂。这个膨松剂一旦添加过量，人体摄入过多铝的话，会伤害到人体中枢神经，导致老年痴呆的发生。另外，有试验表明，铝元素还会增加心脑血管疾病的发生，影响身体健康。

我生在鱼米之乡，平时很少吃馒头，但听嘉宾那么一说，心里还是很不踏实。我真的不知道，现在到底还有哪些东西是可以放心吃的；我知道的只是，有越来越多的东西，而且是看上去很好的东西，不宜吃！譬如，苏丹红鸭蛋、甲醇白酒、石蜡大米、敌敌畏火腿、福尔马林火锅、硫磺蜜枣、硫酸铜木耳、工业碱“烧白”的牛羊毛肚、三聚氰胺奶粉……

有报道披露，当前食品加工业存在的违法添加非食用物质和滥用食品添加剂现象已经到了非常严重的地步。而食品加工者之所以大肆添加，据了解，一个很重要的考量是，食品在添加某些物质之后，卖相好或者口感好。在琳琅满目的食品柜台前，卖相好，往往是消费者的第一选择，正因为如此，加工者才会不遗余力地在卖相上大做文章、大做手脚。

对卖相好的追求，何止是食品加工者？女士们向来很注重长相，所谓“女为悦己者容”，从某种意义上说，不也是为了推销自己吗？而现在，已经进化到“女为悦己者整容”的时代。今天的书商，往往在书本的腰封设计上苦心孤诣，腰封者，一目了然也。余秋雨的新作《问学·余秋雨：与北大学生谈中国文化》，腰封上印的是：“古有三千弟子《论语》孔夫子，今有北大学生《问学》余秋雨。”那些纪实文学的写作者，在制作标题时常常也是绞尽脑汁乃至乳汁，语不惊人死不休，人称之为“标题党”。

对卖相的不当追求，轻者是忽悠蛊惑，重者是坑蒙拐骗。当我的视线从食品加工业漫游到完全不相干的电视生产业，我依然发现了奸商活跃的身影：在一些情感访谈节目里，声泪俱下的嘉宾不过是群众演员，所谓真情讲述不过是死记硬背的编导稿本；在一些相亲交友节目里，外表光鲜的嘉宾不过是艺术院校的学生模特，所谓犀利言辞不过是编导精心设计的台词稿本。虚假的当事人，杜撰的细节，加上合理想象的情节，一切设计与编排，都从吸引受众出发，都以争夺收视份额为归宿。那样的节目，可能会迎合一部分观众，可能会成为人们茶余饭后的话题，可能会好看。但真正意义上的好看，应当在节目里呈现出人文关怀的温度与视角独特的深度。而现在某些节日的好看，很像用吊白块浸泡过的腐竹，色泽光滑明亮；很像用硫磺熏过的银耳，色泽白皙、光亮；很像喂过避孕药的黄鳝、泥鳅，又大又肥。这样的精神产品同样是不健康、不安全的，它往往在轻松有趣的氛围中，改变着人的世界观、人生观、价值观，让受众在不知不觉中认同了那种浅薄的、庸俗的、势利的价值取向。事实上，电视在改变受众的观念之前，电视制作人已经乱了手脚，他们的感觉是，没人看的东西，再真实、再有深度又有什么价值？要好看，就必须添加人物、添加莫须有的情节，以制造冲突、制造话题。

如是看，这些电视制作人与那些追求卖相好的奸商又有什么区别？区别倒是有的，他们不仅有理论武装，还有平台支撑。我过去认为，在好看的享受中，受众毁了电视文化，因为电视人在节目必须好看的压力下，电视新闻节目渐渐只剩下了“民生”，“民生”也多半是醉酒、车祸、吵架、乱伦，电视娱乐节目也只剩下“选秀”……现在回过头来看，在好看的追求中，电视人更先一步迷失了自己，实现了对电视文化的颠覆。这种颠覆，祸也，福也？不妨拭目以待。

奸商不可怕，就怕奸商有“文化”。而奸商有“文化”也不可怕，就怕受众欣赏它，管理者还宽容它！奸商理直气壮、大行其道，不能不说这是病态社会特有的一种现象。

（原载《民主与法制时报》2010 年 7 月 19 日）

不论哪种非正常死亡都必有尊严受损

单士兵

每一个生命的非正常死亡，都必有尊严受损。以公民非正常死亡为切口，足以剖析现实世界的尊严到底离我们有多远。假如一个普通公民死在看守所里，我们可以由此去探询公民权利与法律尊严；假如一个国家公民死于战场上，就会关联到民族尊严。

遗憾的是，在现实生活中，不仅有太多已经麻木公众耳目的非正常死亡，甚至连一些无比吊诡、极大冲击公众心灵的非正常死亡事件，有时都没有完成起码的真相追踪，更遑论加以深度解剖了。如果对公民的非正常死亡缺乏足够的敬畏与关照，不能从中汲取深刻的现实教训来催发相关制度改良，这很可能使公民尊严的底线一再沦陷，遭受到更多残忍而悲情的践踏。

不妨来看最近一些引起公众强烈关注的公民非正常死亡事件。日前，江西九江市修水县看守所在押的犯罪嫌疑人陈绪金突然死亡，警方称其系上厕所时“摔死”的；就在上个月，河南鲁山县看守所就发生“喝开水死亡”事件；再往前追溯，有去年云南“躲猫猫”事件，以及聂树斌被屈打成招致死案。种种事实表明，刑讯逼供制造的看守所死亡黑洞，仍然在以极其诡异的姿态不断展示，以至于出现包括“做梦死”这样令人惊愕的死法。

曾经，中国公民孙志刚用他的“非正常死亡”令收容遣送制度得以废止。本来，以一个公民的“非正常死亡”为代价，这样的制度改革已经太过沉重，成本已经太高了。令人难以承受的是，现实之中有很多公共治理问题以及制度积弊，竟然在一次又一次让公民付出非正常死亡的代价之后，仍然无法得到解决与改革，仍然无法让人确信哪一个才是最后的“冤死者”。事实上，在多年前聂树斌被屈打成招致死后，公众现在不是仍然需要面对诸如“喝开水”、“躲猫猫”之类令人惊愕的死亡情境吗？这样的现实，不禁让人想起陶行知当年曾经发出的那句感叹：“中国没有废掉的东西，如果有，只是人的生命！”

没有什么比丧失生命更值得悲悯。不论是哪一个群体的非正常死亡，不论是哪一种情境的非正常死亡，都包含着很多值得思索的问题。2008年，汶川强震曾让数万人的生命陨灭，这种天灾造成的非正常死亡，同样催发公众反思公共建筑质量问题，吁求更好的人性关爱与尊严呵护；2009年，有许多官员非正常死亡事件令人关注，比如，湖南武冈市常务副市长杨宽生跳楼自杀，就引发了舆论对官场生态恶化与官员人格尊严沦丧的深层反思。

每一种非正常死亡都必有尊严受损。因为生命尊严的价值弥足珍贵，只要顺承着那些非正常死亡的事件，我们就一定可以触摸到最真实、最残酷、最本质的现实内核。在执法过程中频繁出现当事人非正常死亡，损害的是司法尊严；官场生态异化情境下出现的官员非正常死亡，损害的是行政尊严；在食品安全危机中出现的非正常死亡，损害的是市场尊严；在特大天灾人祸中非正常死亡的人们如果不能被记忆，损害的就是国家尊严。

在这世界上，没有什么比人的生命尊严更值得尊重，也没有什么比重视人命更重要的事。要赋予公民真正有尊严的生活，一个最基本的底线就是，诸多领域问题的解决不能再以过多的公民非正常死亡为代价，更不能在公民非正常死亡之后，依旧拿不出相关问题的解决之道。

（原载《重庆时报》2010 年 3 月 18 日）

百亿神龙城权力零风险

赵　勇

丹霞风貌申遗花了十几亿，大家都吓了一跳，但专家认为这在国内申遗史上花费算比较小的，而且这些钱花得值。(《广州日报》8月11日)

这个“花得值”，几乎就是一种商人的口吻了。因为你会很自然地联想到，前几天丹霞风貌刚刚申遗成功后，广东丹霞管委会主任黄大维已迫不及待地暗示要涨价。按这个逻辑理解，所谓“花得值”，其实就是这笔生意有赚头。申遗是为了保护还是为了赚钱呢？这个问题很高深，但广大民众可以自己得出结论。

其实比较起来，丹霞风貌为申遗花了十几亿，还真算节省的了。你看，湖南株洲市要打造神龙城、弘扬炎帝文化，一开口就说要投资百亿人民币，这才叫大手笔。据说，这个超级项目目前已经完成前期投资5.81亿元，神龙城炎帝广场景观项目将于今年十一期间建成并对海内外游客开放。(中国新闻网8月11日)

按照株洲方面的说法，打造神龙城是为了促使株洲从“高碳”的重工业城市向“低碳”的旅游城市转型，并且这个神龙城的收益是有“每年来此寻根祭祖的海内外华侨华人达数十万人次”作保障的。这么说来，这个神龙城简直就是一个绿色可持续的经济增长点，投入100个亿，我看“花得也很值”。

但这100亿的巨额投资，到底该不该花，我说了不算，当地官员说了也不算，说了算的只能是当地的老百姓。对株洲来说，这100亿的财政投入可不是个小数目，这笔钱原本可以用在教育或医疗等民生领域，但现在要用来建神龙城，当然会对其他民生投入形成挤出效应。

更何况，投入巨资造景最后却落得惨淡收场的例子比比皆是，谁能保证神龙城建成后就铁定有收益呢？能不能有收益、每年的维护费有多高，这些细账，都得算清楚。我想，当地老百姓对这个项目是有表决权的，但很遗憾，我怎么也没找到神龙城项目征求意见的文件，也没见过项目可行性报告。投资100亿的神龙城，似乎与老百姓没什么关系——想投多少就投多少，想怎么建就怎么建。

一些热衷于造景的地方政府，并不认为这些投入是花了纳税人的钱，只认为是花了政府的钱，因此不需纳税人同意，自己拍板就行。同样道理，政府花钱造景，以后如果有收益，恐怕也与纳税人没什么关系。什么时候我们听到过老百姓分享景点利润了呢？

那些造景的投入和收益，与政府有关，却与纳税人无关，谁能说这不是一些地方“政府部门公司化”的危险表征呢？如果造景亏了钱，总归还是纳税人埋单。收益大于风险，我想，这正是一些地方政府变着法子糟蹋财政资金的根源。

（原载《长江日报》2010 年 8 月 12 日）

教辅书越来越多是教育水平下降的体现

郑渝川

新学期开学后的首个周末，广州各大书店迎来购书高峰。其中有很多家长前来给孩子采购教辅书。家长们拿着老师开的书单，艰难地在各个书柜寻找，不由地抱怨说，不如由学校或年级统一征订，然后家长掏钱就好了。

这年头，谁家的孩子都是宝贝。孩子有需要，父母乃至其他长辈就得放下手中的事务，为孩子“鞠躬尽瘁”。家长抱怨教辅书难买、希望学校或年级统一代购，这个想法很好，但是绝大多数学校不敢答应（或公开应允）。因为义务教育实行“一费制”，防止乱收费。但您想想，既然教辅书是必需的，再困难也得买啊！

现在的问题是，为孩子买教辅书，家长们每个学期得“鞠躬尽瘁”几回。今天是英语老师发话，明天又接到数学老师的“批示”，待到后天，某学科第二批书单又出来了。我家的孩子过几年也得上小学，说到这里，我都已经产生了到市区各大书城疲于奔命买教辅书的畏惧感。

记者在报道中介绍，有家长带着孩子来买书，一口气买几十本，堆得像座小山似的。由此，我终于明白现在的孩子为什么上学要用拉杆箱装书。教育减负不是提了N多年了，怎么这负担越“减”越重呢？

各级教育部门、科研机构、教学机构以及相关出版机构，近年来都在积极推行课程改革与教学方式的改革。但让我大惑不解的是，一方面，教育机构、出版社不断推出获得认证、奖励的优质教材；另一方面，各地中小学在教学中却越来越倚重教辅书。这是不是反过来说明，现在的教材尽管得奖无数，其实根本没啥大作用？或者，学校的教学水平已经沦落到没有教辅书就讲不动教材的地步了？咱们纳税人的钱还在源源不断地用于支持教改，如果还是这种局面，那算不算浪费呢？

心甘情愿为孩子服务、为孩子折腾，这是为人父母的本分。然而，对于教育部门而言，就必须反思了——如何真正减轻孩子学业负担，如何减轻家长体力与经济上的负担。别说“时机不成熟”，因为“办法总比困难多”。

在此，提几点建议或思路，供教育部门参考：

能不能由省级以上教育部门出面，会同教授专家及相关出版机构，将教辅书的一部分内容补充进教材，然后只要教材，不要教辅书，以切实减轻学生和家长的负担？如果实在不宜一股脑儿将教材与教辅合二为一的话，可不可以由政府指定教研机构编辑教辅书，然后由政府买下，免费提供给在校学生？

义务教育“一费制”虽好，但学校、老师仍然可以通过与出版商的勾兑创收。像《信息时报》在报道里提到，有学生奉命来买几十本学校指定版本的教辅书，很显然超出了正常教学的需求，不排除其学校、任课教师与书商相互勾结的嫌疑。对此，不妨考虑建立教师推荐教辅书数量的反比考核制度，即推荐教辅书越多的老师，教学能力越差，教育部门理应据此对其作出处理。

（原载《信息时报》2010 年 9 月 6 日）

“双刀男”和他的喜剧精神

贾知若

“盒子炮”早被收入警方历史博物馆的时代里，“刀客”的出现绝对够震撼，何况他提的，还是两把做工粗鄙的杀猪刀。

种种迹象表明，在东莞四环路上抡着菜刀狂砍建筑公司大门的黎恩旺是个喜剧人物。内裤外穿，杀猪刀和身上的油彩污渍都会让人不禁想起超人和周星驰。娱乐的张力是无限的，33岁的黎恩旺生活没什么着落，但他具有起码的娱乐修养，因此在“干一件大事”之前，他配齐了一身足够扯眼球的行头。

这个人牵出了一则社会新闻，引发了网络上的又一场“恶搞”，还带来一些疑问。

他为什么选择了双刀？也许弗洛伊德会告诉你，单刀是英雄赴会的方式，而双刀可能意味着它们的使用者豪情有限，内心其实无所凭依——他需要更多的支撑点，哪怕是某种简陋的形式。同理，抢来的红牛和香烟在“双刀门”中发挥的是同样的功能。

他为什么要爆发？据媒体报道，事件的导火索是黎恩旺向他的老板勒索未成，而黎的自述是“与其苟且活着”……一个最大愿望是住一天五星级宾馆的打工仔，一旦把尊严看作了他的“生活必需品”，就随时可能被挫败感点燃。而很多人犯傻，往往就是控制不了某一瞬间的情感。

他为什么在被押走的那一刻，回头叮嘱现场记者“要记得追踪报道哦”？有的现场记者是黎恩旺在“行动”之前就被通知了的，这个曾表示“永不相信派出所”的人却又相信舆论的力量，体现出的信仰是“任侠式”的。《史记》有载：尚武轻儒，豪荡使气，不以礼法为意。这是个奇观，不知道乃因媒体公信力足够高，还是派出所时下之公信力值得怀疑？

这幕喜剧有悲情的意味。一个贫穷的民工其实没有失去信仰，而他的愿望非常错乱，一会儿是住五星级酒店，一会儿是有点可怕的“死了也要留名”，一会儿是“我连烟都没得抽”。

海子的诗很美——“从明天起/做一个幸福的人/喂马/劈柴/周游世界……我有一所房子/面朝大海/春暖花开。”然而诗与现实的差距是，这样的“幸福”具体实施起来将花钱如流水，如果这一幕出现在黎恩旺的梦境中，也毫无美感可言，可能还会挑动愤怒——“双刀男”事发后在派出所里念叨：“那些有钱人什么都有……”

有时候，你分不清喜剧和悲剧。

（原载《华西都市报》2010 年 1 月 29 日）

你是“橡皮人”吗

龙敏飞

据中国之声《新闻纵横》报道，现在有这么一群人：“他们没有神经，没有痛感，没有效率，没有反应。不接受任何新生事物和意见，对批评、表扬无所谓，没有耻辱和荣誉感，整个人犹如橡皮做成的一样。”他们就叫“橡皮人”。

我觉得“橡皮人”的迟钝，其实来源于社会的“锋利”。他们没有神经，是“领导”有权威，让其不能思考；他们没有痛感，是生活的方方面面抵消了其灵敏的神经系统；他们没有效率、没有反应，只因日日重复同样的工作，让其失去了奋斗的激情；他们不接受新事物，是因为不愿意冒险去改进，宁愿守着死饭碗；他们对批评表扬无所谓，没有耻辱和荣辱感，是因其见了太多的虚情假意、太多的恭维颂扬，可谁都不知道是不是口蜜腹剑、笑里藏刀，他们只好迎合着，装作无所谓。“橡皮人”的姿态，不知道有多少是自主选择的？但在生活中，该怎么做自己决定不了，这肯定是非常沉重的状态。

这样的一群“橡皮人”，绝没有陶渊明的飘逸，也没有李白的洒脱，更没有林逋的闲情逸致……要生活，只有学会适应各种“规则”和“潜规则”。或许，刚从“象牙塔”出来还意气风发，当碰壁了，当遭遇挫折了，当看到了很多的例子，逐渐地懂得、不断地发现——有时，并不需要锋芒毕露；有时，就需要懂也装不懂。久而久之，“橡皮人”一族就诞生了。

事实上，“橡皮人”和所有的“这族那奴”一样，从来都不是幸福体面的定义，不过是身不由己的时代里又一个被定义的群体。我们知晓“蜗居”、“蚁族”那艰苦的生活，也体味到“阿鲁族”的劳累奔波，更能体会到“房奴”、“孩奴”、“卡奴”的无奈与叹息……在“豆你玩”、“蒜你狠”的时代，“橡皮人”不过是另一种屈服而已。

体面的生活不该这样，而是每个人都能承担生活必需，都能最大限度地发挥自己的才能，真正释放出自己的魅力与激情。但除了自己努力，也需要一个合理、公平的社会分配机制来“撑腰”。自己不“橡皮”了，社会不“锋利”了，人才不至于活得这般没精神。

（原载《武汉晚报》2010 年 8 月 23 日）

社会进步不能只靠"偏执狂"推动

朱迅垚

"锦旗哥"最近很红，因为他给某政府部门送了一面锦旗，上书"不为人民服务"，此举不仅迎合民间情绪，而且其口号本身反讽意味强烈，自然引来一片附和。事情的起因再寻常不过，公司没有给他加班费，两年告状下来，政府部门又没有解决他的问题，导致他愤然祭出此举。加班没有加班费，当然违反了《劳动法》，问题是，这几乎是社会普遍现象。非要较这个真，某些人就会觉得此人不通人情，果然，网上以及当地政府都有人跳出来认为"锦旗哥"是"偏执狂"甚至"精神病"。这让人想起北大某教授认为99%的上访户都有精神病以及网上汗牛充栋的"被精神病"新闻。

抛开事情本身，先说一个有意思的问题：为什么多数中国人都在忍受着加班无补贴而无人对此有意见？甚至有人有意见了还被认为有病？其实这是单位的小秩序和社会的大秩序合力的结果。我们每天都在工作，大家背后可以抱怨老板抠、工资低乃至压榨、剥削，但是如果身边有个人突然站出来把老板告上法院只因为没有加班工资，估计所有人都会认为他有病，他说的虽然符合法理，但大家都在忍受，甚至忘了自己在忍受。你何必搞得鹤立鸡群，与周围人格格不入呢？和光同尘和中庸的智慧到了民间，就是所谓的中国人能忍耐的民族性。"锦旗哥"们强调现代社会的法理，可是现实社会却有着自己的潜规则，不遵守这个规则就是不懂人情世故，由此产生大量法理与情理冲突的例子和所谓"偏执狂"。

这些"偏执狂"可能会引来某些人的不悦，但事实上他们对法理的坚持在推动社会进步。民间法律人士郝劲松便是一例，他先后七次将国家税务总局等部委告上法庭，原因是他在火车上购物和在地铁如厕时未能要到发票。他被无数官员痛骂为神经病，但无人能否认他对中国社会进步所作的贡献。郝劲松的这种"偏执"主要出于他对现代社会的信仰，是一种学理性的偏执。

中国社会是个颇有意思的社会，它会内生出基于某种社会共识的稳定的运行秩序，意思大概如同费孝通先生在《乡土中国》中概括的传统的

"礼治社会"。社会共识并非一定以法理为标准，而是以"礼"为标准，即社会公认合适的行为规范。社会公认目前应该忍受加班无补贴，那么社会成员如果以法理去反抗，社会的"礼"便不承认这种反抗的行为，但这种"礼"并非固定不变，它也在随时间而发生边界的伸缩，可能到某一个时段，社会公认目前不能再忍受加班无补贴，那么社会就会产生普遍的反抗情绪，继而形成社会意见。问题是，这种基于乡土社会的"礼"似乎已经无法适应现代社会的发展，不仅因为这种传统已经断裂，更因为目前的"礼"，也就是所谓的共识可能不是社会共识，而只是某个强势群体自己制定的"共识"。如果触犯到强势群体的利益就可能被其冠以"偏执狂"、"精神病"的帽子，这是令人担忧的。因为如果社会进步是在靠几个偏执狂推动，而多数人的共识被压抑，那么社会进步就很难看到突破的希望。

（原载《南方日报》2010 年 12 月 1 日）

与艾滋病斗争不是与艾滋病人斗争

郝　洪

12 月 1 日是世界艾滋病日。中国广西山村的 6 岁孩子阿龙，成了中国艾滋病感染人群的“代言人”。这个父母双双因患艾滋病离世、与一条黑狗相依为命的孩子，他的孤独与凄凉让无数人为之流泪。

“一个人的家、一个人的晚餐、一个人的未来”，这是媒体所描述的阿龙的现实生活。因是艾滋病病毒携带者，大家庭的温暖与他无缘，亲戚不接纳他，年迈的奶奶隔天过来为他做顿饭就走；因是艾滋病病毒携带者，他被当成异类，没有玩伴，医生甚至不敢处理他因做饭而烫伤的小手；因是艾滋病病毒携带者，社会隔断了他与外界的通路，学校对他关上大门。

而这又何尝不是大多数艾滋病病人的现实生活？孤独、贫困，被歧视、被疏离、被排斥。尽管自艾滋病被发现以来，消除艾滋病歧视一直是全球需要共同实现的重要目标，但是对患艾滋病人群的冷漠与恐惧仍然如艾滋病病毒一样，在我们之间传播、蔓延。

直到今天，在一些人心中，艾滋病仍是肮脏、混乱、糜烂生活的代名词。当我们给艾滋病贴上道德标签，当我们因恐惧而远离甚至抵触艾滋病人群的时候，也为自己的冷漠找到了一个貌似正义的借口。

恐惧会遮蔽我们的双眼，令我们难以洞察艾滋病的传播现状，不能知己知彼、有效对抗。2009 年，卫生部和联合国艾滋病规划署、世界卫生组织联合评估结果表明：截至 2009 年底，估计中国现存活艾滋病病毒感染者和病人约 74 万人。而据最新统计，截至 2010 年 10 月底，中国累计报告艾滋病病毒感染者和病人 37 万余例。74 万和 37 万，相差一倍的数字之间，是艾滋病病毒感染者和病人痛苦的灰色地带，它意味着因害怕被歧视而拒绝治疗的人，意味着更多潜伏的危险。冷漠同样会蒙蔽我们的心灵，无形中影响着一些地方对艾滋病防治工作的开展，甚至成为逃避责任的“挡箭牌”。

科学的进步告诉我们，和其他许多传染性疾病一样，艾滋病与人类一定的社会文化行为密切相关。近 30 年来，艾滋病在世界范围内的传播、扩散，已从单纯的文化背景上升到经济、政治背景，这是贫困地区艾滋病发病率高的原因之一。如果一定要给艾滋病贴上标签的话，那它应该是人类社会发展所共同面临的难题。

回看阿龙，网友们从四面八方赶来，为阿龙送来食物和玩具，更为阿龙送上一个个温暖的拥抱。他们的确给阿龙带来了快乐，但他们能彻底带走阿龙的忧伤吗？在被国际社会誉为“抗击艾滋病典范”的乌干达，那句著名的口号：“与艾滋病作斗争，而不是与艾滋病人作斗争”，请让我们铭记并努力践行。

（原载《人民日报》2010 年 12 月 1 日，原题：用什么带走阿龙的忧伤）

老师无错，岂能向学生下跪

廖水南

最近，湖南省娄底市一中两位学生在上课时下棋，并对制止其行为的英语老师谭胜军动手，而班上大多数学生无动于衷，甚至有学生鼓掌。事后，班主任叫打人的学生小白在教室当众道歉。在该学生毫无诚意的道歉后，谭老师突然下跪向学生道歉。谭老师说，他希望通过自己的这一行为，震撼和唤醒孩子们。

课堂本是圣洁之所，教师担负着传道授业解惑之天职。那么，教师本无错，却给学生下跪，理从何来？值得一说，又从何说起？

教育专家王栋生在《不跪着教书》中说过一句话：想要学生成为站直了的人，教师就不能跪着教书。而教师，古今中外，都是值得尊敬的职业，教师之所以被称为“人类灵魂的工程师”，就是因为他们的一言一行都是学生的榜样。

教师给学生下跪之所以雷人，一方面在于，虽然“师道尊严”，但师生在人格上是平等的。教师尚且无错，又岂能向学生下跪？另一方面，没有教不好的学生，只有教不好的老师。谭老师对不听劝阻的学生，难道必须要用如此壮烈的方式教育他们？而且，动不动就下跪规劝，也有违师表垂范。

事实上，向学生示弱，给学生下跪，对学生骂不回口、打不回手，并不是谭老师首创。在很多时候、很多地方，对个别学生的叛逆行为，老师既不敢不管，又怕管了遭人诟病，从而陷入两难境地。而这样的尴尬，恰恰也是教育的尴尬。

在现实社会中，教育实难幸免于外界侵扰。事实就是，不管学生背后是否真有一个叫李刚的爸爸，不少教师已很难再有独立的精神，很难再有恪守师道尊严的品格。再加上不少人常常把对教育资源的不公平等其他不满情绪转嫁到教师身上，就更使他们感觉非常委屈，却又无法也不敢表达出来。

教育屈从于现实之后，给学生下跪，也就见怪不怪了。但是，长此以往，这种通过卑微的方式向错误的一方宣示失败的做法，恐怕不仅不能

“震撼和唤醒孩子们”，反而会让孩子们更加深受其害。要知道，教师如果连自己都站不起来，又怎么能教出在中非黑白面前始终堂堂正正站立的学生？

（原载《新京报》2010 年 12 月 1 日）

“亿元警察”被杀缘何搅动反腐民意

朱述古

近日，山西临汾市洪洞县城一高档小区内一对警察夫妇在家中遇害。据悉，丈夫王某于2008年由交警大队公路巡警中队队长转为普通民警，其妻子是县公安局信访办干警。死者在洪洞县有三个煤矿，开着宝马车上下班，身价足以上亿，非常有钱。两人育有两女一子，均在美国留学。（《齐鲁晚报》11月17日）

警察夫妇在家中惨遭杀害，本应是值得同情的事情。但从网上跟帖来看，真正同情警察夫妇的帖子寥寥无几，反倒是对特权的痛骂铺天盖地。

其实，舆论关注点聚焦在警察巨额财产和子女状况上，并不能归因于公众无情，而是这桩案件背后的信息本身过于丰富，让人浮想联翩。能够开上宝马车，并把三个孩子送到美国留学，这笔开销绝不算是小数。按一个警察的正常收入，绝对无力承担。再者，国家计划生育政策明文规定一对夫妻只能生一胎，这对警察夫妇的两女一子，到底是一胎多生，还是多次婚姻，公众并不知情。但如果实际情况是违反国家计划生育政策的多胎生育，这又是权力滥用。

财富和子女情况的暴露，不仅使被害的警察夫妇成为话题，也促使人们探寻隐于幕后的原因。死者生前开办三个煤矿，出入皆有宝马车相随。从经商到暴富，这符合财富积累的逻辑，但死者身份既为警察，就明显属于违纪行为。因为公务员法、警察法和司法部有关规定，都严格禁止公务员从事营利活动。蹊跷的是，这种明显违纪的警察居然一直没有受到任何影响。那么，谁是靠山，谁是后台，谁分享了三个煤矿的利润，自然会成为一道公众关注的谜语。

当然，警察的生命同样宝贵，侵犯警察生命财产安全的犯罪分子，同样应该受到严惩。但现在的问题是，凶手尚未捕获，警察的财产和子女情况却率先大白于天下，这不能不说是权力监督的尴尬。

（原载《新华每日电讯》2010年11月18日）

官员遇难引发网络狂欢的民意基础

黎　明

10月30日下午，四川开江县公安局分管刑侦的副局长张某、县广播电视局副局长陈某和已退职的崔某，进入开江县回龙镇一个早已被政府封堵的非法开采的煤矿，不料三人全部涉嫌一氧化碳中毒身亡。

我的目光停在了“全部涉嫌一氧化碳中毒”这话上。原来，“涉嫌”可以这样用。按惯例，这个词通常都连带着某种“违法犯罪”的行为，现在这样一用，涉嫌的用途就非常广泛了。比如，涉嫌跑肚、涉嫌怀孕、涉嫌被打、涉嫌车祸……其实这用法不能算大错，至少凡涉及被怀疑、猜测的事情，都可以算“涉嫌”。

三位官员没有需要联合办公的事情，也没接受领导关于进矿井的指令，既然官方已证实他们不是因公死亡，那就必是“因私”死亡了。再排除观光、娱乐、色情、探险、找人等原因，张某等三人涉嫌经济利益进矿的推测比较靠谱。“最近煤价高涨，想去看看该煤窑的煤炭资源如何，然后伺机想办法挖煤”，这说法我看是符合实际情况的。再就是，对这个废矿，他们可能早就熟悉，也可能该废矿本来就和他们存在某种关联，这也是合理推测。

不管三位官员想去那儿干什么，他们都没留下违法犯罪、行为不端的证据。也就是说，他们是无辜而不幸的遇难者，这一点没什么好争论的。

理是该这样说，不过，这样的信息反馈绝不会成为主流之声。当我第一眼看到新闻标题时，就知道这个新闻性本应不强的新闻肯定是个大热点，并且，不看跟帖也知道网友所说的大概意思是什么。

“今天是个好日子!”“向煤窑致以最高敬意!”“苍天大地开了开眼，搞死了几个坏家伙”……大家不管遇难的官员有没有劣迹，只要他们身在官员序列，对他们的不幸就没有丝毫同情恻隐之心。什么叫“幸灾乐祸”?这就是最清晰的解释。

这次网络舆情的特点，和以往涉官死难事故的舆情没什么变化。公众第一次在网上大张旗鼓地庆祝官员遇难，是在2009年1月上旬，其时，安徽省长丰县一宾馆发生火灾，导致四名县领导一死三伤。我评论此事的

《官员之死与发来贺电》一文，收进了当年的《中国杂文精品选》，文中云：如果将“某地领导干部”置换成任何地方、任何部门的领导干部，反应都一样……大众集体对一个“精英群体”发泄不满和怨气，无论谁在这个群体之中，也不分辨这个群体具体个人的青红皂白，即便对你一无所知，即便远隔千里素无往来，群众依然对你不敬，就是遭遇不测也很少有人同情。

那时，一位叫做“六板斋主”的网友曾写过这么一段打油诗：伤亡偏要发贺电，亘古至今也少见，都说百姓是杆秤，载上史书光焰焰。

这就谈到了网民、网声的“人道问题”。那些幸灾乐祸的表达，真的没有人性、理性吗？不！我研究过，官员因救灾济民遇难或官民一起遇难（哪怕是遇难官员中夹带着不幸的“草民”），这种情况下就不会“纷纷发来贺电”。民死示哀，仅官员不明之死才庆一下，这说明主流网民的选择性很强，并不是无理性的盲目宣泄。

说句不中听的话，就是一只恶狗死了，也不至于享受那样的追悼规格。据说在中国内地，“扫黄”的民意基础很厚实，可是我们没见到过不幸的涉黄人士曾经遭遇过官员死后的如此“殊荣”。惩官比扫黄打黑，各自的民意基础如何？若惩官之民意基础强过扫黄打黑，那又说明什么呢？

（原载《新快报》2010 年 11 月 2 日）

赵作海冤案再揭破案重口供之弊

湖　白

因为所谓的被害人“复活”回乡，蒙冤11年的河南柘城县“杀人犯”赵作海被无罪释放。5月11日，赵作海首度开口向媒体谈到当年被刑讯逼供的全过程，其中不少细节令人震惊。他说：他们用枪砸我的头；用擀面杖一样的棍子敲我的脑袋；还在我头上放鞭炮——我被铐在板凳腿上，头晕乎乎的时候，他们就把一个个鞭炮放我头上，点着。他们还威胁，若不招供就秘密处决。(《新京报》5月12日)

这样的办案手法，恐怕连老虎之类的猛兽也得服帖。赵作海经不住严刑拷打而屈打成招，可以想象他当时怎样屈辱与绝望，他的人格尊严在暴力下是何其渺小。

我想，如果残暴的刑讯逼供可以调查到真实的供词，可以让顽固的嫌疑犯原形毕露，那么要警察干什么呢？一个铁石心肠的人或许就能胜任此工作。显而易见，我们选拔高素质的人才加入警队，目的是希望他们用智慧办案，而不是动辄使用暴力。而从农民赵作海的经历来看，我只想这样怀疑：赵作海案的办案警察如果不是“临时工”，那就是通过走后门方式混入警察队伍的“社会人员”。

尽管刑讯逼供本身属于犯罪行为，但通过佘祥林、赵作海等案，我们得知不少警察不愿意动脑筋调查取证，而喜欢用速战速决的方式，提高办案效率，谋取工作成绩。当然，在我国刑事案件的侦查、起诉与审判过程中，口供是各证据种类中使用最多的证据形式，甚至是最重要的证据形式之一。这在客观上也容易导致部分办案人员为了口供而不择手段。

几乎每一起冤案的背后，都有残酷的逼供行为；而几乎每一起逼供行为的背后，都有扯不清的利益纠结。赵作海冤案昭雪后，尽管商丘市政法委书记亲自登门道歉并表示决不回避错误，但我们还是看到，目前追查的责任人只是三个普通警察，此前媒体报道的三个已“升迁”责任人却不在其列。在汹涌的民意下，对这几个晋升为公安系统领导的涉案人员没有一个说法，难免让人觉得刑讯逼供问题不简单。

虽然刑法中有刑讯逼供罪，但我们想问的是：有几个警察因为此罪行而锒铛入狱？这样的事例太少了，也许正是它的少，可以理解为刑讯逼供案多的原因之一。当然，我们的制度也应当检讨过分强调口供的弊端。既然零口供判案在现实中有可操作性，那么就不必继续强化口供的重要性。

（原载《信息时报》2010 年 5 月 14 日，原题：刑事案件应弱化口供的重要性）

学历不重要，但唐骏学历很重要

李　翔

学历让人堕落。世界上最富有的人之一如是说。

2000 年时，甲骨文创始人拉里·埃里森在一场广为流传的演讲上，对着台下的一千名耶鲁大学毕业生说，他们是一千个失败者，“一顶帽子一套学位服必然要让你沦落”，因为“我，埃里森，地球上第二富有的人，是个辍学生，而你不是；比尔·盖茨，地球上最富有的人，是个辍学生，而你不是；保罗·艾伦，地球上第三富有的人，也退了学，而你没有；迈克·戴尔，地球上第九富有的人——他的排位还在不断上升，也是个退学生，而你不是。史蒂夫·鲍尔默也很富有，但是他只能排到第 11 位，而且他是在为比尔·盖茨工作。因为他是研究生时辍的学，开化得稍晚了些”。当然，10 年之后的富豪排行榜次序有所变化，不过并未改变他提到的这几个辍学生都是超级富豪的事实。

拉里·埃里森得意洋洋地宣称：“你们就偷偷摸摸去干那年薪 20 万的可怜工作吧，在那里，工资单是由你两年前辍学的同班同学签字开出的。”

尽管在今日的中国，我们很相信成功的商人所持有的观念和传递出的信息，但是显然，拉里·埃里森的学说并不被世俗认可。人们仍然抱有这种看法：看上去辉煌的学历能够让人占尽先机；而如果失去了机会，没有成为成功者，那仅仅是因为自己由于不具备良好学历而在起跑线上受到了歧视。在目前沸沸扬扬的唐骏学历事件中，不少对唐骏先生义愤填膺的人就持有此种看法。

事件的起因是，因为善于指出公众人物的弄虚作假之处而颇有声名的方舟子，通过网络提出了自己对中国明星经理人唐骏持有的博士学位的质疑，同时遭到质疑的还有唐骏先生声称自己在早年创立的公司和做出的发明。但是，最终矛头所指集中到了唐骏的博士学位上。首先是这位明星经理人是否拥有一些公开履历上所写的加州理工大学博士学位；在唐骏回应自己所拿博士学位为另一所西太平洋大学之后，质疑随即指向他所拥有的博士学位是否货真价实——授予唐骏博士学位的西太平洋大学被指为“克莱登大学”，并且随即牵连出一系列中国“精英人士”同样持有这所学校的学位证书；当然，与此同时，对为何公开履历中会宣称唐骏拥有加州理工大学博士学位的指责也没有停止过，同时也牵连出一些图书的出版商和作者对此道歉和修改原书。

为唐骏辩护的人说，学历并不重要，重要的是唐骏自身拥有的能力。确实，到了今天，唐骏已经无需某个名校的学历来为自己做背书。如果不是方舟子此番打假，大部分人根本不知道号称打工皇帝的唐骏还可能是一名博士。但是当年加州理工大学博士的误导却一直延续到今天，而在当时或也不无当事者（不一定非是唐骏本人）重视学历的虚荣。而众所周知，从来没有只说一次的谎言。谎言一旦诞生，就具备了生命，其后只能是更多的重复和更多的谎言。

即使是质疑唐骏先生的人中，也大有不以学位为然的人。中国过去的大动荡年代已经在某种程度上打破了对学历的迷信，虽然对它的迷信不断在试图重新抬头。现实是双面的，那些对没有学历引以为傲的政治家和创业英雄们，总是倾向于雇佣拥有良好学历的人，每年夏天走进大学就能发现这一点。但总的来说，鲜有人认为学历到今天已经重要到可以击倒一个人的地步。

不过，学历虽不重要——如果不是像埃里森所说的那样简直会让人堕落的话，放到今时的语境下，唐骏先生的学历却很重要。一方面他是公众人物，而且是正面的公众人物。他的成长经历一直激励着很多中国年轻人。往往是这样的人物，反而不允许有道德缺陷——比如学历造假，因为可能会有无数人仿效他的缺陷，视之为通向成功之路的必要之恶。

但往往也是这样的人物，容易陷入两难之境。他必不屑于这种微小之恶，但是当这种微小之恶已经发生时，他又被迫要去强辩，因为他也必不容忍自己塑造的偶像之上有污迹——即便理智告诉他，坦率认错或许更为容易让人接受。某种程度上甚至可以说，我们每个人都是“唐骏”，都身处这样的尴尬之境，纠结于自己不屑一顾的错误和拼命维护的自尊中。我们想拥有道德感，但又不想失去自尊。

唐骏先生学历真伪的重要性，绝不仅仅是对唐骏先生一人而言，也绝不仅仅是满足好事者将偶像赶下圣坛、群氓打倒偶像的破坏心理，而是有更深刻的意义。

这种意义在于，它或许能够激发出我们每个人身上的道德勇气。这种道德勇气不是针对唐骏先生，而是针对我们自身，让我们有勇气撕破自己也参与编造的由虚伪和谎言构成的现实。捷克作家和前总统哈维尔所言的要勇于“生活在真实中”亦有此意。只有勇于生活在真实中，才能让我们每个人免于在拜金和意识形态的潮流中下坠。无伤大雅或者随大流的谎言正是牵引着我们和这个社会集体下坠的万有引力。

因此，我们首先期望唐骏先生拿出勇于生活在真实之中的勇气，为视他为榜样的年轻人作出表率，道清原委。同时我们也希望我们每个人扪心自问，是否也具备这种生活于真实中的勇气；如果是我们自身遇到这种困境，我们又当何为？是希望小恶和谎言尽快被遗忘，学习如何危机公关，还是能真正做到直面真实？

（原载《经济观察报》2010年7月10日）

别把校园变丛林……

林小明

湛江市雷城第一小学昨日发生了凶杀案：一男子冲进校园，持刀砍伤了18名学生和一名教师。就在昨天，南平市持刀杀死8名小学生的郑民生被执行了枪决。这两起血案发生间隔仅月余，用同样惨烈的代价敲响了校园安全的警钟。

南平案的行凶者是医生，而雷城案的行凶者是教师。可以推断，两人平常应该都不是什么大奸大恶之徒，但却以同样让世人震惊的方式刺痛了我们。不管有什么理由，不管有怎样的生存压力，他们都不该以如此极端的方式，将校园变成丛林。

不可否认，身处转型期的人都会承受巨大的压力，甚至付出道德沉沦的代价，造成价值观的错位和扭曲。物质化压力会引发巨大的社会焦虑，当这种压力难以释放、这种焦虑无法排解时，有些人就会遵从弱肉强食的丛林法则，将罪恶之手伸向比他们更弱势者。

只是需要说明的是，校园血案并非缓解社会焦虑所必须付出的阵痛。我们无法预见悲剧的发生，但却至少可以在悲剧发生前做些力所能及的事。需要扪心自问的是，在医生郑民生和这名乡村教师走极端前，有多少人了解他们，有多少人倾听过他们的心声，有多少人顾及和关怀过他们的生存状态？倘若我们无法正视这样的现状，那么可以悲观地预言：还将出现更多的“郑民生”们。

钢筋水泥组成的城市越来越隔离人们的生活，还有情感。物质化和高节奏让现实变得越来越像流行的段子所说的那样：肚子大的人越来越多，肚量大的人越来越少；要手腕的人越来越多，要手艺的人越来越少；出书的人越来越多，读书的人越来越少。从这样的社会实际和群体心态来说，这两起校园血案并非行凶者和受害者家庭的悲哀，而是集体的伤痛和悲哀。

校园几乎牵动着每个家庭，小学生成了急需保护的对象，校园安全体系的建立和健全已刻不容缓。当手无寸铁、毫无还手之力的小学生成为报复社会者的目标，变为丛林法则中食物链最末端时，这样的社会极其危险和脆弱。我们需要反省的，不仅是校园安全体系的硬性建设，还需要检讨诸如生命教育等软件建设，是否仅仅偏重于逃避地震等危险，而没有增加面对类似事件的处置教育。

昨天还有消息说，有老板雇“中国铁掌第一人”当女儿的保镖，任务就是每天早晚保护孩子上学放学。这不能不让人感到发自骨子里的悲凉。当人身安全需要回到冷兵器时代的拳脚保护时，只能说社会“生病”了。也许治疗此病最好的药方就是——缓解人们的压力，通过教化和重建道德秩序来疗伤。

（原载《华西都市报》2010 年 4 月 29 日）

国际篇

俄罗斯“拥抱”北约的意味

党建军

近日，北约与俄罗斯“拥抱”的新闻引起了各方关注。对很多中国人而言，这一动向最值得关注的地方在于，北约与俄罗斯的相互走近是否对中国的国际安全环境产生影响。笔者以为，俄罗斯与北约的走近或许有制衡中国的意味，不过这种制衡并不宜被过度解读。

11 月 20 日，在葡萄牙首都里斯本举行的北约峰会上，北约与俄罗斯同意就欧洲导弹防御系统和其他安全议题展开合作；俄罗斯则承诺，将为北约驻阿富汗国际安全援助部队提供更多物资运输便利。这表明北约与俄罗斯暂时在反导这一最敏感的问题上达成了某种合作意向。有西方分析师认为，双方现有的关系模式可能由此发生改变。

的确，如果俄罗斯与北约联手打造覆盖整个欧洲的反导系统，双方在安全领域的一个主要矛盾将大大缓和，这无疑有助于双方增强互信，为进一步的合作打下良好基础。不过，在高度敏感的反导问题上，北约与俄罗斯的合作几乎难以避免新的摩擦和矛盾，比如说，谁来主导这一反导系统、北约与俄罗斯之间以何种方式联手及分工等。这些都不仅仅是技术问题，还是棘手的政治问题，都需要美国、欧洲和俄罗斯国内适当的政治气氛来“发酵”。一旦某一方国内的政治气氛出现变化，这种合作就可能陷入僵局。

值得一提的是，在此次北约峰会上，俄罗斯与北约宣布书面承诺不再互为敌人。这一举动无疑是彼此释放善意。笔者以为，北约与俄罗斯的这一声明与 2008 年俄罗斯和格鲁吉亚的武装冲突以及近年来美俄围绕中亚数国的“颜色革命”而展开的幕后角力有着直接关系，或许可以说，俄罗斯与北约的此番走近就是过去几年一系列冲突的影响之一。尤其是俄格冲突曾使俄罗斯与美国、北约的关系恶化，但同时也让美国和北约见识到俄罗斯的强硬底线。在格鲁吉亚、乌克兰加入北约以及中亚国家的政局等一系列问题上，俄罗斯与西方的较量顶多算是暂时平息。

对中国来说，俄罗斯与北约的走近当然值得关注。有分析说，俄罗斯与北约走近的一个因素就是为了适应中国发展而变化的国际格局，更进一步说，就是为了对中国进行某种制衡。这种分析有一定道理。不过，并不能因此而认为俄罗斯对华政策出现了重大变化。

就在俄罗斯与北约走近的同时，中国国务院总理温家宝正式访问俄罗斯，并与普京举行了中俄总理第十五次定期会晤，双方签署了经贸、民航、核电等领域的12项合作文件。可以说，中俄关系的良好态势并未改变。

实际上，在国际政治中，大国间的相互制衡可以说涵盖了方方面面的内容，没有一个国家愿意接受一种力量长期失衡的格局。而各国力量的此消彼长都会引起国家间制衡状态的调整和变化。简单地说，没有哪一个国家或哪一方面力量愿意把所有鸡蛋都放在一个篮子里。

（原载《广州日报》2010年11月29日）

拉登真盯上了欧洲?

张国庆

欧洲的旅游业这两年真是不容易。先是金融危机，后是冰岛火山灰，现在又遇到了恐怖袭击警告。

日前，美国国务院发布欧洲旅游警告，告诫在欧洲旅游的美国公民保持警惕；随后，日本也发布旅游警告，称欧洲很可能发生针对外国游客的、类似于2008年孟买酒店袭击那样的恐怖事件，而公共场所、交通运输系统和旅游景点则可能是恐怖袭击的目标，欧洲旅游业受到的压力可想而知。

美国的警告并非空穴来风。此前，英国、法国、德国和美国的情报机构表示，他们及时挫败了巴基斯坦籍极端分子试图在欧洲一些大城市发动大规模连环恐怖袭击的行动，袭击地点包括英国伦敦以及法国、德国主要城市，恐怖分子企图袭击火车站等重要目标，造成大规模人员伤亡。美国媒体传播的类似信息也加剧了人们的恐慌。

英法两国对美国的警示比较认同。英国内政大臣特雷莎·梅认为，美国的警示与英国的判断“一致”，显然，英国人对五年前的伦敦连环爆炸案仍耿耿于怀。相比之下，德国内政部则比较乐观，认为不需要改变其对恐怖袭击危险的评估，并强调指出德国“历来不存在迫在眉睫的恐怖袭击具体迹象”。但也有媒体提醒说，从未受到大型恐怖袭击的德国，还是不要太过于乐观，因为德国受到恐怖袭击对西方尤其是欧盟经济的震撼力将是巨大的。

这也正是人们担心欧洲受到袭击的原因所在。以法国为例，近期发生了一系列社会冲突，法方驱逐吉卜赛人更是闹得天怒人怨，这种欧洲复杂的经济和社会状况正是“基地”组织希望看到的，他们非常善于雪上加霜，其发动恐怖袭击的主要目的，也正是为了加剧社会动荡，进而浑水摸鱼。

欧洲经济复苏乏力，也是让“基地”组织盯上欧洲的原因之一。金融危机后，法国和德国曾最先表示开始有力的经济复苏，但事实证明，它们过于乐观了，希腊等国的债务危机使得欧洲经济阴霾不断。在这种情况下，如果能对法德等国实施恐怖袭击，对欧洲经济信心的打击将会是巨大的，毕竟它们是欧洲经济龙头。由此，欧洲安全机构也十分担心恐怖组织会发动一系列“突击队”式袭击，这也是自两年前的孟买袭击后它们一直忧虑的事。

美国中期选举也是不可忽视的因素。本·拉登及“基地”组织似乎对美国的选举特别感兴趣，无论是总统选举还是中期选举，一般都会出来凑热闹，但由于美国本土防范较严，在口诛笔伐之余，常常会拿世界其他地方出气，尤其是与美国关系比较密切或利益相关的国家。这个微妙的时段，加上虚虚实实的情报，不能不让人感到忧虑。这也使得反恐和安全将成为中期选举的重要议题，而这多多少少会对共和党人有利。

（原载《新京报》2010年10月8日）

“维基解密”为什么不能“言论自由”

木 木

25 万份号称机密的美国外交文件被曝光，而“泄密者”——网站“维基解密”的创始人阿桑奇被控涉嫌强奸和性骚扰遭到全球通缉。这是本周各国媒体都不会放过的热门话题。毫无疑问，类似桥段，原本只会出现在好莱坞大片里。

不过，以揭开事实真相自诩的“维基解密”是在解密还是在泄密？是“坏蛋”还是在“打坏蛋”？背后有没有藏着不能说的秘密？到目前为止还是谁也说不清。但有两点可以肯定：一是随着接连曝光美国阿战、伊战和外交机密文件，“维基解密”已在全球声名鹊起，而且还将随着其与美国政府的口水战以及“将披露美国金融界内幕”的承诺继续火下去。二是随着时间的推移，“维基解密”本身越来越比那些它解密的所谓机密更引人注意，当然也更扑朔迷离。

从表面看，美国政府对阿桑奇已失去了耐心，用阿桑奇的话说，美国政府不惜彻底放下言论自由的温情面纱，借他国之手用强奸罪抹黑他、通缉他。而用美国官员们的话说，“泄密者”把美国人及合作伙伴的性命置于危险境地、威胁到了国家安全，和恐怖分子无异。但事实上，从已有的情况看，“维基解密”从没有为我们提供过什么真正令人意外的信息，称这些解密行动为“五角大楼文件事件 2.0 版”或“外交界 9·11 事件”实属“过誉”。从某种程度上说，“维基解密”只是为许多众所周知的结论提供了一些细节和证据，而且这些证据并不难寻。比如想知道美军在伊拉克的所作所为，也许去一个当地人的家里就够了，因为在这个家庭里很可能就有孤儿、寡妇和失去孩子的母亲。

唯一令人尴尬的是被解密者的态度问题。尽管几天来美国国务卿希拉里忙于灭火，到处跟盟友赔罪，希望对方领袖不要在意诸如“愚蠢”之类的恶评，继续与美国保持互信的关系，但美国国防部长盖茨的一番话却让美国的“外交礼仪”、“盟国互信”再次破碎一地。盖茨说，“外国政府愿意跟美国打交道不是因为喜欢我们、信任我们、认为我们能够保密，有些国家的政府跟我们打交道是因为害怕我们，有些是因为尊重我们，最多的情况是因为需要我们”——这份老大式的傲慢与直白，恐怕比那些解密文件更让一干盟友下不来台。

对一向标榜言论自由的美国来说，“维基解密”为什么不能“言论自由”，甚至还要兴师动众全球通缉其创始人？这或许从一个侧面反映了美国所做的一些事情很见不得人，不敢公开，不敢透明，因此不能“自由”，不能“解密”。虽然阿桑奇目前只不过曝光了几摞来自美军低级情报人员、涉及敏感领域但琐碎边缘的流水日志，但已经足以引发国际社会对美国在伊拉克、阿富汗等地和国际交往中的丑恶心态和行为的关注。一家游击队式的神秘网站成为解密明星，恰恰证明还有太多真相被蒙蔽。甚至现在还有人怀疑，也许“维基解密”本身就是美国的阴谋工具，因为它虽然出了美国一些丑，但大部分内容特别是对他国的抨击内容，却高度符合美国的利益。这种猜测目前无从证实，但假如有一天“维基解密”真能自由言论，就怕原因多半是选择了和某些势力唱双簧——抛出美国的鸡毛蒜皮，同时给他国大挖舆论陷阱。

这个世界不需要世界警察，同样也不需要“神秘而无所不知的上帝”。国际舞台上总是不缺真真假假的好戏，戏很热闹，但看戏要擦亮眼睛。

（原载《北京日报》2010年12月3日）

船长回家不是结束

叶海林

对于中国来说，詹其雄船长能否回家，并不只是一个公民的安全与自由在海外遭受非法侵犯时能否得到祖国救助和保护的问题，还关系到一片被他人窃据的领土的主权地位问题。任由日本“逮捕”甚至“审判”在中国领海正常捕鱼的中国公民，无异于变相承认钓鱼岛属于日本。这个道理每个中国人都非常清楚。所以中国政府才会连续15次透过外交渠道表达抗议并且采取了一些反制措施。

但对于日本来说，情况则完全不同。日本继续扣押詹其雄，能够体现日本对钓鱼岛的所谓“主权”，满足其国内民众的心理需求，体现其跟着美国跑的决心，并把偷来的东西堂而皇之地摆在自家桌面上，可谓一石四鸟。“释放”，哪怕是无条件地“释放”詹其雄，并不会影响到日本政府长期以来对钓鱼岛的“主权主张”，也不会改变钓鱼岛目前实际被日本所控制的状态，在对美关系上蒙受任何损失，只是会让民主党和菅直人在日本民众面前很没面子。

当然，无条件“释放”詹船长这种可能性就当前而言，只具有理论意义。以日本人的性格，哪有不讨便宜的道理？别说现在他们手中扣押着咱们的公民，就算他们的人跑丢了，还不是照样狮子大开口。他们在1937年就这么干过，不是吗？当然，现在这样的事情不可能再发生了。但惟其如此，这一回日本才会在詹船长的自由问题上格外多打算盘，这本来就是他们在钓鱼岛水域动手的原因。

日本当然不打算永远扣留詹船长，这样他们什么都得不到。利用抓人在手的“优势”待价而沽才是日本的如意算盘。只要中国的抗议仍旧是外交层面的，日本就大可以国内民意压力为由不断推迟詹其雄的归期，直到争取到中国同意日方的某些条件。倘若中国什么都不答应，日本作为一个国家固然无所得，日本民主党作为一个政党、菅直人作为一位首相，却会在国内被奉为英雄，好处“大大的”。这种稳赚不赔的心态为日本的嚣张气焰奠定了基础。

实际上，在詹其雄船长的自由问题上，中日双方并不处在零和博弈状态，倒不是因为这事儿还可能有什么双赢结局——在领土争端上寻求双赢基本上属于白日做梦，而是因为就算日本把船长无条件地还给我们从而在某种意义上“输”了，中国也不能宣称己方获胜。原因很简单，即便在某种情形下，詹船长回到了祖国，钓鱼岛也还是在日本的控制之中。他们要是愿意，随时还可以再抓扣几条中国渔船，再来一次詹其雄事件。除非在那片中国的蓝色国土上再也没有飘着五星红旗的船只驶入。而这恰恰是日本所希望的。

因此，对于中国来说，要回詹船长固然是当务之急，对日本政府扣押中国公民的恶劣行径必须给予足够严厉的反制。但是，我们的反制措施却不能以詹船长的自由为终结。透过詹其雄事件，日本在钓鱼岛问题上的立场已经昭然若揭，东京所做的一切都是为了最终能把这片中国领土据为己有。不解决詹其雄事件发生的根源，要回詹船长也远远谈不上是一次外交胜利。

作为结论，我们要詹船长回国去祭拜自己未曾见上最后一面的老祖母，我们也要在钓鱼岛上升起五星红旗。这两件事情享有同等的重要性，解决时间固然有先有后，却不能互为代价。这就意味着中国在坚决要求日本交还詹船长的同时，还要坚决和可持续地强调我们对钓鱼岛的主权，这种强调绝不能只是姿态上的。这两项主张只能通过强有力的行动而不只是强有力的语言来表达。

要想维护中日关系的大局，便必须对破坏这一大局的图谋者给予强有力的回击。在当前中日关系的力量对比态势下，中国的回击显然是有成本的。事实上，零成本的反制在涉及主权和国家尊严的问题上本来就是没有任何意义的。中国不可能不为自身的反制支付代价，我们应该对此有足够的勇气和忍耐力。

在反制日本的问题上，中国应该考虑的是给日本带来的绝对代价，而不是相对代价；就是要打在他们最疼的地方，不管我们的拳头会不会因此皮破流血甚至指骨骨折，而不是考虑打在哪里我们的拳头不会痛。过多考虑姿态是否严正、是否不违背全球化时代世界的“规则”，试图找到一种不产生回火、不授人以柄的反制方式是没有必要的，甚至有可能是有害的。

那么，哪里是日本的痛脚呢？我听说这个国家的失业率很高，好多人之所以还有工作是因为他们公司的海外业务部效益很好。好像有这么回事儿。当然，我们也有失业问题，但在中国开办一家新工厂的成本比日本要低很多，好像也有这么回事儿。

（原载《国际先驱导报》2010 年 9 月 23 日）

美航母若进黄海将激怒中国民意

罗 援

美国航母若驶入黄海参加联合军演，给中美关系造成的杀伤并不主要是硬杀伤，而是对民意的杀伤，这才是国际关系之基。

在中国政府未对美国派遣航空母舰到黄海参加军演表示坚决反对的立场之前，美国还可以装傻，说其和韩国的军演是针对所谓的朝鲜袭击“天安”舰事件的。但在中国政府已经明白无误地表明了对于美国航母动向的立场和严重关切之后，美国仍然一意孤行，这就是对中国的公然挑衅，就是到中国的家门口拍门叫板。

美国不要以为自己有那么几条航空母舰就可以为所欲为，就可以横行霸道。世界上有比航空母舰更厉害的东西，那就是民意！

民意不可违，民意不可欺！民意可以载舟，民意也可以覆舟。这个“舟”也包括航空母舰。有了民意，现在没有航母，将来可以制造出航母；暂时没有航母，有了民意的支持，我们也不惧怕航母，对航母我们仍然有不对称的制衡手段。失去了民意，即便你有了坚船利炮，也不可能得志于永远。

试想一下，如果美国航母闯入黄海，中国老百姓谁还会再相信奥巴马总统说的“美国不执行一项遏制中国的政策”，谁还会再相信希拉里国务卿说的中美是“同舟共济”的关系？试想一下，如果美国航母“兵临城下”，中国军队怎能恢复与美军的正常交往，那岂不是结“城下之盟”吗？试想一下，一个在国际事务上经常需要与中国合作的美国，在桌子底下却给中国人使绊，到时候怎能期盼中国人伸出援助之手呢？试想一下，一个债务国向其最大的债权国叫板，将会产生什么样的后果？试想一下，如果中国也像美国那样，罔顾美国的利益和安全，在其家门口或者敏感地区与其邻国或者对手搞联合军演，美国将会作何感想？己所不欲，勿施于人，美国应该权衡利弊，三思而后行了。

也许美国有些人根本就听不进中国的民意之声，他们我行我素惯了，不让航母到黄海参加军演，他们丢不起这个份儿，放不下这个身段。那也没有什么了不起，中国人民奉陪到底就是了。

中国人民解放军提高战斗力，战时靠在战争中学习战争，平时靠在训练中学习战争。训练要有一个参照系，美国航母不请自到，自己送上门来给我们当免费“蓝军”，给了我们一个知己知彼的练兵机会。美国航母劳师奔远，费时费钱，却在某种程度上激发了中国人民解放军的练兵热情，激励了中国人民解放军战斗力的提升。

美国一些抱有冷战思维的人“机关算尽”，想用炮舰政策来遏制中国的崛起，用航母来恫吓中国人民，试探中国的战略底线，但他们有小聪明，无大智慧；有武夫之勇，无军人之智。中国崛起已是大势所趋，仅靠几艘炮舰能挡得住吗？中国是世界上最大的市场，得罪了中国就意味着失去，至少是压缩了其在这个市场的份额，美国老百姓能答应吗？失去了美国老百姓，奥巴马还怎么连选连任？

中国人民从来都没有被吓住过。中国当年一穷二白时，都没有向任何强权低过头，更何况今天的中国即将成为世界第二大经济实体。事实是，美国的航母吓不倒中国人民，反而把航母的作战技术特点暴露无遗，给了中国人民解放军一个近距离观察航母、研究航母的机会。美国的航母吓不倒中国人民，反而激怒了中国人民。这才是美国派航母到黄海最大的失招、最大的损失、最大的战略败笔。“人不犯我，我不犯人。人若犯我，我必犯人”。历史、现在和将来，都已经证明并将继续证明，这对中国人民和中国人民解放军来说，绝对不是“军中戏言”。

（原载《环球时报》2010 年 8 月 9 日）

中国需要负责任的“鹰派”

汪嘉波

近两年来，谈论中国如何崛起的书籍日渐增多，近日备受关注的《中国梦》一书在这些制造“大国梦想”的著作中最有力度和气魄。该书作者提出，中国不仅要军事崛起，而且还必须取代美国世界第一军事强国的地位，进而扮演领导世界的角色。

一贯奉行不结盟政策、主张构建和谐世界的中国，如今却要打造世界头号军事强国，充当统帅世界的领袖——如此骇人听闻的主张自然会引起海外舆论的热议，也必然会吸引世人的眼球。舆论认为，《中国梦》提出的观点是典型的鹰派言论，代表了“中国鹰派”的思路，发出了“中国鹰派”的声音。

什么是鹰派或鹰派人物？它代表的是狭隘的民族主义，还是伟岸的爱国热忱？它宣传的是好战思想，还是民族精神？中国有鹰派或鹰派人物吗？这些问题或许并不重要，但人们的确从《中国梦》、《中国不高兴》这类书籍的出版和畅销当中闻到了一股清新的味道，看到了一片别样的风景。对“中国向何处去”这类事关中国前途命运的重大问题，过去只有政府官员和相关机构的专家学者方可关起门来研究，现如今，它允许任何一位公民通过媒体平台或出版机构对其进行公开讨论。

从这个意义上讲，眼下十分抢眼的“中国鹰派”现象，其实蕴涵的意义很深，它体现出多元社会的民主氛围，表达出社会各界的不同诉求，展示出政府对不同理念、观点和见解的宽容态度，激发出每个公民参政议政的责任心。可以说，鹰派的出现是社会主义公民社会的发展和进步。

然而，言论自由的本义不仅仅是每个公民都可以公开发表自己的言论，它更应该是每个公民对自己公开发表的言论担负起公民应当担负的责任。就公开发表有关“国事”的意见和建议而言，政府官员要考虑地位和身份，专家学者要依靠调查研究，出版机构要顾及社会效果，媒体单位要掂量社会责任。《中国梦》是谁的梦？它讲的是中国人的梦想和追求吗？中国人肯定有强国梦，但未必有打造世界头号军事强国并终将领导世界的豪情。如此书名卖相不错，但有失严谨。众所周知，世界头号军事大国是美国，其核武器拥有量也是全球第一，相比之下，中国的核武器拥有量不过是美国的零头。要争冠，就意味着超越美国，就要制造比美国更多的核武器，这岂是中国该做的事情？

不负责任的言论有时会被利用，从而导致破坏力极大的严重后果。众所周知，苏联解体前夕，一位法国学者发表的某些言论引发了亚美尼亚与阿塞拜疆两个加盟共和国之间的领土争端，并最终导致了至今尚未终结的“纳卡战争”。去年，一些印度的鹰派人物偶尔出来说些大话、硬话，让印度人听起来热血沸腾，让中国人听起来很不舒服。结果如何呢？正是由于此类不着边际、不负责任的言论致使不少中国人和印度人因此放弃了对各自伟大邻国的好感，中印友好关系的民间基础也因此受挫。

鹰派的可敬可爱之处在于它善于及时捕捉某些民众中间的想法和愿望，敢于发表捍卫国家利益的言论。鹰派的声音通常很激烈、很有硬度，容易受到公众的赏识，也能吸引民众的眼球。无论从哪种意义上来说，“中国鹰派”都有生存发展的空间和理由，但是，“中国鹰派”应当有中国特色：言辞强硬，但没有暴力；态度傲慢，但充满理性；可以咄咄逼人，但不能不负责任；可以激情澎湃，但绝不野蛮好斗。

作为不同于政府态度的另一种声音，“中国鹰派”的观点、态度及其富有激情的表达方式都该被整个社会所接受，但是任何清晰的、旗帜鲜明的表达都不该不顾现实局势的复杂因素，更不该置国家的国际形象和长远利益于不顾。让我们期待“中国鹰派”的主张都更符合民意、更有建设性。

（原载《国际先驱导报》2010 年 3 月 12 日）

以人为本，还是以国为本

茅于轼

俄罗斯小孩阿尔捷姆·萨韦利耶6岁时被一名美国女护士托利·汉森从海参崴的儿童福利院收养，7岁时又被送回莫斯科，他的养母声称这孩子精神有毛病，不愿再养他了。这本是一起家庭纠纷，可因为牵涉两个国家的老百姓，就变成了国家之间的事。两国的外交官都出面说话，连总统都发了话，媒体也推波助澜，就变了一则国际大新闻。如果这事不涉及两个国家，实在是件很普通的事，顶多只能上当地新闻。但政治家和老百姓都从国家的角度看问题，把简单的事弄复杂，人与人之间的事变成了国与国之间的事。究竟哪种看法对，哪种看法错，其分界点就在于“以人为本”还是“以国为本”。

如果是“以人为本”，就应该考虑当事人的利害，从人民的利益出发，找出最有利的解决办法。就萨韦利耶的案子来说，首先要考虑的是孩子的前途，也应照顾他养母的要求，根本不关国家的事。可如果是“以国为本”，情况就非常不同。首先要考虑的是国家的利益、领土的完整等。就算扯不上国家的利害，也得照顾国家的尊严，而说到尊严，总是有文章可做的。俄罗斯外长已表示，要暂停美国家庭收养俄罗斯儿童的业务。俄罗斯总统也从国家尊严的立场发话，严厉批评了那个美国养母。这样一来，本来高高兴兴可以完成收养手续的其他美国人，只好等俄罗斯外长哪天发善心，批准继续这项业务。他们发动签名运动，征集了两万人的响应，要求尽快恢复收养业务。如果这样的事发生在一国内部，绝不会波及这么大、这么远。

这确实是非常奇怪的事。当强调“以国为本”时，把原本简单的事变得越来越复杂，甚至酿成激烈的冲突。比如，某些地方既没有居民，又没有资源，如果是“以人为本”，谁也不会去注意它。可是因为“以国为本”，就变成双方寸土不让的国家事务，不惜兴师动众，大打出手，牺牲的就是成百上千甚至成千上万的人。这些人的牺牲到底是为了什么，现在好像还有些理由可说，但随着历史的发展，这些理由越来越淡去了。再过一两百年，人们恐怕就觉得实在无法理解。是不是该为死去的人想一想？

为国捐躯，值得大家敬佩，但捐躯的理由何在，却很少人会去追究。

如果是因为“以人为本”而为国捐躯，那是完全应该的。比如日本侵略中国，要把中国人当亡国奴，我们坚决不干。因为我们受到了伤害，要誓死捍卫祖国。这不仅是国家的尊严，更是百姓的死活。如果只是国家的尊严，与百姓的利益无关，我们要不要关心就是值得讨论的问题。这样的看法恐怕很难为大多数人接受，因为“以国为本”的思想已根深蒂固，很难扭转。这个思想已贯彻了几千年，谁也不会去想这里面有什么问题。国家的观念太强烈了，以至于连性命都显得不重要，其实这完全是本末倒置。人的生命才是最重要的，“以人为本”才是对的。今天是我们重新考虑事物的主次问题的时候了。

2009 年是越南战争结束 35 周年。美国再一次举行纪念会，悼念在越战中死去的 5 万多名美国人。今天看来这些人死得太冤了。美国打了败仗，并没有阻止越南成为共产主义国家，更没想到改革后的越南，逐渐走上市场经济的道路。早知今日何必当初。也许越南也在悼念在越战中牺牲的人，但不会悼念越战中死去的美国人，美国也不会悼念越战中死去的越南人，因为“以国为本”，各有各的政治目的。但是如果“以人为本”，越战中死的都是人，死得都很冤枉。就平民百姓而言，最重要的不是谁对谁错，而是自己的死活。政府把他们动员到战场上，面对敌方的武装，已经不容选择。唯一的出路就是杀死对方，因为你不杀死对方，对方就会杀死你，他们被迫去杀和自己年龄相仿的年轻人。他们也有父母妻儿，有温暖的家庭，有个人的抱负，但到了战场上，这一切都被抛到脑后，杀戮是唯一的出路，因为这里是“以国为本”。

摊开每天的报纸，一大堆的新闻，轰轰烈烈，热热闹闹，但有多少是“以人为本”作为出发点的？又有多少是“以国为本”作为出发点的？不难发现，大多数热点新闻都是政治家制造出来的，与老百姓无关。以 2010 年 5 月 8 日的《参考消息》为例，日中两国东海调查船对峙（互相跟踪），土耳其出口军火，俄国重振黑海舰队，“天安”号被击沉的责任，美俄核能纠纷，欧盟—拉美峰会危机……大多数都是政治家的事。有一些和百姓的利益间接相关，但解决的方法却是南辕北辙，事情越搞越复杂、越困难。

今天，最使人担忧的恐怕还不是战争，而是恐怖主义。一些人身上绑了炸弹去炸另外一些无辜的人，损人损己，对任何人都不利。这些行为用最简单的理性去分析就能看出其荒谬性。然而确实有人为这种极端荒谬的目的而牺牲，幸亏这样的人为数不多。可是类似于恐怖分子的行为，稍微改变一点形式，以一种隐蔽的方式进行，就很容易蒙骗群众。

大家会问，何以“以国为本”的思想如此根深蒂固？原因很复杂，但归根结底，责任在政治家身上。政治家不断宣传、强化这种思想。在独裁国家，政治家的首要目的就是继续统治这个国家；在民主国家，政治家的目的就是强调政治的重要性，给他们更多的钱，展现更多的风光。表面上是为了老百姓，其实是为了他们自己。只有慢慢地用“以人为本”取代“以国为本”，这种关系才能改变。政治家不能再用“以国为本”欺骗百姓，做任何事都必须符合百姓的利益，哪怕未必符合国家的利益。如果国家利益和百姓利益相矛盾，应该牺牲国家利益为人民，而不应牺牲人民利益为国家。到最后，国家的观念越来越消退，人民和社区组织将取代国家。到那时候，战争将不会再发生，更没有谁能够制造原子弹，也不会制造航母，连机关枪也没有用处，在武器方面有手枪就足够对付强盗小偷。那时候兵工厂、军事要地、国防要塞、军校、军事科研、兵营都成为过去。当然，这样的目标距离我们还很远很远。但如果人类没有被核战争消灭掉，还能生存下去，最后的世界必然是这样的一种结构，这才能保障世界的持久和平。

说了一堆大道理，让我们回到萨韦利耶的案子上来。为什么外交家、总统都对这样的小事感兴趣？他们日理万机，还用得着为此等小事操心吗？事实上，对他们而言这事并不小，它关系到由他们代表的国家尊严。我估计为此事将会召开一系列的会议，会有几十个人坐飞机头等舱飞来飞去，住高级宾馆，花纳税人的钱，各自用“以国为本”的精神辩论是非曲直。最后得出的结果不大会是从百姓的利益出发的，而是国家尊严超过了一切。倒霉的是老百姓，他们想自由做的事因此做不成了。还好，这终究是一件小事。如果关系战争与和平这样的大事还如此处理，就值得担心了。

（原载《同舟共进》2010 年第 7 期）

“菲律宾人质事件”中的人性美

袁 周

8月24日，香港特区政府机构所有特区区旗下半旗，沉痛哀悼23日在菲律宾人质事件中遇难的同胞。到目前为止，这次事件中的1名香港导游和20名香港游客共21人，其中6人被释放，剩余15人中目前已知8人确认死亡。

在这次事件中，劫匪丧心病狂枪杀人质的人性之丑，与被劫持游客患难与共的人性之美，形成了鲜明对比。由此，这起悲剧性事件带给人们的，除了同胞遇难的大悲痛，还有在同胞身上呈现出来的人性之大美、人间之大爱。这种大美与大爱值得特别回味、张扬。它让人间不因悲剧的发生而变得苍凉和冷漠。

劫匪在劫持人质大约两小时后，开始同意释放部分人质，原本劫匪只准备释放一位曾姓女士和她分别为10岁和2岁的两名子女。在非常时刻，曾女士看见车上有一名12岁的男孩，便冒险向劫匪诈称该男孩是自己的亲戚，要求也将他带下车，劫匪同意了她的请求。于是，曾女士带着3名孩子安全逃离。

在如此非常时刻，一旦曾女士的善意谎言被劫匪识破，后果将不堪设想，她和两名子女的生命将会受到更严重的威胁。然而，“幼吾幼以及人之幼”，曾女士以来自母爱的勇敢的心，成功救出团友的孩子。这种人性之大美、人间之大爱，令人深深感动。

当劫匪从当晚8点以后开始漫无目标地朝人质开枪时，有丈夫以血肉之躯作防弹墙护住妻子，虽然挡住了劫匪射向妻子的子弹，但他本人却死于劫匪的屠杀；也有3个孩子的父亲勇敢地冲出去，阻止劫匪杀人，却不幸牺牲了自己……这种人间真情与大义，无疑令人肃然起敬。

当我们谴责劫匪的丧心病狂，感叹其人性之恶时，请更要铭记这些非常英雄的非常之举，并让人性之大美温暖世界，让人间之大爱感动世界。毕竟，在人间世界里，丑恶的东西还是少数，美好与善良才是主流。

（原载《新京报》2010年8月25日，有删节）

解读菲律宾人质解救中的遗憾

吴木銮

根据新华社 8 月 24 日下午消息，菲律宾前警员挟持香港旅客事件中，8 名香港同胞遇难，另有多人受伤。

一位香港飞虎队前职员接受香港媒体的采访时认为，菲警方至少有两个机会可以拘捕枪手。一次是枪手站在旅游巴士门口与车上人员对谈，因为枪手与人质有一定的距离，警方完全有可能击毙枪手。另一次是当地政府送食物给枪手及人质的时候，这个阶段可以派神枪手就近击毙他。菲律宾警方的解救行动还有其他不足之处：一是在无法知道人质状况的情况下发起强攻，引发枪战，严重危及人质安全；二是警方心态过于急躁，当已经错失击毙枪手的良机时，就应该采取拖延策略；三是在谈判告失败之时，强攻所花费的时间持续过久。若按照香港警员的标准，如果强攻就应该用塑胶炸药在几秒内将车门炸开，然后将枪手制服或击毙。而一位美国警察也认为，花了半个多小时才打开车门显示了菲律宾警察没有受到足够的应急训练。

对比国内的一些解救事件，菲警方是有值得改进之处。比如今年 6 月发生在郑州市的人质劫持案件，数小时后谈判就告成功。一位 30 余岁男子劫持一名超市女店员。当时公安局副局长亲自搬了凳子到超市里和犯罪嫌疑人进行面对面的谈判。广州今年 7 月发生劫持事件后，警方的处理也很有经验，香港的媒体大量报道了“师奶”（对已婚女性的称呼）特警的故事。当时谢某在抢劫了路人之后遭到警方追捕，顺带劫持了一名女途人。一方面，警方派人与谢某进行谈判，另一方面，在考虑谈判已经失败的情况下，派出一名“师奶”特警近距离击毙谢某。当时谢某要求喝饮料，女特警就将可乐抛至谢某面前。在谢某弯腰的时候，女警跨步开枪击中谢某。今年 4 月福州发生了一起劫持 8 名人质的事件，警方处理得也很漂亮。一位杀人嫌疑犯进入当地的一妇产科劫持了 8 名人质，最后警方一路从正门缉捕犯罪嫌疑人，另一路则从后窗进入解救人质。

回到菲律宾人质事件中，确实有一些难以处理之处。一方面，枪手是 55 岁的前警察。其在菲律宾警察队伍中工作了近 30 年，曾得到 17 个奖章，1986 年还获得“全国十大杰出警员奖”，在被解职前是高级督察。他因与同事勒索一名酒店厨师而被开除公职，不过事后他坚持称自己无辜。劫持事件发生后媒体采访他的家人时，家人说该枪手的性格相当温和。正是这种温和的前高督警察犯案，因此谈判和强攻都显得很有难度。另外，车辆停在马路的正中央，周边没有遮拦，特警不可能靠着其他物体的掩护靠近车辆，这也是实质行动很难展开的原因之一。

菲律宾人质事件的教训相当多：一方面，菲律宾政府需要在自身建设方面有所努力，据菲律宾警方官方网站称，当地等级为 P01 至 P03 的基层警员中，有 60% 竟然生活在贫穷线以下；另一方面，发达地区的人群在出游时要格外注意，避免成为罪犯眼中的“肥肉”。出游安全事项需要引起游客的足够注意。

（原载《东方早报》2010 年 8 月 25 日）

中国与第三世界说“再见”?

陶短房

4 月 25 日，世界银行发展委员会春季会议通过决议，向发展中国家和转型国家转让 3.13% 的投票权，使后者的投票权比例达到 47.19%，接近半数；而被称为“世行改革最大赢家”的中国，投票权比例增加至 4.42%，已超越德国、法国、英国，成为仅次于美国、日本，在世行投票权位居第三的举足轻重的国家。

按照许多国际媒体的说法，通过这次改革，中国在世行架构中真正获得了与其经济实力相称的发言权，成为被国际承认的、货真价实的经济大国。世行行长佐利克在会前曾表示，第三世界的概念“已经过时”，到了将这一概念取消的时刻了。

世行在此次投票中就并未使用“第三世界”，而使用了“发展中国家和转型国家”的概念，显示出其“取消第三世界概念”的决心。而中国此次投票权比例一下提高了 1.65%，占了“发展中国家和转型国家”所增加投票权比例的一半还要多，给人的感觉仿佛业已“转型成功”。不论“第三世界”的概念是否真的过时、是否真的要取消，照一些人的看法，中国从此无须“与绛灌为伍”、跟第三世界相提并论，而可以堂而皇之地和他们说再见，加入到富人俱乐部行列去了。

《荷马史诗》里有个故事，说大力士海格力斯力大无穷，但其力量的源泉来自大地之母，当英雄将他的双脚举离地面时，他便失去了这无穷的力量，结果丧失了生命。中国是世行改革的最大赢家这话不假，但这一胜利成果，并不单纯来源于中国自身经济实力的增强，而是同样来源于其身为第三世界的一员，是公认的第三世界国家代表和代言人之一的特殊身份。没有这样的身份，单打独斗的中国，很难于如此短的时间里在素以保守著称的世界银行获得如此快的地位提升。

毋庸讳言，不论是佐利克还是美国等发达国家，都希望中国尽快和第三世界说“再见”。从正面角度看，这是对中国实力的一种承认、一种尊重；但从反面角度看，也隐含了希望将中国和第三世界切割，使之成为双脚离地、力量枯竭的海格力斯的想法。

不论哥本哈根峰会还是人民币汇率改革，发达国家最头痛的，就是中国背靠发展中国家的鼎力支持，来抵抗前者的要求和压力。第三世界的认同和信任，在某种程度上就是中国这个“海格力斯”的大地，是巨人的力量之源。从哥本哈根峰会上部分发展中国家的倒戈，到近期巴西、印度突然站到指责中国“操纵人民币汇率”的第一线，都可以看出，随着中国地位的被拔高，随着发达国家游说活动的强化，加深了这片“大地”原本就有的变松、变软迹象；而中国独揽新增投票权的一大半，也会让不少发展中国家产生更多异样想法，让大地变得更松、更软。此刻中国应该做的，是积极协调与第三世界伙伴的立场，继续取得他们的认同和支持，而不是好高骛远。

此次世行提高发展中国家投票权，一个重要目的是增资（总共增资35亿美元，是20年来首次），以填补资金缺口；而发达国家在此次金融危机中元气大伤，无力承担这笔开支。经过这次改变，发展中国家取得近半投票权，但仍处于下风，且投票权合则不少、分则不多，仍难与美国等发达国家抗衡。中国和第三世界国家的共同利益所在，是通过协商、组合，构建一个投票权总比例超过15%这个否决权底线的“安全统一战线”，以确保彼此共同利益不受侵犯。在双方仍然有共同需要的情况下谈“再见”，对任何一方都并无好处。

还应看到，投票权的改革主要牺牲了欧洲国家的利益，法、德、英等国投票权都有明显下降。而美国仅从16%降到15.85%，不但下降比例微乎其微，而且仍然独占超过15%否决比例的投票权。对此，欧洲国家已啧有烦言。在欧洲看来，给中国增加发言权并不过分，但理应由原本发言权最大的美国而非欧洲国家“让利”。中国获得更多投票权固然是大好事，但如果协调不好与欧洲国家的关系，很可能导致欧洲迁怒于中国，使中国的名义投票权增加、实际话语权反倒下降，陷入更深的孤立境地。

由此可见，于情于理，中国都应更审慎、更谦逊，坚守“第三世界一员”的本分，而不是迫不及待地和第三世界“挥手再见”。

（原载《中国青年报》2010年4月27日）

中美博弈应避免大国悲剧

储昭根

不顾中国的反对，美国借朝韩炮击事件，11 月 28 日派核动力航空母舰“乔治·华盛顿”号开进黄海，与韩国进行为期四天的联合军演。在此之前，中国国务院总理温家宝 11 月 22 日晚在圣彼得堡出席普京举行的欢迎宴会时说：“中俄战略协作伙伴关系达到前所未有的高水平。”中俄关系达到最高水准的同时，是不是意味着中美关系滑向了近来的最低谷？

这从美国对日关系可能得到证实。美国国务卿希拉里 10 月 27 日在夏威夷会见日本外相前原诚司时，再次明确表态钓鱼岛适用于《日美安保条约》。尽管在希拉里表态之后，美国国务院 10 月 29 日又表示中日两国应当就这一问题展开对话协商解决，美国在中日钓鱼岛最终归属权问题上不预设立场。但在 10 月 30 日越南河内与中国外长杨洁篪的会面时，希拉里一开始又重申日本拥有钓鱼岛的主权。应看到的是，美国国务卿希拉里表态支持日本背后有着多重目的。从时间点上看，希拉里是为美日在“西南诸岛”举行大规模“夺岛”演习渲染声势和制造“合法性”。从近期目标看，是解决美国驻日本军队地位问题；远期目标则是强化美日同盟，遏制中国，以应对中国的崛起。不过，无论强化美日同盟，还是此次借朝韩炮击事件迅速派航母进入黄海军演，均有应对中国崛起的内涵。

如果把眼光放得更远点，将时间再向前推，或许就更清楚。6 月 5 日，美国国防部长盖茨在新加坡香格里拉对话会中强调：“南海问题愈来愈需要关注……美方政策很明确，希望维持稳定、航运自由、经济发展自由不受影响，但反对任何单位恫吓任何国籍企业从事合法经济活动。”7 月 23 日，美国国务卿希拉里在越南河内出席第 17 届东盟地区论坛外长会议时明确表示，美国对南沙群岛和西沙群岛的争端表示关注，南海主权争议是优先要解决的外交事务，争端的解决是“美国的国家利益所在”。此次美国借口朝鲜炮击韩国延坪岛，又把“乔治·华盛顿”号航母开进黄海。这就是说，美国近期频频在中国及其邻国的领土纠纷上或突发事件上大做文章，这事态值得更进一步的深入关注。

尽管希拉里承认，中美之间关系复杂，影响重大，美国承诺把两国关系“处理好”，但美方的上述行动清楚地表明了两点：一是表明美国对华手法出现根本性的转变，即从争取对华合作到以压为主、以谈为辅的两手策略；二是表明美国在东亚的外交及战略取向上出现根本性变化，即从以中国为美国外交政策为重心转变为拉拢中国周边国家如日本、韩国、越南、印度等，以对华防范为主的外交取向。

与此同时，西方媒体不断声称，中国在不断加强与朝鲜、伊朗等美国敌视国家的合作与友谊。而严峻的中美关系与前所未有的高水平的中俄关系又形成另一鲜明对比！这种态势的形成，根本原因在于中美之间在东亚乃至全球的角力。这种强烈的竞争与对抗，严格来说是中美结构性矛盾，因此这种趋势将是长期的，而非暂时现象。究竟这种矛盾是否会引发新一轮冷战，这些恐怕均引发诸多国家与有识之士的忧虑。

应该说，中国向来没有侵略他国领土的意图，而且始终坚持和平发展，对南海诸岛及钓鱼岛声称拥有主权也是中国一贯、始终如一的观点；而对于美国而言，日益强大的中国似乎对美国的唯一超级大国地位构成最严峻的威胁。事实上，随着中国的崛起，中国的影响力无论在地区还是在国际上均明显地大幅增强；而相对的则是美国实力与影响的减弱，更不用说经济重心向中国及亚洲的转移和美国经济活力、就业机会等的流失。怎么应对中国等新兴国家的崛起一直是让美国头痛的课题！

在这种情况下，美国国务卿希拉里继承了美国新保守主义作家查尔斯·克劳萨默（Charles Krauthammer）的观点，在推进中东自由的同时，不忘记对亚洲新兴国家特别是中国的防范。由此，奥巴马政府强势返回亚洲。而笔者更相信，希拉里拾取了米尔斯海默的进攻现实主义：国际体系是一个险恶而残忍的角斗场，权力是大国生存的关键。在国家意图不明的世界里，美国必须尽可能地获取权力来保护自身，以防任何国家的挑衅。而尽管中国用理想主义的辞令描绘自己的外交政策，但随着中国日益强大，中国也必然像美国一样，最大限度地占有世界权力。中美为了生存，似乎别无选择，这注定了大国间的悲剧。

应该看到的是，如果中国在美国民主党执政时便遭遇围堵，那么轮到以保守与强硬著称的美国共和党再执政时，围堵中国的亚洲版北约便真的会成型，新冷战便可能出现。但从历史上看，中美友好的时间远远超过中美敌对时间。美国和其他西方列强不同，至少在口头上反对其他国家对中国的侵略。美国是第一个退回部分庚子赔款的国家，且中美共同抗击过日本帝国主义，中国成为联合国五个常任理事国之一，某种程度上也是在美国不顾英国等反对的坚决支持下才实现的。

时至今日，一位美国教授来华与笔者交流时说："尽管我只在中国待过几年时间，但中国是我人生的第二故乡！"他还向我质疑："中国是一个历史如此悠久且文化如此深厚的国度，怎么中国的年轻人一个个挤破头要成为美国人?"相反，他与他太太异口同声地说退休后决定再来中国寻求发展。尽管他的质疑让笔者无言以对，但笔者相信，这位老美在中国获得的友谊远超其在美国获得的尊重。更为关键的是，他无形中道出中美人民间的友谊和渊源。一个更能佐证的例子是，尽管中美间博弈激烈，但却鲜见自发的大规模的反美游行与示威！这才是中美真正的民意所在。由此，笔者深信中美应该也能够走出大国博弈的悲剧！

（原载《东方早报》2010 年 11 月 30 日）

警惕美元主动性贬值

李向阳

近期，由于美元对世界主要货币汇率持续走弱，一场全球性竞相贬值的“汇率战”正在展开。一些发达国家开始入市干预汇率，如果这一趋势得不到遏制，全球经济复苏的进程将会受到负面冲击。

这场汇率战，美元可谓始作俑者。美元汇率的贬值看似市场行为，实则具有很强的主动性贬值色彩。

首先，美联储表示可能重启定量宽松货币政策，这是美元汇率贬值的直接诱因。自美联储表示可能重启定量宽松货币政策以来，美元对一揽子货币汇率已经贬值7%。名义上重启定量宽松货币政策是为了进一步压低美国的利率，防止经济二次探底，但客观上会稀释美元币值，促使美元贬值。鉴于美国短期利率已经处于历史低位，进一步压低利率已经促使短期资本流向新兴经济体市场，加速了它们的货币升值。

其次，美国政府提出的未来五年内实现出口翻番战略需要美元大幅贬值。对美国而言，后危机时代经济增长的动力将不能再寄望于房地产市场繁荣与负债消费之上，促进出口是必然选择。但要实现五年内出口翻番目标谈何容易，不少经济学家曾给予悲观预测。显然，短期内依靠美国企业的竞争力提升出口是不现实的，而依靠贸易伙伴的强劲需求拉动美国出口也很渺茫。除新兴经济体之外，美国的发达国家贸易伙伴都难以走出独立的增长行情。从美国“二战”以来的历史看，唯一可能实现这一目标的途径就是美元的大幅贬值。在这种意义上，促使美元贬值已经成为美国经济摆脱缓慢复苏困境的重要政策选择。

最后，也是最重要的，美元的大幅贬值长期看将有助于美国转嫁债务。如果说国际金融危机造成私人债务国有化，那么进入后危机时代，美国迫切需要的是美国债务国际化。通过危机阶段的政府救助措施，美国金融机构的大量不良债权转化为政府债务，2009年美国的财政赤字高达1.42万亿美元，是2008年的3.1倍，赤字率也从2008年的3.2%猛升至10%，创下“二战”以来最高水平。美国联邦政府的债务增至6.71万亿美元，占GDP的47.2%。预计2010年美国财政赤字规模仍维持在1.32万亿美元。未来如何在消减财政赤字的前提下保持经济增长是一个国家的难题。

历史经验证明，多数国家的国债/GDP 指标与一国的经济增长、通货膨胀（进而就是汇率贬值）没有直接的因果关系，但美国是一个例外，原因是美元充当着世界货币。例如，美国国债/GDP 指标从 1946 年的 121.2% 下降到 1974 年的 31.67%。其中，通货膨胀贡献了 52.63 个百分点，经济增长贡献了 55.86 个百分点，联邦盈余贡献了 -21.51 个百分点。因而，即使美国官方不承认转嫁债务的动机，客观上也难以避免这样的结果。

在美国经济复苏乏力和已经积累巨额国家债务的情况下，推进美元贬值既符合美国的短期利益，也符合其长期利益。这种看似由市场决定的美元贬值背后有很强的主动性贬值动机，国际社会对此应予以警惕。

（原载《人民日报》2010 年 10 月 13 日）

我为韩国“特招门”的发酵捏把汗

肖余恨

最近，韩国外长柳明桓的“女儿特招事件”在韩国引起的舆论持续发酵，甚至已经溢出国门，成为国际上引人关注的大事件。此事引起韩国民众的普遍质疑和不满，可以说是点燃了韩国民众对特权的愤怒情绪，成为一个炽热的公共话题。目前，柳外长的女儿已被解除职务，柳明桓本人也因此事件而辞职。正在对这一案件进行调查的韩国行政安全部，计划针对过去十年间包括外交部高官子女在内的所有特别录用人员进行全面调查。调查对象达到了400余人，其中包含七名（四人已辞职）韩外交部高官的子女。(《环球时报》9月6日)

此举不禁让我们“意外”。设想一下，以我们中国人的智慧和在现实中积累的经验，韩国此举未免有些小题大做，自寻烦恼，开了“恶例”。

首先，外交部长这么大的高官，女儿当个公务员还需要“特招”，说明柳外长并没有滥用职权。女儿应聘自己主管的外交通商部，有五人面试，只有女儿一人入围，是其自身素质使然，举贤不避亲，女儿自己有这个本事，作为外交部长总不能为了自己的清誉就干涉她的自由、影响她的前程吧？这有什么好唧唧歪歪的？

其次，退一万步说，纵然此举让人有瓜田李下之嫌，但又不是外长亲自操刀的，外长没有参加面试，也没有证据表明外长有所权力暗示，大不了是手下投己所好，避着自己拍马屁，这个黑锅不能让外长来背吧？拍马屁把外长拍下马，这样的政治岂不太残酷？

再次，对这样一个危机，完全可以用切割式手法来应对。第一，以顾全大局的态势，果断地将外长女儿除名，不管她是不是凭真本事考上来的。第二，挥泪斩马谡，将主持面试的官员迅速免职，他们必须为没有预判到今天的舆论形势而作出的不慎决定负责。第三，禁止新闻媒体进一步炒作此事，以免败坏政府形象。第四，对网上一些不负责任的言论进行把关。要求各网站、各新闻媒体站在维持政府形象的角度，严格自律。对一些发表极端言论的网友，必要时可诉诸法律。韩国是实行网络实名制的国家，在控制网络舆论方面，难道不是“小菜一碟”？

遗憾的是，韩国外长没有这种政治智慧，也没有起码的保全之术，竟然在第一时间向国民“道歉”。这一道歉不要紧，岂不是把所有过错都一个人扛了吗？扛就扛了，还引咎辞职。这还不算完。按理说，外长已经放下身段，做到这一步了，你们还想怎么样？韩国政府居然搞打击扩大化，“计划针对过去十年间包括外交部高官子女在内的所有特别录用人员进行全面调查”，天知道会调查出一个什么结果来！稍有头脑的人想想，都会感到后怕：万一查出来，确有不少类似的情况，那岂不是给反对势力抹黑政府提供了口实？如果真的查出一窝滥用特权的官员来，引起社会进一步震动，致使舆论震荡，岂不是让政府难堪甚至垮台吗？据韩国媒体报道，子女特招现象在韩国很普遍，如果人们追根溯源，向政府发难，那可能是会引发连锁反应，推倒多米诺骨牌的。难道韩国人就不讲究“稳定压倒一切”吗？

我不能不为韩国政府捏一把汗，对一个小小的“特招门”都搞不定、摆不平，这样的政府还有多大能耐？

（原载《现代快报》2010 年 9 月 7 日）

经济篇

房价高是开发商抬上去的吗

茅于轼

许多人都认为房价高是开发商抬上去的，搞得大家都买不起房。这样的看法也不能说完全不对，但是极其片面。如果没有买方愿意出高价，开发商不可能抬价，或者说抬价也没用。现在的房价高基本上是买房的人愿意出高价，再加上土地供应不足，可见，这是买方和卖方共同决定的价格。

供需决定价格是经济学的铁律。不论事物如何复杂，这个简单的道理永远不会过时。

开发商想抬价，这没有问题，所有的卖方都想提价。不光是开发商，马路边上摆小摊的人也想提价，这没有例外，而且想提价也没有错。市场经济就是要赚钱，通过赚钱为人民服务。所以企业的任务是追求利润。市场经济是这样一种制度，当每个人都为赚钱努力时，他不知不觉地就为人民服务了。市场经济之所以能够实现财富的创造，原因就在于此。想赚钱，就得为人民服务，在赚钱的同时令人民得到了服务。当然，赚钱要守法，不可做假冒伪劣之事。

卖方都想提价，价格会不会太高？不会，因为有需求在限制。买方不愿意出高价，价格就上不去。

价格是由供需关系决定的，和成本无关。如果价格等于成本，就永远没有利润，也永远没有亏损。大多数人往往容易误解，以为价格等于成本，或随成本上下浮动。从长远来看，这个说法是有道理的。但是长远是多久？一个月？一年？十年？都有可能。就每时每刻而言，价格只能由供需关系决定。我国的房价高，根本上是需求旺盛的缘故，或者说买房的人不怕贵，再贵照样要买。大多数人买不起房，就以为别人也买不起。人容易站在自己的立场上看问题，把问题看拧了。

观察经济问题最容易犯的毛病就是片面性，即从自己的立场看问题，不懂得事物的多面性。比如大多数人都是消费者，所以很容易从消费者的立场看问题，总是希望价格越低越好，这就是片面性。如果有人主张某种商品应该提价（比如说大学学费该涨），多半会遭到大众的反对，甚至要挨骂。

谁有能力避免片面性，又不被利益所左右？恐怕只有学者了。可是说真话的人往往被误解、遭人骂。我们这个世界就是这样的世界。最可怕的是许多人被蒙骗而不自知，至死不悟（真的死掉了，不是形容词）。特别是听那些解气的话，自愿被蒙骗，因为解气是特别舒服的一件事。

回过头来说房价为什么高，因为有人不怕贵，这和我国的宏观形势有关。我国的经济增长率很高，每年的财富生产能够增加 10% 左右。这么多的财富被生产出来，但是消费掉的并不多，有大约 40% 被储蓄起来了。再加上财富分配的不均，收入高的人年收入增幅远超过 10%。他们手中的钱很多，又找不到合适的投资机会，于是就用来买房。要想房价下降，必须是以上几个条件有所改变。或者是大大地增加房屋的供给，关键是增加土地的供应。我国房屋供应的限制就在于开发利用的土地不足，政策上有种种限制。特别是为了粮食安全，过度地限制农田转用于开发用地。

（原载《小康·财智》2010 年 9 月 20 日）

警惕“投资移民”掏空国家财富

彭兴庭

自去年底以来，珠三角投资移民市场出奇热闹。满载淘金梦的投资移民客争先恐后地落户海外，试图到受金融风暴影响的美欧抄底。一位长年从事移民业务的老总说，这哪是移民风暴，简直就是抢富风暴，“差钱”的老外利用荷包鼓涨的珠三角新富希望与其为邻的契机，放宽对华移民限制而大举“吸金”。针对这次投资移民热浪，公安部门特意发出预警，指出目前一些海外移民项目存在巨大风险，希望移民客三思而后行。

在咱小老百姓看来，能够投资移民者，非富即贵。这些社会精英在国内赚了个盆满钵满，然后拍拍屁股走人，怎么看都有点“儿嫌母丑”的意味。还有人则抱着恨铁不成钢的心态，觉得怪只怪体制不争气，在三鹿奶粉、紫金矿业以及文强之流的影响下，咱们的内部环境未能提供足够的安全感。

不管怎么说，资本外移都不是什么好事儿。如果说“技术移民”掏空的是国内人才的话，那么对于“投资移民”，我担心的是，可能掏空国家财富。

这并非没有先例，在 20 世纪 90 年代，俄罗斯的休克疗法大开权贵资本的方便之门，使财富迅速向少数人集中，这些人有钱之后，就开始向国外移民。有数据显示，在伦敦，售价 1 000 万美元以上的房子有 20% 卖给了俄罗斯人，如果房价超过 3 000 万美元，俄罗斯客户就占了一半。雾都伦敦一度被人称为“伦敦格勒”。在英国、美国和以色列的俄罗斯富豪，特别是那些金融寡头，他们带走了国家财富，逃避建设俄罗斯的义务，受到了俄罗斯百姓的指责。对此，普京曾谴责，“他们是逃避俄罗斯司法体系的经济罪犯”。

现在的中国似乎也出现了类似的苗头。一方面，许多富豪在体制的掩护下已赚得差不多了；另一方面，国内的仇富、仇官和微妙的政商环境则令他们缺乏安全感。在这一推一拉之下，投资移民的增加就不足为奇了。据业内保守估计，去年由中国流向海外国家的移民资金不少于 100 亿元。

对于投资移民潮，公安部门的例行预警显然收效不大。对此，有人建议，应采取必要的强制措施来限制投资移民，比如采取征税、必要的审查，等等。在我看来，强扭的瓜不甜，要留住财富，最根本的还是苦练“内功”。

在投资移民中，珠三角地区之所以成为热门，原因是那边的民营企业家多。而这些民营企业家之所以急着“走出去”，主要原因在于国家的一些税收和财政制度。在中国，外资享受的往往是超国民待遇，而民营企业则在国企和外企的夹缝中生存。于是，通过投资移民转换身份，以外国人的身份在国内进行经济活动，成为许多民营企业家无奈的选择。当世界上每一个国家都在为了吸引投资、留住投资而努力的时候，我们的体制却仿佛在将企业往外推，这实在应当好好反省。

（原载《信息时报》2010 年 7 月 20 日）

别学美国征房产税

郎咸平

西方许多国家都已经开征房产税，如美国50个州都已开征房产税，税率一般为1%~3%。理论上说，住房价格上涨意味着资产价值增加，个人税款也因此增加。根据美国国家统计局数据显示，从2000—2007年，美国的个人收入增长了28%，中等价位房的房价增长了48%，而美国房产税的同期增幅是62%。

美国政府征得房产税之后把每一分钱都花在老百姓的教育和治安上，老百姓当然愿意交。因为他们自己不可能有这个钱去改善环境，政府必须集合所有人的房产税的钱大面积地改善治安、学校、环境，所以个人的房子自然增值。因此，对于美国老百姓而言，每一年只出1.38%的钱就可以享受到这么多的福利，由此我们可以看出，美国房产税是为了藏富于民，为了让房价升值。

我们为什么不能征收房产税？

在讲这个问题之前，先看一看我的“火山”理论，了解一下房产税会造成什么样的冲击。首先“岩浆”是两个原因造成的，第一个是企业家的投资经营环境恶化，大量的企业资金进入房地产；第二个是通货膨胀，使得大量逃避通货膨胀的避险资金进入房地产形成“岩浆”。而“岩浆”快要爆发的时候，政府插下两根“导管”，第一根“导管”就是地产商和地方政府的垄断，即老百姓自己是不能买地建房的，一定要向地产商买，所以人为地形成了垄断；第二根“导管”是目前各级政府，除了重庆等地以外，没有大规模地兴建廉租屋、经济适用房，把全国老百姓都推向商品房的结果就是房价水涨船高。两根“导管”插下去的结果，就是“火山岩浆”顺势爆发，房价一发不可收拾。

过去为什么调控失败呢？那就是政府把一块“大石头”直接压在“火山口”堵住，而这块“大石头”是经受不了“火山岩浆”的喷发的，这就是为什么过去的调控只有短期的效果。那么你知道征收房产税会产生什么结果吗？房产税就等于从火星上拿来一块天外来石，直接压在“火山口”，这种宇宙的岩石特别抗高温，一压上去的结果还真能压住了。但是，我警告各位朋友，过去“大石头”压不住“火山岩浆”那还好，最多就是石头熔化了，“火山岩浆”继续爆发，房价继续涨。但是大家有没有想过拿一个房产税压住“火山口”，长期压住了，那么高温的“火山岩浆”就会从地壳的最薄弱环节再次爆发，就是说恶性通货膨胀立刻爆发，中国经济进一步衰退！千万不要一冲动就听从那些“宠物经济学家”的意见，因为他们根本没有搞懂房产税的本质，人家美国是在创造财富、藏富于民，我们可好，用来打压房价，完全搞错了！一旦搞错了，我们的经济就要承受不可想象的结局。

房地产市场到底还有没有希望呢？我认为希望可能还是存在的，比如说重庆模式，只要重庆模式推出就可以解决“火山”问题，它可以斩断第二根“导管”，建构4 000万平方米的廉租屋、经济适用房，同时透过引进大量的外资，包括惠普、富士康、思科等，稀释掉“火山岩浆”。大量外资进来之后必然改善投资经营环境，再加上减少税负、增加融资的管道，自然可以消化“岩浆”。所以目前政府的决策有两个，第一个是开征房产税，第二个是采用重庆模式。很多人问我未来股价走势如何、楼价走势如何？我不知道。目前就这两种不同的力量在博弈，如果房产税占了上风，将来房地产市场前途一片黯淡；如果重庆模式占了上风，将来中国房地产可以慢慢步入正轨。

（原载《经济参考报》2010 年8 月13 日）

纠缠工资之差，就如阿 Q 画圈

许小年

眼下热议的一个话题——限制垄断行业的工资与福利。民众的抱怨当然有理，你有资源、政策和市场的优势，没有付出额外的艰辛，亦未承担更大的风险，轻松稳当地赚了这么多钱。讨个公平是正义之举，但纠缠于你我工资之差则像阿 Q 画圈。

辛亥革命之际，赵太爷因家中被抢，捉了无辜的阿 Q 杀头，意在重树昔日的权威。阿 Q 是个文盲，不会写字，被恩准在判决书上画圈代替签名。一辈子没有尊严的人，“生怕被人笑话，立志要画得圆”，挣扎了一番，还是画成了瓜子模样。

阿 Q 之悲剧，不在于用尽平生之力画圈，而在于不问判决的曲直缘由。

听说在新的中学语文教材中，删去了这篇《阿 Q 正传》，代之以《天龙八部》。

何故？

据考，西施浣纱，水中映出佳人倩影。多少年后，东施偶得一镜，端起自照，几乎晕厥过去。东女怒而掷镜，奔至西子浣纱处，流连不返。

鲁迅的文字大概如同那镜，武侠小说就好像是那水。

虽在统编教材中无立锥之地，但阿 Q 并未远离国人而去。

破坏公平者看似垄断行业，实为行业垄断。应该讨论的不是“凭啥你的工资比我高”，而是“凭啥你占的资源没我的份儿，你享有的政策我沾不上边”，在政府垄断的格局下讨论公平，无异于阿 Q 的完美圆圈。

成品油价涨多降少，中石化成了最赚钱的公司，“一将功成万骨枯”，百姓的出行成本因此而水涨船高。此事本应好好理论一下，学者却去认真比较中、美两国的油价，以此证明国内价格过高，将批评引向官定的价格，而不是价格的官定。

赵太爷偷着乐，看秀才们怎么画圈。

市场经济中，政府根本无权管制价格，若要强行干预，必须按照《价格法》的规定，事先举行公众听证。如今成品油价就像政府股掌上的玩物，中石化又是嫡出之首（国资委前负责人说过，央企是“共和国长子”），油价涨多降少本为题中应有之义。你去与虎谋皮，已经憨得可爱，还要计较一尺还是八寸，岂非愚不可及？

新股发行制度改革，已记不清改了多少次，直把圆圈画扁，扁了又描圆，市场依然乐此不疲，媒体照旧热炒各种方案。从未有人问一句：新股发行需要制度，特别是以审批为核心的制度吗？农民卖萝卜，从不上报发改委，卖多少、哪里卖，全看自家的方便；卖给谁、卖什么价，一律随行就市。企业卖股票也是它的经营自主权，有人愿卖、有人愿买，“周瑜打黄盖”，凭什么你横插一杠，非要审查都督的板子和将军的屁股？

地方政府要征收房产税，财政部说此事归我管，你没有这个权力。收钱的争吵不休，交钱的袖手旁观。只有一、两个“不识时务者”，觉察个中的蹊跷：从百姓口袋里掏钱，怎么伸手的人反而牛气冲天？拿人家的钱，好赖跟人家商量一下，在人民代表大会上走个程序吧？

征收集体土地的过程中出现诸多问题，例如，补偿标准过低、失地农民生活无保障、暴力强征等，据说有关部门正酝酿通过立法解决这些问题。其实问题的根源是现行的土地制度，用抽象的“集体”替换具体的个人，土地的实际控制权便从农民那里转到了官员手中，官大人想征就征，想怎么征就怎么征。眼下的议论听着不错，实质不过是把征地的衙役换成师爷，再多赐几两碎银子罢了。

统计局发布经济数据，各路神仙闻风而动，评得煞有介事，听得出神也入迷。你说经济强劲反弹，他讲通胀温和可控，至于数据的真假则无人过问，大师们只怕会在画圈竞赛中落到后面。

画圈的例子俯拾皆是，赵太爷源远流长，阿 Q 也未因小尼姑的咒骂而“断子绝孙”。

谁之过？

因为有赵太爷，阿 Q 一生凄惨；因为有阿 Q，赵太爷坐享威权。

（原载《国际金融报》2010 年 11 月 23 日）

让老百姓在银行里存钱而不是赔钱

许小年

对未来经济的预期我既不乐观也不悲观。

我认为政府对经济的干预要符合两个原则：第一，在经济学上要站得住脚，政府对经济的干预有助于提高市场配置资源的效率，这是第一原则；第二，在第一个原则建立起来以后，必须要符合法律程序。而利益的重新分配不能是政府说了算，必须由全体公民根据事先决定好的程序来向前推进。在政府干预经济的时候必须要坚持这两个原则。

我认为 CPI 和 GDP 都需要挤水分。

弗里德曼说，"通货膨胀归根结底是个货币现象"，我找出狭义货币 M1 逐月变化的数据，和当月 CPI 作对比。M1 的变动很好地解释了 CPI 的上涨，尽管影响不是当期，而是滞后 6 个月的。换句话讲，这个月的 CPI 在相当大的程度上取决于6 个月前的 M1。两者的变化趋势吻合。但到了去年年底，M1 的增长率接近 40%，而今年 6 月的 CPI 只增加了 2.9%。这只有两种可能：通胀不再与货币相关，或者 CPI 被低估了。

有人说造成房价暴涨的原因之一是土地财政，而根源就在于当年的分税制，我不这么认为。财政问题既要看入又要看出。财政分税制刚开始实行的时候是可以的，但是后来因为地方政府的开支迅速膨胀，财政这点钱就不够用了，膨胀在什么地方？第一交政绩工程，第二冗员。增加了多少人，吃饭要多吃多少？

我赞成人民币升值，同时提高利率。老百姓是非常理性的，你不能够把老百姓理性的保值活动都说成是投机。老百姓看到钱放在银行天天有损失，就把钱拿出来买房子、买黄金，资金在市场上，炒大蒜、炒绿豆、炒生姜，这都是负利率的体现。

要解决这个问题就得紧缩银根，把利率加上去。我们已经注意到从 2010 年年初开始，货币供应的增长率在逐渐下降，但这还不够，还需要把利率提上去，让老百姓在银行里存钱而不是赔钱，让其多多少少能赚一点。

（原载《深圳商报》2010 年 11 月 17 日）

通胀时代的维稳

谢国忠

通胀已对社会稳定构成威胁。政府随之以紧缩货币和管控价格的结合法相应对。虽然这些措施暂时可以平复大众的通胀恐惧，但如果无法达到既定目标，恐惧可能会再次猛烈袭来。

中国已进入通胀时代。今后五年，平均通胀率的高低主要取决于过去十年货币扩张的情况。现在试图阻止通胀为时已晚，需要做的是保障通胀时代的稳定。

从通缩到通胀

中国经济易于发生通胀。一个发展中的大经济体对货币的需求是无处不在的，而经济体系往往通过货币扩张来满足这种需要。这就是中国高通胀频现的原因。

正如米尔顿·弗里德曼（Milton Friedman）所说，通胀终究是货币现象。长期来看，这句话是对的。而在短期，通胀和货币的关系会变得错综复杂。在不同情况下，货币扩张对通胀的影响有所不同，经济学家通常认为，货币流通速度是一个参变量。在现实中，这不仅与货币流通的快慢有关。货币流通或倾向于与 CPI 相关的产品和服务。

1996—2004 年间，中国经历了罕见的通缩。原因是劳动力过剩和自然资源（特别是石油）价格偏低。国有部门改革将数百万下岗员工推向了市场。20 世纪 50 年代至 70 年代的“婴儿潮”也持续冲击着劳动力市场。农村部门生产率的提高则促使农村劳动力进入城市和产业部门。

尽管劳动生产率快速增长，但剩余劳动力却使工资保持停滞，于是，国内外制造业产品的价格普遍下降。沃尔玛公司的成功是这个时代最突出的代表。

然而，那时中国制造业的扩张并未带来通胀，这要归功于国际市场上低廉且不断降价的自然资源。主要原因是，在苏联解体后的 15 年内，中东欧、俄罗斯和中亚等苏联阵营经济体的资源需求不断萎缩，抵消了中国需求的增加。

如果一个经济体正走向通缩，则货币扩张短期内不会导致通胀。因为如前所述，货币在这一经济体内流通缓慢。而且，这一时期内的货币一边倒地流向房产业，并没有进入与 CPI 相关的商品和服务领域。

2004—2005 年，情况发生了变化，中国劳动力市场逐渐平衡。部分行业，特别是出口行业，出现劳动力短缺的情况。由于俄罗斯和其他苏联阵营的经济体的需求开始抬头，原材料价格开始猛涨。劳动力和自然资源的市场条件开始偏向通胀，即货币扩张很可能导致 CPI 通胀。这就是为何中国在 2007 年遭遇严重的通胀问题的原因。政府提高利率、恢复价格管制，以遏制通胀。

全球金融危机打断了中国的通胀趋势。

许多分析家希望借此阐明，通胀从来就不是什么久治不愈的问题，由于产能过剩，中国仍处于通缩阶段。这种想法导致三年内货币供应量大幅增加了 78%。但是，金融危机的震荡只是暂时降低了自然资源的价格，减轻了中国的通胀程度。2009 年，全球局势刚一稳定，自然资源和劳动力价格就继续上涨了。

由于中国对通胀的经济投入了大量货币，目前的通胀问题比 2007 年更严重，需要很多年才能化解。

内生还是外生

目前对于通胀是外生还是内生的问题仍争论不休。

通胀的形成并非一日之寒。有人认为，是美联储最近实施的第二轮量化宽松政策诱发了中国的通胀。这种解释太天真，因为美联储的政策还来不及引发中国现在的通胀问题。还有人说，从中国的粮食价格就可看出，国际价格和中国的通胀有明显关联。这种解释也不准确，因为中国的大豆进口量比 2009 年增加 25%，这才是大豆价格上涨的主要原因。

所以，不能将中国商品价格上涨归咎于国际市场，但如果说，中国的需求导致国际市场价格上涨，这种判断是合理的。

重要的是要对与通胀斗争的目标有明确认识。在通缩环境下，资产投机吸引了巨大的货币增量。即使环境已经开始变为通胀，这种投机势头仍在不断吸收货币。但由于通胀最终会带来紧缩的预期，货币将不可避免地逃离资产市场，从而推动 CPI 上涨。虽然可以推测货币会如何被回笼，但实际上，自 1930 年以来，没有哪个主要的经济体能够收缩货币供给。此外，由于过去的货币增长催生了许多投资项目，需要持续的货币增长来维持这些项目的运营。因此，通胀似乎无法避免，而且物价可能会连续数年居高不下。

五大对策

通胀并不意味着不稳定。许多经济体都经历了较高的通胀，但经济并未停止增长。维稳的必要条件是，在今后数年内将利率上调至与预期通胀相若的水平。今后五年内，中国的 CPI 平均通胀率很可能高于5%。将存款利率，至少是短期存款利率尽快提升至这一水平十分关键。否则，储户可以取出存款、囤积消费品，这将导致通胀危机。保持通胀稳定的首要工作，就是让储户愿意继续在银行里存款。

如果所有物价一同上涨，则无人能够幸免。但是，通胀很少以这种方式发展。承受通胀之苦的往往是有固定收入的人群，例如，靠养老金生活的退休人群。通胀通常也反映了政府的财政压力，使其所承担的债务（包括退休金负债及银行存款）缩水，往往是其不言而喻的目标。这就是为什么通胀往往伴随着社会不稳定的原因。但是，中国政府的财政能力相当强大。公共部门的收入占 GDP 的比例在所有主要经济体中是最高的。中国的财政压力来自投资的强烈愿望。只要政府能限制或减缓投资，将退休金和其他固定支付和通胀维持在同一水平，便不存在财政困难了。

市场力量将使工资，特别是蓝领工人工资的上涨速度大大超过名义 GDP。但是，地方政府往往会利用行政权力，与企业联手抑制工资上涨。这是一个严重的错误，因为工资上涨是重新平衡中国经济，使其转向消费、远离投资的最佳途径。

中国的个人所得税一直很高。这导致企业，特别是私有企业，普遍尽可能地增加可抵税开支，降低计税工资。由于企业所得税为25%，而最高边际个人所得税为45%，这使得部分人的个人所得税不高于25%。但大公司的员工通常要支付更高税率，在通胀压力下涨工资，大型企业的负担将不成比例地增长。此外，通胀大大降低了高税率的准入门槛。通胀侵入个人所得税结构，加剧了通胀的负面影响。政府应将最高边际税率降至25%，和企业所得税率持平，同时根据通胀提高每档所得税率的门槛。

反对提高利率的人士认为，这样会吸引“热钱”。我认为不会。利率不是吸引“热钱”的唯一因素，可能也不是主要因素，新兴经济体尤其如此。十年前，东亚新兴经济体实行高利率以吸引外国资本，但没有成功。

过去几年，同样的经济体实行低利率而且并不需要外国资本，但“热钱”仍如潮水般涌入。印度的利率水平接近 10%，却没有中国吸引的“热钱”多。“热钱”根本不应该成为中国加息的约束。

美国的货币政策以及国内资产市场条件是吸引“热钱”的最重要因素。一旦投机者投资于新兴市场，他们希望几年内就能有 100% 的巨额收益。这种回报只能出现在泡沫环境中。美国宽松的货币条件是新兴市场产生泡沫的必要条件，“热钱”则使之成为现实。但前提是，新兴经济体在泡沫游戏中必须很敏感。

只要政府有打击泡沫的决心，无论美联储的货币政策多么宽松，无论投机者多么热情，这种情况都不会发生。当某个新兴经济体通过提高利率来表现挤压泡沫的决心的，“热钱”将纷纷撤离。正如上次中国意外提高利率，人民币一离岸 NDF 市场就出现下跌。

我不是说中国的汇率就是固定不变的，或者不应改变。但是，对于处理目前的通胀来说，调整汇率没那么重要。有人主张提高汇率，而不是提高利率，以遏制通胀。这种说法貌似正确，但绝不会成功。进口在中国消费中所占份额最小。反竞争规则已经使得进口商品的国内价格高企，以至于任何可行的汇率调整都不会产生任何影响。例如，进口车的价格已经是欧洲或美国市场的 2 ~ 3 倍。如果货币升值 5%，价格会受到影响吗？提倡货币小幅升值的观点，其实是打算继续让“热钱”游戏维持资产泡沫。这只会令通胀问题更加恶化。

中国现在的通胀问题和 1994 年的情形相似：都是长期货币扩张积累而成，而且扩张趋势尚无法停止，因为所有投资项目都必须有始有终。

现在需要采取的措施也和过去很像，维稳的必要政策是：①今后五年内将利率升至预计平均通胀水平；②对靠固定收入生活的人群（如退休人员和学生）增加津贴；③允许市场力量决定工资涨幅；④降低个人所得税。

（原载《新世纪》2010 年 11 月 29 日）

黄光裕打败了黄光裕

马光远

国美控制权争夺战，第一回合的结果出乎绝大多数人的意料：大股东黄光裕提出的五项方案，除了撤销董事会配发、发行和买卖国美股份的一般授权获得通过外，撤销陈晓等人的职务和增补邹晓春等人为董事的人事议案均未通过。

分析选票的分布，在有70%以上股东参加的投票中，除了选任竺稼为董事获得94%以上的高票之外，黄家输掉的四项提案之一撤销陈晓的提案获48.1%赞成票、51.9%反对票，其余三项也都因为赞成票没有超过半数而未获通过，双方的差距仅仅只有3个百分点左右，似乎是“险胜”。但事实上，如果考虑到黄家32%左右的股权和投票率，黄家真正获得的支持率只有可怜的6%左右，其余选票都投给了以陈晓为首的管理层，黄家事实上可谓完败、惨败。

从投票之前各方的预测来看，黄家可谓占据天时、地利、人和，中国人骨子里同情弱者的传统在本次控制权争夺战中发挥得淋漓尽致，而陈晓一些不恰当的言论又使得其继续管理国美面临合法性的质疑，而就在投票前夕，绝大多数人都认为黄家基本胜券在握，然而，结果却是如此令人大跌眼镜。从结果公布后黄家的反应来看，也似乎对这一结果有些不可接受，除了表示失望之外，还表示将保留采取适当行动的权利，保障自己及其他股东的利益。但令人欣慰的是，董事会发行股份的授权被收回，用黄家的话说，“陈晓手中的刀被夺下”，如无意外，黄家32.47%的股权短期被摊薄的可能性大大降低，第一大股东的地位可暂保无虞。

既然占据了天时、地利、人和，黄家为什么一败涂地？回顾这场控制权争夺战的前世今生，答案似乎在黄光裕自身。首先可以肯定的是，不是陈晓打败了黄光裕，在陈晓完全掌控董事会的情况下，国美的公司治理完全滑向了“内部人控制”的危险模式，这既不符合黄光裕的利益，也不符合其他股东的利益，今天陈晓可以灭黄，明天也可以灭别的股东，这个道理，每一个握有选票的股东都很清楚。而且，从投票前双方握有的好牌来看，黄家握有满手的好牌：未上市的300多家门店，国美品牌的使用权，杜鹃的缓刑，第一大股东的地位，等等。而反观陈晓，除了贝恩的力挺之外，打不出一张像样的牌，给外界的感觉是，除了等着被罢职似乎别无选择。

选票的分布再次揭示了答案。先说一段背景，从现代英美公司的基本治理模式看，股权的分散使得机构投资者在公司治理中的地位大为提升，机构投资者从一个消极的获利者嬗变为公司治理的积极干预者，在英美的上市公司中，管理层的命运大多掌握在机构投资者手中，国美也不例外。因此，在投票之前，无论是作为第一大股东的黄光裕，还是陈晓等管理层，都将统战的重点集中在摩根等机构投资者身上，然而，从本次选票的结果来看，70%以上的投票率，左右最终结果的，恰恰不是这些机构，而是双方都忽视了的公众股东。在投票之前，大摩一直在减持，贝恩一边倒支持管理层，但加起来依旧和黄家差距甚远，这意味着，即使机构将选票全部投给陈晓也依然敌不过黄家，在这种情况下，散户成了决定性的力量。而从6%的惨淡支持率来看，绝大部分的散户选择了管理层而不是黄光裕。

而散户与黄光裕的交恶，其实在黄光裕之前不断套现的历史中，已经埋下了仇恨的种子。在黄光裕将国美运作上市之后，他充分体会到了资本的力量，不断套现，其持股比例从75%下降至34%，套现上百亿元。而且，为了便于自己能够跌宕腾挪，黄光裕不断修改公司章程，特别是2006年的一次修改使得公司董事会完全凌驾于股东会之上，一个公司的董事会可以随时任命董事，而不必受制于股东大会设置的董事人数限制；董事会可以各种方式增发、回购股份，包括供股、发行可转债、实施对管理层的股权激励，以及回购已发股份，这恐怕是全球绝无仅有的权力最大的董事会了。而陈晓在执掌国美之后，正是利用黄光裕当年这些“政治遗产”引入了贝恩，强行任命了被黄光裕否决的贝恩等三名董事，通过了对管理层的股权激励。陈晓是用黄光裕的枪，对准了黄光裕；而散户则由于黄光裕的一再套现而深受其害，最终作出了自己的选择。

当然，国美的股东在选择陈晓、否决黄光裕的同时，也意味着选择了战争和不确定，“9·28后时代”的国美充满了更多的动荡和不确定，作为第一大股东的黄光裕肯定不会善罢甘休，陈晓的管理层将不得不去应对大股东的下一轮宣战。“9·28”没有让国美控制权之争划上句号，而是成了一个大大的问号，国美会不会决裂，这些都已经成为实实在在的问题，国美陷入无尽的战争已经成为定局。唯一让人欣慰的是，经过这么一场争夺，黄家似乎在学习做一个谦卑的大股东，而陈晓也在向一个本分的职业经理人回归，国美的公司治理，似乎摆脱了“内部人控制”和“一股独大”的双重风险。

（原载《南方都市报》2010 年 9 月 29 日）

不要让慈善成为中国富豪的一门生意

南　都

两位世界级富豪——比尔·盖茨和巴菲特将于本月底来到中国，拟邀请50位中国富豪参加一场慈善晚宴。据称，在接到邀请后，很多受邀富豪都会反复确认是否会在晚宴上被“劝捐”，甚至有一小部分人因此拒绝参加晚宴。为了消除富豪们的误解，盖茨和巴菲特承诺会尽快发来亲笔信，说明此次活动只为结交朋友、寻找伙伴，不会给中国富豪们带来捐献上的压力。

今年8月4日，比尔·盖茨与巴菲特宣布，已成功劝说40名美国亿万富翁公开承诺捐赠自己至少一半的财富。或许，正是盖茨他们在美国的募捐成绩让一些中国富豪感到不安，从而将慈善之夜的邀约看成是一纸“战书”，错以为这是一场事关身家大转移的“鸿门宴”。这一幕颇具讽刺意味，却又让人难堪：一边是中国富豪唯恐避之不及，一边是盖茨要用书面解释打消中国富豪的恐惧感。

如果盖茨和巴菲特想要了解中国富豪的慈善理念，并借此观察中国慈善发展的状态，想必已经接受了第一课。邀请被拒一事中蕴涵了太多信息，盖茨的试探性举动应该获得了相应的反馈。中国富豪不是美国富豪，中国慈善有其独特之处。尽管盖茨投身慈善，并且在世界慈善史上留下了深刻印记，但不难发现，中国富豪的表现将迥异于他的慈善经验。

那些拒绝了盖茨和巴菲特邀请的中国富豪，当然不是因为害羞。其实，他们不想被暴露在公众视野中，不想让自己的财富成为议论的话题，更不愿财富与慈善捐献产生无法自主控制的联系。与其说中国富豪无法坦率地正视慈善，不如说他们不敢诚实地面对自己的创富过程。实际上，绝大多数中国富豪的财富积累一直被认为带有原罪色彩。盖茨和巴菲特能理解这意味着什么吗?

中国亿万富豪总人数中，涉足房地产、能源、IT 三个行业的占 50%，其中涉足房地产行业的富豪几乎占总人数的 1/3。中国富豪对慈善的举动取决于其创富的模式。在慈善隶属于政府事务的情况下，强捐、劝捐是常见现象。富豪自然也将慈善捐赠看成是某种形式的投资，以稳固财富的产生流程。纯粹的慈善心在这一过程中很难滋长出来。

慈善更像是中国富豪的一门生意，通过它来实现各种目的和交易。这主要是因为，慈善不得不处理复杂的政府关系，在慈善真的帮助有需要的人之前，还需要先符合某些地方官员的预期，这必然会给慈善带来许许多多的变量。国人不得不接受一个不确定的、含糊的、真假难辨的慈善环境。这样做后果很明显，真正的慈善会受到压制，不能畅行；另外，不能排除某些阴暗的人或事以慈善的名义招摇过市。

慈善一旦带有生意的性质，就难免变质。中国慈善圈中存在一些丑陋的现象，可用三个词来概括：做秀、抵赖、诈捐。慈善成为一个大的名利秀场，频频发生许空头支票的慈善行为。香港名人成龙继“挺菲门”后，因许诺捐献票房分红援建北川中学的款项仍未到位，并辩称分红要等两三年，被舆论认为是为博名声而诈捐。比尔·盖茨不会遇到的诈捐，却是中国经常见诸报端的真实事例。

富豪的慈善生意炫目多姿，但多数属于公关性质，对中国慈善的贡献很小。从成龙这类慈善行为中可以得出结论，富豪、明星从来都不是慈善事业的中流砥柱。汶川地震有逾600亿元民间善款，玉树地震的民间募捐也有超百亿元，普通大众用淳朴的善良支撑起中国的慈善大业，他们才是慈善事业的顶梁柱。中国富豪没有资格与外国富豪比善款数量，同时还得向本国民众学习慈悲为怀。

比尔·盖茨想要与中国富豪对话，试图寻找到振兴中国慈善事业的更多可能性，可双方欠缺对谈的基础，慈善与生意该如何对话呢？有一点可以肯定，盖茨和巴菲特的存在让中国富豪们自感羞愧。中国富豪并不需要慈善启蒙，他们揣着明白扮糊涂。慈善是被他们精明算计的东西，重心不在于民众而在别处。这些年来，中国富豪表现出与慈善贡献严重不相称的虚骄，是该醒醒了。

（原载《南方都市报》2010年9月6日）

中国成为强国必须抬高物价吗

刘洪波

发改委专家又有高论。发改委宏观经济研究院副院长刘福垣表示，中国要想成为强国，必须有三高：物价高、人价高、钱价高。

这是在“2010 亚洲经济合作论坛”上谈论物价时刘福垣的意见。中广网原文引用刘福垣的一段话，简短有力，说论大势之丰采，可堪瞻仰。

发改委刘专家的物价形势判断是，“我们没有通货膨胀，通货膨胀是政府政策的产物，拉动内需物价就要上涨”；其发展安排是，“每年 3 ~ 5 个百分点的物价上升，每年 10% 左右的 GDP 上升，每年 15% 左右的工资上升，每年一到两个百分点的汇率上升”。“三高”之论接之而出，显示出“我们中国要想成为强国”之宏旨。

通货膨胀说的是一般价格水平的上涨，比率高低标示轻重程度。我们认为有无通货膨胀，只需看 CPI 指数即可知晓。不知“没有通货膨胀”的说法有何依据。物价上涨是否是拉动内需的政策造成的，这是一回事；政策产生的物价上涨不算通货膨胀，经济学不支持这样的解释吧。

接下来是怎样安排发展的问题了。按刘专家的安排，生活真是不错。物价每年涨一点，GDP 每年多增一些，工资再多增一些，加上人民币的国际价值每年也增一些，岂不正像我们从小就念叨的那样，“生活像芝麻开花节节高”，而且外带着在国际上扬眉吐气？

不过，经济是不是会听从这样的安排，实在是一个问题。例如物价，今年本来是安排上升 3 个百分点的，现在得承认有突破吧，当然，离刘专家的高限 5% 还远。GDP 呢，也不好说，有时年增十几个点，有时又要“保八”。

工资，也就是“人价”，这是最令人头疼的。刘专家的意思是工资比 GDP 每年增速快一半，这听起来很美好。实际情况是，工资增长落后于 GDP 增速，“人价”占 GDP 的比例也在下降，历年累计的材料都是如此。前几天，统计数据又表明，恩格尔系数在回升，居民用更大比例的收入来支付日常生活必需，幸福感在下降。

要想成为强国，必须“三高”，完全是颠倒因果的忽悠言论。国不在强不强，而在发展不发展、发达不发达。发达国家比不发达国家物价高、人价高、钱价高，是显而易见的事实。然而，这不等于说，一个不发达国家可以通过物价高、人价高、钱价高来实现发达。“三高”是发展呈现的一种结果，而非实现发展的途径。看到物价高则心喜乐从的，估计找遍全世界，唯中国“发改委专家”而已。

发改委专家王建，前时刚刚纵论“须随更高物价上涨率”；发改委专家刘福垣再论“想强国，须三高”。前者表达“为经济而承受涨价”的主张，虽不近人情，尚可理解为“代价论”；后者更进一步，高物价不能看成代价了，而是国家强大的表征，应如见猎心喜一般，欣然追求。

今年“两会”期间，全国人大代表宗庆后建议提高个人所得税起征点到 5 000 元，发改委专家杨宜勇起而反对：中国人普遍爱装穷。类似的奇谈怪论固然从不稀缺，但“发改委专家”之类专事机构发言，特别是专事权力机构发言的工作者最有量产奇谈怪论的能力；又如税务局专家，言必称税负不重，税负痛苦指数太夸大，只差说“中国的税负幸福指数高”了；又如财政部专家，见财政收入年增 30% 以上，仍然会说要继续提高财政收入占 GDP 的比例，有必要又有空间。

至于发改委专家，则更加优秀，涨电价称为“增进节能意识”，涨油价必称“油价仍未到位”。但凡涨价的事情，只要“发改委专家”出面，无不涨得合理。现在我们知道，用涨价来推高物价，原是在追求强国目标。

“发改委专家”正在变成一个令人胆战心惊的称号。“三高强国论”的底牌一亮，多少人见之惊魂！

（原载《南方都市报》2010 年 11 月 1 日）

全球印钞，中国加息逻辑何在

叶　檀

史无前例的全球印钞运动已经开始，在汇率未市场化之时，中国进入加息通道将受全球宽松货币的毒害。

11 月 3 日开始的美联储议息会议预计，将出台新一轮较为保守的量化宽松政策；日本、英国等国极有可能继续维持超低利率；深受全球输入型通胀之害的亚太经济体，如印度、澳大利亚等国不得不进入加息周期，抵御通胀。11 月 2 日，印度央行宣布，上调主要利率各 25 个基点，其中，现金回购利率上调至 6.25%，反向回购利率上调至 5.25%；同一天，澳洲联储宣布加息 25 个基点至 4.75%，澳元兑美元汇率闻讯飙升 100 点，最高涨至 0.997 9，对平价水平发起冲击。

美国的货币政策是全球经济毒药，如日本一样，没有挽救实体经济，反而酝酿出另一轮资产大泡沫。中国没有跟随澳大利亚、印度加息的前提，即这两个国家基本实现了汇率市场化，因此没有建立起外贸依赖经济的模式，汇率波动对其本国经济影响不大。

印度与德国的汇率政策可以给中国启迪。印度与中国一样，都是人口众多的新兴经济体，推动印度进行汇率改革的不是顺差而是逆差，20 世纪 80 年代晚期的印度大量依赖海外短期融资。到 1991 年，由于海湾战争引发国际油价飙升、印度自身财政赤字高企及政局不稳等问题相交织，导致印度的外部商业性融资来源迅速枯竭，引发了严重的国际收支危机。为了挽救依赖国际融资的危局，从 1992 年开始，印度开始实行双重汇率，一年后汇率并轨，进入市场化时代。印度卢比的可兑换进程是渐进式的，先是放开经常项目可兑换，1992 年 3 月，卢比在对外贸易中成为部分可兑换货币，1994 年 8 月又进一步实现了经常项目自由兑换。此后，印度央行逐步放开了资本项目兑换，限制短期债务资本流入，鼓励长期资本包括外国直接投资内流。

选择什么样的经济发展方式，想获得什么样的收获，就得付出相应的代价。设想，如果我国在加入 WTO 时就选择了市场化的汇率模式，那么我国就不可能成为出口依赖度急剧上升的经济体。如今势成骑虎，被出口发展模式与就业等因素倒逼，我国不可能实行激进的汇率改革举措。在这方面，德国的汇率市场化模式更具参考价值。

德国属制造大国并靠出口立国，20世纪60年代末，庞大的、不断增加的、经常性的账户盈余，使德国面临资产价格和薪资压力上升，国内通胀压力巨大。使德国政府痛下决心实行马克汇率市场化的，是1971年美国宣布停止美元与黄金兑换，这让德国政府意识到美元信用薄如纸。到1973年，“二战”后的货币体系——布雷顿森林体系正式崩溃，以美元为中心的国际固定汇率制度瓦解。当年3月1日，德国正式决定马克进入浮动汇率。不容忽视的是，德国虽是制造大国，但其经济基础坚固、技术与管理先进，并不会因为马克升值而降低其国家竞争力。此后，德国实行的是严格的通胀目标制，一切以马克的信用、以维持国内的购买力为主，还通过欧元区的建设拓展贸易区间，以收获更多的欧元红利。

如果人民币要进入加息通道，首先要做的是维持人民币实际汇率的基本稳定，名义汇率可以上下波动。其次，向德国学习藏汇于民，分散巨大的外汇储备压力，让民众自主使用，并且在经常账户资本流入的同时，伴随着资本账户、金融账户和储备账户等资本顺利流出。如此一来，高额贸易顺差导致的资本流入难题就被有效分解了。人民币市场化的核心是有坚实的实体经济基础，如果我国的制造业在技术与管理上均处于全球领先水准，此时升值就不会是迫在眉睫的危机，而是中国经济自然转型的契机。

就货币论货币格局太小，我们需要做的是使国内实现彻底的市场化，国内开放尚未成气候，国外开放就是国际资金收割羊毛的同义词。相信民众，藏汇于民，大幅度加快人民币国际化进程，推出越来越多的人民币投资品种，成为国际储备货币，进而将人民币分流，国内通胀压力将大为缓解。加快在香港、上海等地发行人民币债券等投资品种，培育人民币离岸中心是上选。

只有国内开始第二轮市场转型，实行对内开放重于对外开放的国策，致力于提高政府与企业效率；只有大力推行人民币国际化，人民币实行通胀目标制，根据内部经济情况加息才有意义。否则，所谓的加息，就是给全球泛滥的货币增加套利市场。

（原载《每日经济新闻》2010年11月3日）

如索罗斯对阵谢亚龙，你投注给谁

叶　檀

不可思议？确实。索罗斯和谢亚龙这两个人无论如何都不应站在同一个舞台上，但通过中国的资本市场，这两个人居然有了交集。

索罗斯是全球对冲基金的翘楚，成名战与封喉战基本都靠汇率涨跌影响资产价格来获利；谢亚龙是以教训运动员苦练叉腰肌出名的中国前足球主管中心主任、足协专职副主席，后成为国家体育总局旗下唯一上市公司——中体产业的董事长，离开体育管理岗位时留下一地鸡毛、光荣地转战资本市场，成为金融界人士。

索罗斯等国际资本大鳄正在布局人民币升值大戏。1998 年在香港铩羽而归的索罗斯重回香港，他闻到了血腥味。

据报道，索罗斯基金管理公司香港办公室将于下月开始办公，此次携资约 80 亿 ~90 亿美元，操盘与研究人员一应俱全，准备做一场大交易。

其中的基本逻辑是，人民币不可能抵抗得住升值压力，不是一步升值到位，就是进入数年缓慢的上升期，这给国际对冲基金留出了足够大的套利空间。当然，相对于某些以购买力平价计算的经济学家，索罗斯提出的人民币可以承受每年 10% 的升幅的说法不算太离谱。不过，背景是索罗斯可凭借近乎零利率、汇率处于历史低位并且还将维持在低位的美元拆借资金，获得 10% 的盈利当然不止，几十倍的杠杆率只要上涨一个点就可以盈利 50 倍。

目前是购入人民币资产的最佳时期。我们来看一下中国香港市场，各路资金已经有接近两年悄无声息的吸筹行为，并且集中在成分股上。自 2008 年 9 月以来，AH 股溢价区间不断收窄，并屡破历史新低。当年 9 月 16 日，恒生 AH 股溢价指数创出阶段性低点 105. 73 点。这一天，上证指数收报 1 986. 64 点，随后不久，A 股便展开一轮反弹行情；到 2009 年 7 月，上证综指突破 3 000 点大关；再到今年 9 月 29 日，AH 股溢价指数跌到 93. 41 点的新低，19 只成分股 A 股价格低于 H 股；而截至 10 月 21 日，由于 A 股大盘股上升，恒生 AH 股溢价指数收报于 101. 62 点，下跌 2. 57 点。出现负溢价的 18 只个股仍是以大盘股为首，排名负溢价前五位的清一色是银行股，分别是招商银行、交通银行、建设银行、农业银行、工商银行，分别为－23.84%、－20.92%、－20.88%、－20.77%、－17.72%。

最近，神秘的索罗斯不得不露脸，量子伙伴基金斥资3.1亿港元（约4 000万美元），以基石投资者的身份认购四环医药，突破常规投资，索罗斯患上了人民币资产饥渴症。面对全球货币泛滥以及聚集在香港的资金，香港前金管局总裁任志刚称“现时国际金融体系的混乱情况是百年一遇的”。

就战略层面而言，目前证券市场应对尚属得当。面对人民币升值压力与“热钱”压境，中国的做法是开闸放水，源源不断地使资产在境内外上市，继开出中小板、创业板、扩大主板市场后，推出国际板是大势所趋。这本是集中全部上市资源来搞一次大上市、大兑现的机会。笔者相信，在两三年内，中国的资本市场所有政府侧袋中的重要企业会应上尽上，而后通过中小板、创业板为民营企业提供一些活水，以寻求平衡。

另一方面，加快推出股指期货与融资融券，杠杆与规模还将扩大。据报道，10月18日，上海证券交易所、深圳证券交易所、中国证券登记结算有限公司首次启动了关于“转融通”机制的会谈，由银行、基金和保险公司等机构提供资金和证券，证券公司作为中介将这些资金和证券提供给融资、融券客户。一旦启动融资与融券的杠杆，中国证券市场的资金量将得到成倍增长。

日后资金将主要被引入证券市场，而融券业务将会成为以空对空、对付“热钱”与炒作资金的平台。有关部门正在结网，准备渔猎工具。而索罗斯的工具中主要就有杠杆、金融期货等，以成就他的凶悍进攻之风。

笔者曾经说过，从来不担心政府的谋略，担心的是内部体制改革的滞后，再好的战略到了“谢亚龙”等资本官僚人士手中，也会成为一着臭棋。

问题在于内部，在于僵化的体制。创业板的推出在行政主导下成为浪费资源与制造暴富者的温床，巨量超募资金的存在证明了创业板市场存在严重的资源浪费与资源错配。主板市场同样如此，各地方、各部门分红式的上市办法，让形形色色的“谢亚龙”们成为上市公司的掌门人。

中体产业变卖家产以维持光鲜的门面，主营业务亏损，中体产业成为体育官员的高薪养老院。再看看华夏银行，该银行长期有着由副市长担任董事长的惯例，与中体产业有异曲同工之妙。

如果体制不改革，人民币汇率国际化的过程，就是索罗斯对阵谢亚龙的过程，请问正常人会投注给谁？

（原载《每日经济新闻》2010年10月24日）

靠逃税生存的民企何来幸福感

马光远

《经济观察报》的一篇文章，标题就真实反映了中国很多小企业的生存逻辑——一个小企业主的眼泪：不逃税公司就要垮，活得如履薄冰！

但前不久，国家税务总局局长肖捷在《中国改革》杂志撰文指出，国外有些媒体将中国税收痛苦指数排名第二纯属恶搞。肖局长还认为，由于各国税制的不同，简单地对税负水平进行比较并不客观，中国目前的宏观税负并不高。而且，考虑到未来政府在教育、医疗和住房保障等方面的支出逐渐加大，因此，有必要随着经济的发展而逐步合理地提高税收收入占 GDP 的比重。

在企业看来，只有逃税才能生存，而在官员看来，目前的宏观税负并不高，还有上升的空间。这种认识上的扭曲导致目前很多企业的幸福指数很低，以下几组数字似乎可以说明中国民企的真实生存环境：

第一，和发达国家企业一样的税负环境。2009 年，中国的宏观税负已经上升到了约 30%，这个比例合理不合理？也就是说，在国民财富的蛋糕中，政府究竟占多少比例才合适。1987 年世界银行的研究报告显示，低收入国家的最佳宏观税负水平为 13% 左右；中下等收入国家的为 20% 左右；中上等收入国家的为 23% 左右；高收入国家的为 30% 左右。目前，虽然国家分类的收入水平标准发生了变化，但最优的宏观税收负担率变化不大。按照这个标准，就国际宏观税收负担率的比较而言，中国还未成为高收入国家，但宏观税收负担已达到高收入国家的水平。这意味着，中国的企业和居民的税收负担已经赶上了发达国家，如果再考虑各种制度外的收费，这个比例还应该更高。

第二，可怜的利润。对于打造“中国制造”的企业而言，他们究竟在全球的产业链上得到了什么？这是一个我们现在必须面对的尴尬事实：以代工企业为例，在整个产业链上，中国的代工企业处于利润最末端，分享到的利润只有 10% 左右，其余 10% ~15% 为贸易中介佣金，50% ~60% 为零售商利润，甚至一度一些代工企业的利润被跨国公司压低至“侮辱性”的 5%。

第三，低廉的人力成本。以下几组数字可以说明，低廉的劳动力成本如何为中国制造业的崛起和企业的生存作出了巨大的贡献：一是改革开放

30 年，GDP 的年均增速远远高于居民收入的增长速度；二是 1997—2007 年，劳动报酬占 GDP 的比重从 53. 4% 降至 39. 74%；资本收入所占比重持续上升，企业营业盈余占 GDP 的比重从 21. 23% 升至 31. 29%；三是从小时最低工资看，我国平均是 0. 2 美元，而欧美等国是 25 ~ 30 美元。

但是，这并非所有中国企业面临的困境，对比一下国有企业和民营企业的两组数字：①2009 年，国务院国资委下辖的中央企业全部利润近 8 000 亿元，是民营企业 500 强全部利润总额的 4 倍之巨；②以收入为例，2008 年的统计数据表明，国有垄断行业的员工数量不到全国的 8%，但是工资总额占全国职工总额的 60%，而且旱涝保收。反观私营企业，以 7 月 16 日国家统计局发布的“2009 年度在岗职工年平均工资调查报告”为例，2009 年全国城镇私营单位就业人员年平均工资为 18 199 元，而国企在岗职工年平均工资为 35 053 元，私企职工的收入只有国企职工的一半。

在这种情况下，大量民间资本开始从实业转向股市和楼市，要么寄希望于创业板圈钱，要么寄希望于楼市炒钱，做实业成了最没出息的选择。国家工商联的数据显示，在民企 500 强里，房地产行业从 2008 年的 16 家增加到 26 家。毫不讳言，民营企业的生存环境面临着前所未有的恶劣。比如，目前民间资本在电力生产和供应业中只占 13. 6%，在金融业中只占 9. 6%，在交通运输、仓储和邮政业中只占 7. 5%，至于在石油、电信、铁路等领域，所占比例几乎可以忽略不计；再比如，今年政府铁腕治理落后产能，而在很多领域，受民间投资的规模所限，淘汰落后产能的“指标”只能靠关闭民营企业来完成。面对民营企业的竞争困境，国家工商联主席黄孟复表示，要营造良好的发展环境，需要集政府、企业和工商联之力，培育和锻炼一大批有能力参与国际竞争的民营跨国公司，可是，现在看来这真的很难。

这样，中国民企面临的是一个难以自圆其说的“三维环境”：对内，宏观税负追英超美，企业负担沉重；对外，在整个产业链上，中国企业处于产业链的最末端，利润空间日益被压缩。企业要生存下去：一是压低人力资本的成本，一些地方的企业呼吁废除《劳动合同法》，一些企业主呼吁废除最低工资，就是基于这个理由；二是逃税漏税，对于小企业而言，在国民财富的大蛋糕中，在利润空间很低的情况下，只能从国家税收中逃一点，从员工那里压一点。用秦晖的话说，就是基本靠“低法治”优势、“低环境”优势、“低人权”优势等制度禀赋生存。而依靠这样的生存逻辑，不要说崛起，不要说走出去竞争，即便是一场汇率的“货币战争”就可以让很多企业立即倒下。

（原载《南方都市报》2010 年 10 月 15 日）

美联储的翅膀直接影响中国物价

时寒冰

从“蒜你狠”、“姜你军”、“豆你玩”、“糖高宗”到“苹什么”，购物似乎越来越让人心悸。工资没怎么涨，这物价怎么涨这么快呢？

很多人都大致知道一些原因，但可能大多不全面。在全球化时代，很多经济现象都可能是内外因素共同作用的结果。

2009年3月18日，美联储宣布实施量化宽松货币政策。这与中国当时密集的大规模信贷投放形成了一股强大的合力。先是中国的房价和股市双双上涨，而后是农产品等相关商品的价格上涨。今年11月3日，美联储宣布实施第二轮量化宽松货币政策。

如果把美联储比喻为一只蝴蝶，那么，这只蝴蝶在美国轻轻扇动一下翅膀，也会直接影响到中国的物价。

美联储购买国债意味着货币的投放，虽然投放的金额与购买国债的数量不一定相等，但并未改变这种行为的结果。那么，美联储开动印钞机，中国物价着什么急？

至少有两个途径。其一，在通胀预期下，投放的货币涌入大宗商品市场，推高大宗商品价格，导致中国购买原材料成本大幅攀升，从而饱受输入型通货膨胀之苦。其二，货币涌入中国等发展中国家，给美国人带来他们所需要的商品。美元留给了中国，商品流到了美国。留在中国的美元被兑换成人民币，投放到国内，加大了中国的通胀压力。

通常情况下，美联储这只蝴蝶扇动翅膀，对中国的影响是有限的。但是，当中国自身的货币超发现象比较严重时，蝴蝶在美国扇动翅膀就可能给中国带来龙卷风。

如果承认通货膨胀是一种货币现象（货币学派创始人弗里德曼的经典名言），我们就必须正视一个现实的问题：中国的货币超发现象。

据统计，2009年底，我国GDP为33.54万亿元，是1978年3 645.2亿元的92倍。但同期，广义货币供应量却从1978年的859.45亿元增长到2009年底的60.62万亿元，是30年前的705倍。尤其是近20年来，货币增长更快。1990年，中国广义货币供应量（M2）余额为1.53万亿元，截至今年9月末，广义货币余额已经达到69.64万亿元。

再看一组数据：2000年，我国广义货币供应量与GDP的比例为1.5∶1，2009年为1.8∶1，超过同期美国的两倍（美国仅为0.6∶1）。

中国自身的货币高速增长与美联储的量化宽松货币政策融合在一起时，就会加速泡沫的凝聚，因为这种强大的号召力足以吸引更多热钱火上浇油。

物价飞涨将影响到民众的生活质量。加息、提高准备金率只是一种修补性的政策，从根本上来看，要想治理通货膨胀，防止泡沫膨胀到危险的程度，就必须收紧货币的供给渠道。这才是真正意义上的釜底抽薪之举。

（原载《上海证券报》2010年11月13日）

当中国坐上“老二”交椅之后

鲁　宁

昨天，很多国人读到下面两则消息：

消息一，《新京报》援引美国《芝加哥论坛报》的报道称，今年上半年，中国 GDP 已经超过日本成为全球第二大经济体。消息二，《广州日报》通过公开资料检索计算发现，上半年大陆 29 个省（自治区、直辖市）公布的 GDP 之和超过国统局公布的全国数据，达 8 000 亿元之巨。

迄今为止，日本并没有公布其上半年 GDP 数据，国际媒体热炒中国经济盘子超过日本的主要依据是援引国家外管局局长易纲此前的一次谈话。易纲在接受国内媒体采访时脱口而出，称“中国实际上已经是世界第二大经济体”。易纲此言是否靠谱不在于他外管局局长的身份，也不在于他央行副行长的身份。但易纲的确说了大实话。

2009 年的中国 GDP，经今年第一季度国统局公布最新修正版是 5.01 万亿美元，日本是 5.1 万亿美元，中国仅比日本少了 900 亿美元（两者差距不足 2%）。今年上半年国内 GDP 增幅为 11.1%，虽说日本要到本月 16 日才公布同期 GDP 数据，但各国的预测增幅均未超过 2.5%。中日经济体量去年末已大致相当，今年上半年增幅中国是日本的 4 倍多，中国坐上“老二”交椅已铁板钉钉。

大陆有 31 个省（自治区、直辖市），迄今，上海和贵州尚未公布其上半年 GDP。即使不考虑沪、黔的增幅，只加上去年上半年沪、黔的数值，那么，大陆 31 个省（自治区、直辖市）上半年 GDP 之和也将超过国家数据 1.54 万亿元，超过国家数据的比例高达 8.9%。实际则更高——因为沪、黔上半年不可能零增长。

把上述两则消息捏在一起思考，人们很容易得出这样一个结论：地方 GDP 数据在继续造假，仍热衷于捞取虚幻的 GDP 政绩，其掺水量至少高达 8.9%。请注意，笔者在上文中用了“至少高达”，其含义所指内行的读者一看就心知肚明——因为在多数国人眼里，国统局的 GDP 数据同样存在掺水嫌疑。若此判断仍能成立，那么坐上“老二”交椅也是虚幻的，完全失去了其本真价值。

坐上“老二”交椅，中国经济迈上新的前进平台。但尤其要清醒的是，按人均 GDP 4 000 美元来算，“中国位置”仍在百位之后。按中国万元 GDP 所消耗的人、财、物等资源来算，若不加快改变发展方式、调整经济结构、提升产业层次，中国经济发展将不可持续。

（原载《青年时报》2010 年 8 月 2 日，原题：坐上“老二”交椅之后）

旅游景点的成本为什么会越来越高

葛剑雄

中国一些著名旅游景点的门票价格早已进入世界最高水平之列，但还在不断要求涨价，理由是成本上涨。有的装模作样开个听证会，出示的主要证据还是成本上涨。

按理说，中国的人力资源成本不可能是世界最贵的，实际上大多数旅游景点的工作人员的工资是很低的。中国的建筑材料、电器、家具、食品、饮料等也是世界上比较便宜的（如果不是最便宜的话）。绝大多数旅游景点的设施既不先进，更不完善，其中免费又高质量的服务极少，很难找到免费饮用水、卫生纸、洗手液，烘手器不是坏了就是没有电。莫名其妙的收费、罚款倒不少，有些旅游景点连自带照相机、站在某一位置拍照也要收费。

那成本高在哪里呢？

主管部门或地方政府将旅游景点当成摇钱树、小金库，规定每年要上缴多少钱，而且本该由政府拨的款也不拨了。本来，旅游资源属于国民，享受旅游资源是国民的基本权利，政府完全可以并应该将一部分纳税人的钱用于旅游开发和管理，以造福于民众。有的旅游景点同时也是文物，政府应该拨发保护经费。旅游景点的一些配套设施，如道路、桥梁、电信、水电等的建设和维护是政府的基本职责。政府该出的钱不出，连上级部门的拨款也挪作他用，景点的成本焉能不高？

有些旅游景点是承包给企业或私人的，主管部门只关心自己能收到多少钱，并不管门票卖多少钱，或者简单地根据承包者列出的“成本”审定门票价格，这样的成本怎能不高？

其次是管理费。虽然大多数基层员工的收入并不高，管理层和上层、重要关系户的收入却相当高，有些甚至高得惊人。超标准的办公室、办公室器具、办公楼、宿舍以至豪宅、别墅，甚至不是旅游景点人员的开销都能计入管理费。

招待费也是各旅游景点的一项庞大开支，大概没有一个旅游景点不需要准备大量供馈赠的门票，还有种种免票对象。对重要人物及其家属、随员还得招待其玩好、吃好、住好，临走时带足、带好。要是该旅游景点“不幸”有土特产（可惜多数景点都有，要是本身没有，所在地也肯定有）的话，四时八节还得主动进贡。旅游景点有些豪华建筑和设施根本不向游客开放，因其本来就是为高官要人建的。为了保证他们的舒适，往往占用大片景区，即使空着也不许游客进入。但这些费用是无法公开的，也难以按实际开支报销，最终不是列入建设费，就是纳入管理费，计入成本，转嫁到游客身上。

因此，要使门票不再涨，并能逐步下降，就必须对旅游景点的成本进行严格审计，向公众公布结果。在此基础上，明确哪些钱应该由哪个政府部门出、哪些钱不得列入成本、哪些钱不容许进入私人钱包，主管部门应对运营和管理的费用作出规定，不许突破，对已经被承包的景区也不能例外。

发改委应该规定，在对成本的审核没有进行并获得通过前，门票价格一律冻结。

（原载《南方都市报》2010 年 7 月 27 日）

门票涨价背后的“畸形价值观”

张　铁

申报世界遗产、整修古镇大庙、197 万元的星级公厕、22 个部门的运行成本……这些，让南岳大庙门票的涨价成了“板上钉钉”。

旅游景点“涨”声一片，都有如出一辙的理由：“三孔”景区涨价，源于“需要资金进行遗产保护”；“中国丹霞”列入世遗名录，广东丹霞山就传出“或将涨价”的传闻。

然而，这些并不能成为门票涨价的充分条件。国家发展改革委规定，实行政府定价、政府指导价的游览参观点，制定和调整门票价格“应充分考虑群众消费水平”，“不能片面强调经济利益”。门票并不是单纯的“经营”问题，而应将其看作是一种管理手段，为的是保护文物、维护环境、提供服务。

对门票的认识，也是对风景名胜的认识。大山大河、古寺仙观，或为自然馈赠、或为先祖遗存，所有权属国家，使用权属公众，人人都有登临览胜、寻幽探秘的权利。风景名胜不只是商品，公益性、公共性才是其本质属性。

建立在大手笔的申遗活动、大额度的“专项开支”、高成本的运营费用之上的涨价，已经让门票远远越过了其本义。而其背后正是对旅游资源“公益性”认识的缺失，折射出旅游开发中的“畸形价值观”。

一方面，旅游景点的管理体制仍不清晰。在“市场化”旗号之下，一些地方“卖山卖水卖风景”，出售或转让风景名胜区的经营权。政府“大撒把”，成为“甩手掌柜”；而企业或承包人则追求利益最大化，重开发、轻保护，少投入、多产出。这样，提高门票价格就势不可挡，消费者将最终为涨价埋单。

另一方面，一些由地方政府运营的风景名胜成了当地财政的“摇钱树”。不管是不计成本拆了建、建了拆的申遗，还是此起彼伏的名人故里之争；不管是斥巨资打造的人造景观，还是名目繁多创意雷同的各种“节庆”，都体现出对旅游经济的饥渴。可以想见，在这种发展冲动、政绩冲动之下，手头已有的“肥肉”会遭遇怎样的涸泽而渔，更遑论保证其公益性了。

无论政府运营，还是市场运作，都无法改变风景名胜的公益性和公共性。即使旅游资源是“摇钱树”，政府也只是其管理者；即使风景名胜被市场化，政府管理、保护的责任也不能丢。如果把公共资源的垄断经营权当作创收手段，则更是与民争利、背离公共服务的本义。从这个角度来说，无论是申遗、整修，还是修建公共设施、发放员工工资，都不应通过门票来完全转嫁给消费者。

南岳大庙的涨价肯定不会是“涨价大战”的终点。当前最需要的是理顺各种旅游景点的管理属性，市场的归市场，公共的归公共；从法律上确立公益性景区保护管理单位的性质和任务，规范公益性旅游资源的商业开发，制定公益性参观游览场所门票调控政策，让中华儿女共享秀美山川。

（原载《人民日报》2010 年 8 月 25 日）

房价涨幅“小数点放错位置”?

马红漫

统计局数据遭遇“房价被降低”的质疑。国家统计局近日发布的数据显示，2009 年，中国 70 个大中城市的房屋销售价格较上一年同比上涨仅为 1.5%。对此，许多人表示统计结果明显与实际感受不符，甚至有网民惊呼“小数点明显放错位置了”!

针对楼市价格走势的官方统计数据是各主管部门制定房地产调控政策指向和力度的最重要依据，因此，要求其务必科学、精准。但遗憾的是，房价统计数据屡现瑕疵，本次房价涨幅的结论更让人感觉非常离谱。

事实上，针对房地产市场的统计数据，各部门“打架”的现象屡见不鲜。最典型的案例是，2007 年上半年，广州宣布 3 月份当地房价环比大幅下降超过 10%。此后不久，国家统计局的数据却显示广州 3 月份房价环比上涨 0.8%。这两个差距极大的结论让购房者一头雾水、无所适从。类似的怪现象也曾在北京出现。显然，如此之多的房产数据“打架”的现象让“权威”数据失去了现实指导意义。

由此可见，此次房价涨幅数据被质疑不过是长期以来房地产市场统计体系痼疾的再次延续。直观而言，历经了 2009 年房价的飙涨，大批自住购房需求者不得不“退避三舍”已是不争的事实，一部《蜗居》在各大城市的热播就足以说明一切。显然，区区 1.5% 的房价涨幅与广大民众无力购房的窘境之间有着巨大的反差，难免会招致重重质疑。更为关键的是，如若这一统计结论是客观且准确的，则表明我国房价目前并没有过快增长，那么去年年底以来一系列调控楼市的“重拳”岂不是误判了形势？当下房地产调控政策的主基调是“遏制房价过快上涨的势头”，如果去年多数城市房价涨幅未超过 1.5%，那么“房价过快上涨”的问题就根本不存在，从去年年底开始的调控政策岂不是陷入了出师无名的尴尬境地？

事实上，不久前，国家统计局公布的另外一份房地产行业数据言之凿凿地称，2009 年全年房地产平均成交价相比前一年均价上涨约 24%，其中上海、深圳和北京位居房价涨幅前三名，同比分别上涨 27.56%、18.32% 和 16.38%，业界将此数据视为各地严防房地产泡沫的主要依据。既然重点大中城市是全国房价上涨的领头羊，为何领头羊的房价的平均涨幅会远低于全国房价平均涨幅呢？可见，随着统计局丰富数据的出炉，市场反而感觉辨不清方向了。

种种迹象表明，权威数据未必能准确反映公众感受已成为一个不争的事实。从理论上讲，不同部门之间的统计结论存在差异尚可解读为样本选择、权重取舍等技术层面的因素使然。但现在的问题是，同是出自国家统计局，前后数据为何还会“打架”呢？

由此，鉴于权威统计数据与公众感受出现巨大差异，权威政府部门理应就此作出及时的回应，而不是被动地等待媒体和公众的追问。毕竟房地产业涉及国计民生，其价格能否回归理性关系着民众的切身福利，是调控导向、政策制定的根基。从长远看，当下统计局、发改委、价格部门等各自为政的房价统计模式，只会人为地打造出一个个数字迷局，而对经济决策和房地产业的健康发展毫无裨益。以此观之，相关部门有必要在科学研究的基础上，逐步统一全国房地产价格统计的口径与方式，彻底杜绝数字失真与“打架”的问题。

（原载《广州日报》2010年2月27日）

低工资时代已难再沿袭下去

马红漫

8 月，富士康在郑州的工厂开始运作，据报道，其员工待遇与深圳公司相差不多。与此同时，近期国内多个省、市相继上调最低工资标准，而中华全国总工会也称，今年将有 27 个省、市计划调整最低工资标准。

从中我们不难看出，在内部市场机制和外部劳动保障的双重作用下，中国的“低工资时代”正在宣告终结。

事实上，我国一直遵循的是不均衡发展战略，这体现在两方面，即区域间经济发展不均衡与要素报酬不均衡。前者导致东部沿海地区收入水平远高于中西部地区，后者则导致劳动力收入水平长期低于资本投资回报率。从不均衡发展向均衡发展转变是中国经济结构变化的必然趋势，无论市场内因还是政策外因都应该助推这一趋势。

以富士康为例，在其内地本部所在地的深圳，2009 年居民人均可支配收入为 29 244. 52 元；但在郑州，去年人均可支配收入仅为 17 117 元。如能像媒体报道所言，郑州公司员工月薪在 2 500 ~ 3 000 元左右，就意味着郑州员工的收入水平与深圳市民已经相差无几了。

毋须讳言，富士康公司内迁以及收入待遇的变化有其个案特征，但笔者认为不应因此而低估其中的样板意义，主要理由如下：其一，尽管整体国内劳动力供给依然充足，但是出现劳动力供给不足的“刘易斯拐点”是必然结果。学界对于“刘易斯拐点”出现的具体时间不乏争议，但是季节性的“用工荒”现象已经多次在中国出现，表明市场供求关系已出现变化。其二，经济发达地区劳动力诉求日趋多元化，在经济收入达到一定水平后，精神层面和社会地位诉求将会提升。但是在既有的户籍制度和住房体制的制约下，制造业企业难以满足这些诉求，由此倒推使企业选择内迁，并将此类员工利益诉求提前作出考虑和安排。其三，这也有助于解决区域经济不平衡问题。一些龙头企业的高福利待遇将直接影响当地的收入标准，并最终推动区域间工资待遇水平的一致化。

当然，也有声音认为，国内劳动力收入提升过快会侵蚀企业利润、伤害经济活力，但这种说法是站不住脚的。统计数据显示，中国工人平均每小时的工资只是韩国的5%、巴西的17%。即使工资大幅增加，仍是全球劳动力性价比最高的地区之一，加薪不会影响制造企业的产品竞争力，反倒会培养出更广阔的市场。

至于经济活力问题，笔者认为，“腾笼换鸟”才是东部发达地区的发展战略，以现代服务业替代制造业是必然趋势，这样就可以避免劳动力成本增长造成的潜在伤害。而在中西部地区，现代制造业建设初期的商务成本并不高，因此，企业完全拥有提高工资待遇的空间。更重要的是，政府部门可以通过财税优惠政策等措施，寻找实现工资待遇提升的制度化空间。

真正需要形成的共识在于，中国的“低工资”发展模式并不具有可持续性，无论是政府部门、企业还是劳动者，都应该付出努力或者强化诉求，最终实现发展模式的嬗变。就此逻辑而言，“低工资时代”的终结是历史的必然。

（原载《广州日报》2010年9月3日）

警惕“GDP 主义”加速道德解体

郑永年

当代中国两种并存的显著现象是：一方面，过去30年间经济取得了高速发展，创造了世界经济史上的一个奇迹；另一方面是社会道德的解体。这两种现象都可以指向同一个根源，那就是盛行不止的GDP主义。在过去几年里，中央政府力图扭转GDP主义盛行的局面，提倡科学发展观。

GDP主义产生的GDP可以估算，但没有任何办法来估算GDP主义的社会成本。很多人已经明白GDP主义所产生的一系列负面的社会效应，例如收入分配不公平、社会分化、劳工权利得不到保障、环境恶化等，但最大的社会成本莫过于社会道德体系的全面解体。

GDP主义如何导致社会道德体系解体？因为GDP主义的核心就是促成所有事物的货币化。改革开放之后，中国确立了市场经济。市场机制有利于资源的有效配置，大大促进了经济的发展。问题出在经济发展和社会发展的严重失衡上，钱变成了衡量人的价值的唯一标准。从经济学意义上看，资本最大的功能就是把一切社会关系转变成为商品和货币。政府或者其他社会组织就要扮演一个重要角色——阻止或减少货币化对社会道德的冲击，中国各级政府在这方面成为资本的有力助手，而在保护社会方面却缺乏建树。

在任何市场经济社会中，人们必须商品化或者货币化的就是自己的劳动力，但在资本操控下，中国的现实是劳动力变成了最不值钱的东西。例如，在发达国家的企业，工资在营运成本中一般占50%左右，但在中国的企业中则占不到10%；在发达国家，劳动者的劳动报酬在国民收入中所占的比重一般在55%，但在中国，这个比例不足42%。这种情况促成财富集中在很少一部分人手中。财富过分集中本来就是社会道德衰落的一个重要根源。

GDP主义恶劣的另一方面就是它摧毁了旧的社会保障机制，但没有建立起新的社会保障机制，使得社会成员赤裸裸地进入了一个不确定的市场经济社会中，道德也就无从谈起了。

从世界范围内看，任何社会经济的高速发展都会对这个社会的道德体系产生深远的影响。正因为如此，政府必须提供社会保障机制。这是西方社会产生社会政策（包括社会保障、医疗、教育、劳动工资，等等）的背景。

这里必须指出的是，政府提供社会保障机制并非是为了反对资本，恰恰相反，社会保障机制一方面是阻止和减少货币化和商品化对社会的冲击，但同时也是为了资本能够更具人性地运作。从这个意义上说，在西方，是社会保障制度的产生在拯救市场经济的同时促成了市场经济的转型。

20 世纪 80 年代以后，西方开始盛行新自由主义，其主要表现在生产领域，即一些公共部门的私有化。在公共服务领域，私有化则遇到了强有力的抵制。但在中国，情况刚好相反。新自由主义在生产领域尤其是国有企业领域，遇到了既得利益的有效抵制，但在医疗、教育、住房等社会领域则大行其道。

人毕竟是社会的产物，具有社会性，不可能被完全货币化。货币化和反货币化是当代中国人内在的冲突。不过，反货币化力量的存在也表明社会道德重建的可能性。对中国而言，关键在于是否有足够的时间来重建社会道德体系。在这个过程中，政府又能扮演一个什么样的角色？很显然，如果不放弃 GDP 主义，无论作什么样的选择，除了加速道德的解体，在社会政策方面都只会背道而驰。

（原载《中国企业家》2010 年第 2 期）

夹缝中生存的中国富豪们

童大焕

来自《经济观察报》（5 月 22 日）的报道说，中国内地富豪移民海外的趋势比较明显。根据 4 月初发布的《2010 胡润财富报告》估算，中国目前有 5.5 万名亿万富豪。没有可信的数据显示这些富豪中已经有多少人移民海外，但北京因私出入境中介机构协会的数据显示，2009 年中国再次掀起投资移民海外的热潮，当年到美国投资移民的 EB－5 类签证的中国申报人数已经翻了一番，从 2008 年的 500 人上升到超过 1 000 人。而美国还不是投资移民的首选地。

探究内地富豪移民海外的主因，排在第一、二位的分别是子女教育和寻找安全感。子女教育的原因属于正常原因，而“寻找安全感”则不能不令人反思国内的社会环境。一是国内的投资环境离法治化和规范化还有不小距离，许多投资渠道都限制了民营资本的进入。二是贫富差距拉大导致中国社会对财富“原罪”的追问以及不时引发的“仇富”心态让富豪们如坐针毡。如何保护自己的生命财产安全，成为富豪们不得不担心的一个问题。

事实上，中国的富豪一直以来多数都是在夹缝中生存的尴尬群体。一方面，他们中的相当一部分必须仰仗权力才能得以生存发展，而现代行政垄断制度又使他们时时处处面临着巨大的“权力和制度天花板”，无法在市场上实现公平竞争；另一方面，由于中国社会“腐败”和“富裕”往往有着相当大的重叠（但绝不是全部），因此，中国的富豪群体往往被社会底层或愤青群体视为“天下乌鸦一般黑”的仇恨对象，一旦社会矛盾激化，他们中的一部分人就会成为权力的祭品和替罪羊，成为权力打击和清算的对象。

因此，及时地“见好就收”甚至逃亡国外，就成了他们迫不得已的生存方式和选择。

实际上，即使对于因“仇腐”而“仇富”的人来说，富豪的流失既是社会的净损失也是穷人的净损失。富豪群体的移民，从现实影响上看，就是中国精英与财富流向海外的双重流失。改革开放 30 多年来，人们辛辛苦苦，不惜以低工资和环境的严重污染与破坏为代价引进外资来发展经济，但国内富豪群体或移民或向国外转移的财富，可能远超于引进外资的总额。而反观很多移民国家和地区，不惜以提供良好的教育和低税费为代价，引导世界各国富豪向他们移民。

其实质是什么呢？实质是我们牺牲土地和肥料辛辛苦苦种庄稼，等到要收割的时候，却颗颗粒粒都让别人收去了。而即使这些“果实”真的有“原罪”，公权力难辞其咎。无论是因官员腐败致富，还是权钱交易致富（本质上是权力对市场的管制过多，市场化不够），抑或是行政垄断导致的收入的贫富不均，都有公权力的“原罪”。

这个问题的本质还在于，社会弥漫的非理性仇富情绪，可以把富豪连同他们的财富一起逼向海外“安全地带”，却不能把导致财富不公正、不合理分配的公权力逼向海外。

我们这个社会唯一应该时时刻刻强力监督的就是公权力。无论是预防腐败，亦或是防止权钱交易，还是防止垄断导致不合理财富分配，根源都在公权力本身。

对于富豪群体，则应该在法律的框架内，让他们更自律、更安全、更自由。比如，减少行政管制，让富豪资本不再匍匐在权力脚下；打破行政垄断，让他们的资本能够自由准入，从而为社会创造更多的就业机会和财富。社会对待富豪及其财富有多种方式，最好的方式莫过于让其自由准入各行各业，办学校、办企业、办医院，实现财富社会化；允许其符合人类天性的奢侈品消费；鼓励其参与慈善事业。最坏的方式莫过于仇视他们，试图剥夺他们甚至消灭他们，并且把他们连人带财富逼向海外。而后者，又会加剧富豪在积累财富时的短期行为，也会进一步加剧社会的腐败。

（原载《中国青年报》2010年5月26日）

阶层分化背后有“嫌贫爱富”效应

朱四倍

穷会成为穷的原因，富会成为富的原因吗？“我觉得非常遗憾，近几年，社会底层特别是农民以及农民工家庭的子女，通过教育实现向上流动的动力越来越小、成本越来越高，总体上看，渠道有变窄的趋势。”中国劳动学会副会长兼薪酬委员会会长苏海南表示。(《人民日报》9 月 16 日)

农家子弟还能“鲤鱼跃龙门”吗？这是《人民日报》给出的问题，也是一个日益牵动人心的社会学和政治学命题。对此，有专家称，普通人家子弟，因为父母无金钱和权力，难以进入社会上升通道；而有着强大社会资源的富有家庭的孩子，可轻松获得体面的工作及更广阔的发展空间。最为鲜明的证据来自数据：20 世纪 90 年代初，中国人民大学学生中家在乡镇农村的约有一半，现在这个比例明显下降了。此前，中国农业大学对新生城乡比例的调查显示，1999—2001 年农村新生均在 39% 左右，2007 年已跌至 31%。

这让我们看到了什么？社会底层向上流动日益艰难，地位相对“凝固”，并且阶层的“继承”效应明显。本则新闻揭示的事实告诉我们，当下的阶层分化呈现出极强的“嫌贫爱富”的特征和属性，在强势阶层突出自身优势的同时，弱势阶层缺少实现向上流动的机会，不得不沦为社会的边缘阶层或成为“永久的底层”，从而导致了马太效应。

潘光旦和费孝通两位先生曾统计了清末 915 名科场中试者，发现 41.16% 的人来自乡村。相比之下，当前大学生中，农村学生比例的下降态势就不由得让人汗颜。与此同时，弱势群体的子女向上流动的困难不仅表现在上大学上，还表现在就业上，可以说是全方位的。由此让社会出现了“官二代”、“富二代”、“贫二代”等词汇，隐藏其后的草根阶层的焦灼情绪呈现弥漫态势。但是，笔者认为更为严峻的事实是，这是整个社会失衡的写照。

在“官二代”、“富二代”、“贫二代”等词汇对社会作出无情总结的同时，我们发现，个体的命运不依托于努力和奋斗，而是依靠一些先赋性因素在发挥作用——家庭背景和社会资源等。也就是说，在“官二代”、

“富二代”越来越处于社会有利位置的时候，公众的焦灼情绪正在上升，而草根精英上升通道之逼仄也是一个不争的事实。谁可以进入高收入行业和处于社会中的有利位置呢？有研究表明，有权力和财富背景而进入高收入行业的人远远超过了有教育背景者，这也是代际传递日趋固化的明证。现实中，在我们的身边，有多少高官子弟进入了高收入行业，又有多少权势子弟走上了留学的路途？对这样的场景，我们陌生吗？如此一来，怎能不让公众产生不满和抨击情绪？

这是社会流动趋于固化的征兆。当下，社会资本和社会资源的分布不平衡，乃至处于悬殊状态，造成了发展能力的缺失。社会资本和社会资源都具有向优势群体集聚的特性，这就造成了强者愈强、弱者愈弱的局面，阻碍“贫二代”群体的向上流动。由于社会隔绝壁垒和阶层壁垒的作用，“贫二代”所能获得的上升机会较少，上升流动的空间和渠道狭窄已是可见的事实。在代际再生产的问题上，对于“贫二代”而言，父辈的差距正被复制到子代身上。

当前，在我国社会政策、社会福利、利益调控、权力监控等各项化解阶层之间冲突的措施和制度不完善的情况下，在边缘群体利益表达机制明显缺乏的同时，主导阶层的利益表达机制却日趋完善，且在某种程度上表现出更大的利益强势，而边缘阶层则被置于“永久的底层”。也就是说，要想回答农家子弟能否“鲤鱼跃龙门”这一问题，唯有改变他们“永久的底层”的命运，否则，等待我们的不仅是阶层对立，还包括社会风险的日益积聚。

（原载《每日经济新闻》2010 年 9 月 17 日）

慈善榜“以数字论英雄”的三重尴尬

朱四倍

昨日，“2010 中国慈善排行榜”在北京发布。陈光标因其慈善影响力获得“首善”称号；黄如论以去年近 10 亿元的捐款成为慈善家捐赠排行榜第一名。成龙、李连杰等明星也登上“2010 中国明星慈善榜”。(《新京报》4 月 29 日)

慈善是社会文明的象征，这已经成为我们发展慈善事业的共识。正因为如此，社会必须对陈光标、黄如论、成龙、李连杰等人士抱以足够的敬意，并给予其足够的褒扬。但是，笔者以为，慈善榜不能陷入“以数字论英雄”的陷阱，而这恰恰是当今社会中中国式慈善遭到的尴尬。

这不是说不应对“黄如论以近 10 亿元的捐款成为慈善家捐赠排行榜第一名”进行宣传和激励，而是说社会不能以捐赠数量的多少论英雄，不能忽视那些默默无闻的众多行善者。假如社会以数字来衡量慈善，在笔者看来，就是中国式慈善的第一层错位。事实上，慈善的真正力量和主体不是富豪，不是公司，相反是普通公众。以美国为例，在美国所有慈善捐款中，约有 85% 的捐款来自普通百姓，约有 10% 的捐款来自公司企业，另有 5% 来自大型基金会。以 1992 年为例，年收入在 10 万美元以上的家庭，他们的捐款比例为 2. 2%；而年收入在 1 万美元以下的家庭，他们捐出了收入的 5. 2%。这是因为低收入的人更接近社会底层，更了解那些需要帮助的人的需求。因此，在褒扬黄如论捐赠行为的同时，我们更应关注那些普通公众的慈善行为。从一定意义上说，普通公众的选择决定着我国慈善事业的明天。

面对“黄如论以近 10 亿元的捐款成为慈善家捐赠排行榜第一名”，我们还要看到，我国慈善事业不如国外成熟、透明，富豪捐赠方式隐秘，一些企业家低调、怕露富，不对外公布具体的捐赠额，缺乏一个“人人可慈善”的大气候。也就是说，我国社会并没有形成一个良好的人文环境。国外的企业家行善，一般不会为露富而担忧，我国则不行，露富成了一些富豪的心理负担。如一些企业家因做慈善事业出名后，众多索捐、求助者纷纷以各种理由找上门来。更有富豪担心被追问深层次的企业家“原罪”问题。据相关统计显示，至少有一半以上的慈善家捐赠绕过慈善机构，直接捐向某些社会项目或者是建立自己的基金。这是中国式慈善的第二重尴尬。

更要命的是，时下社会中，人们还要面临“善人难当”的困境。2004年印度洋海啸发生后，网易掌门人丁磊个人为灾区捐了1 000万元。为此，他曾犹豫了一天，令他担心的是，万一人家问起，如果真心想做好事，为何不用化名？捐1 000万元是为了出风头还是斗气？为什么捐给外国，而不捐给受灾的中国人？以后国内遭遇灾情，你会捐多少……丁磊的疑虑，勾勒出了中国慈善捐赠的社会环境。同时，慈善事业还面临手续烦琐等制度陷阱。这些都难以促使大众慈善意识的勃发，在笔者看来，这是第三重的尴尬。

慈善事业的发展水平反映着社会的发展状况，一方面反映了这个社会的社会问题的多少，另一方面又反映了这个社会自我调节能力的大小。目前，慈善意识在我国尚未上升为社会的主流意识，距离全社会形成浓郁的慈善意识和社会氛围还有相当大的距离。这也给我们提供了很大的作为空间。就笔者的观点，只有普通公众加入到慈善队伍，而不是由富豪们单独支撑慈善大厦，才是慈善事业最好的方向。因此，慈善榜“以数字论英雄”的中国式尴尬应引起重视。

（原载《沈阳晚报》2010年4月30日）

中国未来劳力缺口一亿

罗天昊

近日，广东出现大规模的“洋黑工”现象。大批来自东南亚及非洲相对落后国家的境外黑工，纷纷在深圳、佛山、东莞、云浮、肇庆等地出现，并大有向整个珠三角扩展之势。

“洋黑工”的出现，当然可以归因于中国经济发展所产生的强大吸引力。但是，值得警醒的是，本次广东的“洋黑工”浪潮与“民工荒”现象几乎同步出现，折射出中国隐藏的巨大劳力危机。

“民工荒”的原因，除产业升级外，更重要的在于青壮年劳动力的急剧减少。

从新中国成立后一直到20世纪70年代，中国一直是鼓励生育的，中国在改革开放前期，人口的迅猛发展，某种意义上正是获益于这种人口红利。

中国全面推行计划生育政策，导致青年人的比例逐年下降。改革初期的1979年，中国0～14岁的少儿人口占总人口的比例大约为1/3；而到了2009年，这个比例竟然不足1/5，下降速度惊人。

前不久，武汉大学顾海良宣称：随着出生人口基数的下降，18～22岁适龄大学生青年数量的减少，很多中国大学将有破产的危险。这绝非危言耸听。据教育部统计，自2007年以来，高校学生在连续增长13年后，开始下降。今年，北京高考报名人数即猛降20%。

“民工荒”和“学生荒”同时出现，表明中国已非“少年中国”。

随着计划生育政策的推进，我国加快了进入老龄化社会的脚步。未来10年，中国18～22岁的人口将减少4 000万人，而在20～40岁之间的人口更将减少1亿～3亿。

更为严重的是，由于推行计划生育，以及中国社会缺少保障，生育孩子已经成为沉重的负担，由此引起了生育意愿的普遍降低。

开放亚洲和非洲移民，或可解中国年轻人口匮乏之难。

在本次的广东“洋黑工”浪潮中，“黑工”主要来自东南亚和非洲，特别是东南亚国家，与中国地缘相近，文化亦比较接近，来中国比较容易。如在广东的越南人，多自中国广西的东兴入境。此外，中国国势的日益强盛，在相当长时期内，也将对亚非国家的年轻人产生巨大的吸引力。

作为中国“洋黑工”浪潮的第一站，广东方面已经出台了《在粤外国人“三非”现象调研报告》，随着未来黑工现象在全国的蔓延，中国对亚非劳工必然出现根本性的政策改变，给予正当移民劳工合法身份，随着中国户籍制度的逐步改善，将更加速这一进程。

未来20年内，应允许亚非国家向中国大量移民，据预测，未来劳力缺口将达1亿以上，中国将形成大规模的移民潮，成为除美国之外，容纳全球性移民最多的国家。

（原载《时代周报》2010年4月1日）

“柴油荒”背后闪动着节能政绩鬼影

叶祝颐

持续多日的柴油短缺，使南方一些地区的工业生产、交通物流、晚稻收割受到影响。“柴油荒”的形成，有炼油企业检修减产、经济回暖带动工业生产用油攀升、渔业农业季节性用油增加等原因，而一些地方突击式的拉闸限电行为也加剧了柴油的供不应求。

中央推行低碳政策，设定节能减排指标，本是为了淘汰落后产能，矫正“唯 GDP 论英雄”的错误发展观。但是在节能减排的问题上，有的地方平时不做足功课，不淘汰落后产能，不对高耗能企业限电，其公共机构不当好节能示范，而是选择在“年终算总账”之时搞突击式的拉闸限电行动。这不仅给民众生活带来不便，伤害到千家万户的民生利益，同时也是对节能减排政策的误读与歪曲，同科学发展观背道而驰。

虽然国家发改委、工信部表态要确保居民用电，对某些搞突击限电的地方点名批评。但某些地方仍然置若罔闻，突击限电行动仍在继续。有的地方不仅居民家里停电，医院、红绿灯等公共设施也不能幸免。居民正常用电需求被遏制，无奈之下，他们只好购买柴油机发电自救。表面上看，官方发布的煤炭消耗、电能消耗有所降低，但是柴油消耗增加，还增加了其他社会成本，打乱了正常的社会秩序与居民生活秩序。这样的节能减排“效果”对经济发展、对黎民百姓有什么好处？

其实，把节能政绩与民生利益放在天平上衡量，孰轻孰重，并不是一个难以回答的问题。某些地方如此突击应对节能减排年终考核，是对发改委、工信部权威的挑战，也是对中央节能减排政策的亵渎。

由于“唯 GDP 论英雄”的发展观仍有相当大的市场空间，特别是应对金融危机之时出台的刺激经济政策打乱了原有的节能减排工作部署，一些高能耗行业产能重新抬头。正如《国务院“十一五”节能减排通知》所言：“节能减排形势十分严峻，特别是 2009 年第三季度以来，高耗能、高排放行业快速增长，一些被淘汰的落后产能死灰复燃，能源需求大幅增加，耗能强度、二氧化硫排放量下降速度放缓甚至由降转升。”

中央节能减排政策在地方变形走样，地方政府年终打响突击限电“运动战”，把“孩子和脏水”一起倒掉，造成“电荒”，加剧“柴油荒”。这既说明高能耗、高污染行业存在反弹隐忧，也说明某些地方政府在执行节能减排政策方面“只见政绩，不见民生”。

笔者认为，地方突击限电的行为伤害民生利益，影响居民正常生活，同样也应纳入节能减排政绩的考核范围。让地方政府不仅对 GDP 负责，对节能减排成绩单负责，而且要对公共服务与民生福祉负责。更为重要的是，要引入多维绩效评价机制，把官员绩效评估主体由单一化转向多元化，增加民众对官员节能减排绩效评价的话语权，逐步修正部分官员“只见政绩、不见民生”的病态政绩观。

（原载东北网 2010 年 11 月 8 日）

你荒你的油，我得我的利，奈何

晏 扬

近日，国家发改委查处了六家高价销售柴油的企业，其中三家是中石油、中石化下属的销售公司。国家发改委称这些企业“违反国家成品油价格（破解油价困境）规定”、“严重扰乱了市场秩序”，已责成当地价格主管部门严肃处理，除没收高价售油多收价款外，还将最高处以五倍的罚款。（《新京报》11 月 24 日）

打击扰乱市场秩序行为先拿垄断油企开刀，让人拍手称快。成品油是垄断性产品，实行政府定价，擅自提价属价格违法行为，政府部门有权查处也必须查处。国家发改委每次调整成品油价，都会确定汽柴油的最高零售价（各地最高零售价和实行零售价稍有差别），而根据成品油定价机制，最高批发价则按最高零售价每吨倒扣 300 元来确定，即成品油批零差价不得低于 300 元/吨，以保证加油站获取合理利润。此次被查处的六家油企均是擅自提高柴油批发价格，导致批零价格倒挂，很多加油站不愿购买和销售柴油。近来出现的大规模柴油荒，原因之一即在此。

不过，罚款只能震慑高价售油行为，却解决不了油荒这个根本问题。如何根治油荒？关键是要强化垄断油企的责任，建立油荒问责机制。中石油、中石化既然垄断了国内成品油供应，保证成品油供应就是他们应负之责，不管油荒的成因有多么复杂，不管保证市场供应有多少困难，垄断油企都应该预见到并想办法解决——这就是一种权责对等，你不能只享受垄断的好处却不承担垄断的责任，否则我们要石油垄断做什么，油荒频现又怎能保证国家经济安全？

油荒频现显然是垄断油企没有履行责任的明证，眼下的问题是，不管油荒闹得多么厉害，垄断油企似乎都无须担责，也从没听说过有谁因此被问责，反而是油荒闹得越厉害，我们越要倚重他们。正因为权责不对等，缺乏油荒问责机制，才使得垄断油企对油荒频现无所担忧、暗中窃喜甚至故意制造油荒。如果有油荒问责机制，垄断油企所属炼油厂就不会每逢八九月进行大规模检修，致使每到冬季就闹油荒，而是会主动将其他环节赚取的高额利润补贴到炼油环节，从而提高炼油企业的生产积极性；更不会像媒体报道的那样，以“股票坐庄”的手法操控成品油供应，并在油荒中享受盛宴狂欢……

成品油的垄断机制有了，定价机制也有了，但供应机制还很脆弱、很不完善。查处一些油企的“趁荒打劫”很重要，而通过强化垄断油企责任来根治油荒，无疑更加重要。

（原载《中国青年报》2010 年 11 月 25 日）

经济适用房会推高房价

茅于轼

一般人都认为开发经济适用房有助于压抑房价。我坚持认为，恰恰相反，开发经济适用房会推高商品房的房价。

认为经济适用房能压抑房价的理由是，若同一种商品有两个市场且价格不同，则当两个市场可以交流时，价高的市场会降价，价低的市场会涨价。这样的说法并不错。比如在国际贸易中，中国和美国是两个市场，粮食在美国市场上价格低，在中国市场上价格高，自由经济中自然会有人从美国买粮食运到中国销售。结果美国的粮食减少，价格上升；中国的粮食增加，价格下降，两国的价格差别会减少。而在房子问题上的现实是，现在的商品房和经济适用房是两个不能交流的市场，能买经济适用房的人买不起商品房，买得起商品房的人不符合买经济适用房的条件。参与者是两个不同的群体。

当然，这样的假设（买商品房的人和买经济适用房的人是两个不同的群体）是否成立可以讨论。严格地讲，如果大家都讲规矩，这个假定是可以成立的。谁都想买便宜的经济适用房，但买经济适用房是要审批的，收入高的人不符合条件，肯定被排除在购买经济适用房的群体之外。符合购买经济适用房的人都是收入比较低、买不起商品房的人。所以上述假定可以成立。划分这两个群体的分界线就是收入水平。低收入的人买经济适用房，高收入的人买商品房。两者界限十分清楚。但如果大家可以不守规矩，两个市场的买方可以混杂，审批根本不起作用的话，情况就会大大不同。

由于两个市场的参与者不能沟通、不能交换，所以经济适用房市场不论怎么变，都不会影响商品房市场。经济适用房增加也好、减少也罢，商品房市场完全不受影响。但这里假定经济适用房的增减不影响商品房是有条件的。事实上，由于可供开发的土地面积是一定的，一块地用于经济适用房就不能再用于商品房，两者不能互相替代。增多开发经济适用房必定减少商品房。我们不能假设在商品房用地之外又从天上掉下来一块土地可用于经济适用房的开发。在土地面积不变的条件下，增加经济适用房必定减少商品房。同时，购买商品房的人并没有减少，导致同样多的人竞争减少了的供应，价格自然会上升。

这就是为什么经济适用房会推高商品房的房价的道理。

扯远一点，如果天上真的掉下来大块土地，而且上面都盖好了房子，这些房子应该如何分配？杜甫在《茅屋为秋风所破歌》中说“安得广厦千万间，大庇天下寒士俱开颜”，房子应该分配给寒士，也就是穷人。不是分配给中产阶级，也不是分配给绅士。分配给穷人，并不是白送给他们，而是让他们有地方居住。这就是廉租房的依据。

当然也会有人有异议，既然天上掉下了馅饼，不如把它卖几个钱，帮助国家的发展。这就是效率观和公平观的区别，两者都有其理由。但是如果论卖钱，就应该卖得愈高愈好，也不会是按经济适用房的价格出卖。何况这不是天上掉下来的馅饼，建房是要有成本的，这是政府的资源。大家知道，政府是不创造财富的，政府的资源就是全国人民的资源。拿全国人民的资源帮助穷人，大家不会有太大的不同意见。但是为什么拿全国人民的资源帮助中产阶级买房，就没有太多的理由了呢？政府有责任去解决每个人的住房问题，但是没有责任满足每个人对房产的占有欲望。这是性质完全不同的两件事。不论是谁，买房只能靠自己，靠政府是行不通的。没有地方住，可以找政府想办法，但是不涉及所有权。

还是回到上面的结论吧，根据那个结论，取消经济适用房可以降低商品房的价格。事实上，中国改革开放的30多年来有过这样的经验，在价格双轨制时，同时存在着两个市场，一个是低价的计划市场，一个是自由价格的商品市场。如果取消低价的计划市场是不是会抬高商品市场的价格？一般人都认为会这样，但经济学家认为不会。这个争论和现在的争论是一样的。后来取消了低价的计划市场，自由市场的价格反而下降了。其原因是低价的市场存在着浪费。取消低价的计划市场，就改善了资源配置的效率。同样的商品供应，避免了因低价导致的过度的不合理消费。合理消费的供应增加，价格就反而降低了。

（原载《南都周刊》2010年9月6日）

文体篇

郭德纲的嚣张不是罪

李承鹏

相声本就是一件很俗的事情，非让它装高雅，那就不叫相声，叫诗朗"颂"。有人把相声说到诗朗"颂"的境界，比如刚刚表示要铲除郭德纲"三俗"的高雅大师姜昆，每回他在春晚声情并茂地弘扬主旋律时，我觉得自己必须穿上燕尾服才配得上去聆听。就算笑，也须用美声方法才可以"哈哈"。当然，这让我在生理上比较难受，所以一直起不到洗涤灵魂的作用，这让我一直很鄙视自己。

我还真没那么喜欢郭德纲，我更喜欢马三立和侯宝林。可马三立那段"妈妈，有人偷咱家被窝啦"卖的是絮叨，跟高雅沾不上边。至于侯宝林那段《改行》，说的是晚清时老佛爷驾崩后不准艺人在天桥卖艺，还忌嬉笑和喜色，开玩笑是不许了，改行卖根萝卜得把红皮给套上，就连红瓤西瓜也是禁止的。可这也不见得就高雅，还很容易让别有用心的坏人产生联想……

我听相声时习惯趿着拖鞋摇着扇子去剧场，或者洗完澡躺被窝里抠脚丫子瞎乐，我觉得相声这东西肯定触及不到我这个俗人的灵魂，最多只可触及我身体上的笑筋，而这正好抵御了生活中的郁闷，要是太高雅，会让我更郁闷。看，我就是这么一个俗人。

昨天早上起床，脑海里还浮掠过百度里随处可搜的苍井空驾临世博的神迹，马上打住，因为俗；下楼却见我们小区正进行全民健身运动，锣鼓喧天之中见一老太太咧着猩红的大嘴跟一老头眉来眼去，另一老头差点与该老头打起来，我赶紧撤，也俗；去喝茶见电视里正播放 BTV 鼎力制作的艺术瑰宝《红楼梦》，我一眼就瞥见黛玉香销玉殒前的玉体横陈，那一条粉腿啊，俗；赶紧买份报纸，标题上赫然写的是某官员包二奶一年的详细费用，最后不堪其纠缠而找人一刀将其抹脖了……我就是被这个俗的世界包围着的，但我不会娶苍井空作老婆，不会真以为 BTV 玷污了曹雪芹，更不会包二奶且将其杀害，因为任何人做任何坏事之前都会考虑后果，我胆小，何况接受过这么多年的教育，就更胆小了。

我们普遍都是受了 30 年左右教育的人，我们听郭德纲的相声也不过 3

年，难道30多年的教育还抵挡不了3年的腐蚀，这就太不自信了。可中国的事情就是这样，总觉得坏人一个眼神就可以把我们勾引到对岸。其实不是这样的。用我们四川俚语讲就是，借给郭德纲一个马达，他都尿不到三尺高的尿。

一些人骂郭德纲是因为他嚣张，嚣张是挺讨人烦的，可没有一条法律中有“嚣张罪”，否则下一步我们得发明“木讷罪”、“聪明罪”、“下贱罪”（最后一条罪在明朝是有的），这样我们就没有安全感了。一些人还因为郭德纲长了一张“黑社会”的脸，可这得先封杀郭德纲的爹妈而不是他本人（这一条在“文革”中也是有的）。长得像“黑社会”就是罪，那连孙红雷也不会有安全感了。另一些人说郭德纲盘剥员工，可是我也没见谁取消郭台铭的生产资格和出版资格，各地政府不正阿谀谄媚、热烈欢迎吗？犯了A罪却用B罪来惩戒，这不是文明社会才做的。

在郭德纲这件事上，能说些人话的人并不多，在此我认同赵丽华、冯小刚、健翔、龚晓跃、王小山、胡淑芬及其他一小撮人，向他们致敬。但人太少了，特别是知识分子层面的人太少了。我一直觉得中国的很多知识分子是比说相声的更可疑的，他们一生所倚重的不是恒定的标准，而是势利的心机。他们总喜欢打“太平拳”，见着没危险或可欺的便一窝蜂而上，以对方心理受伤害的程度为战利品，并互相吹嘘自己的文学手段如何了得。那种群殴之后的骄傲自豪油然写在正确的脸上。是的，他们不是为了真理而写作，他们是为了正确而写作。他们其实是一个家族的，他们的家族几千年来都是复姓——正确。

我跟郭胖子一点都不熟，我也不是为他出头。我只是很好奇，一个说相声的，说了些狂妄之语，就招致失去了宪法赋予的出版权利；其一徒弟打了人，其所有徒弟竟以自查之名失去工作权利，这符合哪条法律？先前还信誓旦旦的工会又跑到哪条胡同吃红瓤西瓜去了？事实是，郭台铭说员工跳楼与富士康管理无关时，你们不愤怒，郭德纲说偷拍行为招人打，你们很愤怒；郭敬明抄袭赢利数千万元，你们不眼红，郭德纲说段子赚钱，你们很眼红；湖北厅官到底是抓扯还是暴打，你们不调查，郭德纲徒弟是推还是扯，你们要求一查到底……这样弄下去，我们都没安全感。

你说，为什么中国人活得没安全感？中国的一切之本，是爱人民、爱同类。

（原载《南方都市报》2010年8月11日）

跟车延高谈谈诗

景凯旋

每年一度的鲁迅文学奖揭晓，诗歌奖得主车延高因其几首浅俗的诗，引起网上一片讥评，称之为“羊羔体”，一时间仿作如潮，让人想起当年戏仿“梨花体”带给网民的快乐。不同的是，这次的桂冠诗人车延高身份特别，乃堂堂武汉市纪委书记。在公众心里，官员与诗歌，从来都是两个不能融合的概念，怎么想怎么别扭。据说，诺贝尔文学奖是不授予在任政府官员的，当然，这只是据说而已。套用一句法国谚语：你已经有了巨大的权力，难道还想要一颗不朽的灵魂？

中国是个诗歌的国度。官员写诗，代有其人，就像车延高说的，唐太宗李世民也写诗，而且置于《全唐诗》的开篇。但那是因为他的地位，唐太宗的诗绝不是好诗，这是毋庸置疑的。至于其他的诗人多是官员，也是因为古代文人的唯一出路就是仕途，官员而兼诗人，乃社会常态。然而，优秀的官员诗人并不多。文学这东西就是奇怪，虽然孔子也说过“诗可以兴，可以观，可以群，可以怨”，但从古至今，最好的诗似乎都是怨诗，因为幸福总是一览无余，而不幸却是辗转难尽的，所以欧阳修才说“诗穷而后工”。在古代，这不仅是理论常谈，而且是实践套路。对于诗人自己，诗“可以怨”，有着排遣、慰藉的作用；对于读者，即使是那些优秀诗人，他们最好的诗也是写个人与社会的痛苦。

这些在车延高的《向往温暖》里都见不到。这不是说他的诗歌写得不好，他要面临的是鲁迅的命题：政治家与文学家的歧途。搞政治的人需要维稳，搞文学的人需要不满。在今天的社会，要将这两者结合起来，大概只有人格分裂的人才能做到。读车延高的诗，尽管没有那种毫无遮掩的歌功颂德，但也不会有曹操“白骨露于野，千里无鸡鸣”那样的关怀，因为我们今天是“幸逢盛世”。

车延高的诗看上去似曾相识，这并不是说他的诗是抄袭，而是说，他的诗和许多籍籍无名的诗人的诗没有多大区别。有一些词语的感觉，既谈不上怎么差，也谈不上怎么好。这样的诗，完全可以用电脑软件写出来，不需要过于用心。模仿他的诗可很容易，而且可以模仿得很好，也说明了在当代，写诗并不需要呕心沥血的劳作和痛彻心灵的感受。

按照车延高的说法，他写演员的那几首诗用的是白话手法，力求“零度抒情”，不带有个人感情。法国文学理论家罗兰·巴特曾发表过一篇文章《写作的零度》，车延高的“零度抒情”大概源于此。罗兰·巴特提出中性的、非感情化的零度写作，否定了诗歌的内容和个性，我个人并不欣赏。

真正的问题是，车延高的诗没有“自我”，主体在这里完全被客体化了。所有的主语都不是“我”，而是“我们”。他写“荷花”、“青春”、“转经筒”、“雪莲”和“麦子”，但那是代表所有“内心温暖”的人的感觉，用他的话说，是“共同的社会追求”，而不是一个诗人独特的人生体验。当年汪国真的“既然选择了远方，就要风雨兼程”，也是属于这种缺乏自我的表达，在光滑的词语表面轻轻地滑过去。他的诗还有些忧伤，可那忧伤是写诗的需要，是一种空洞的美。读者可以是“大众”，但绝不会是“个人”。感动少男少女犹可，要感动一个有阅历的人，恐怕很难。

对于抒情诗，自我大概是第一要素。一部中国诗歌史，就是从缺乏自我到确立自我的历史。《诗经》里的诗大都是诗人代言群体，尚无“我”的自觉，诗人想象自己的忧伤就是世界的忧伤，所以“昔我往矣，杨柳依依。今我来思，雨雪霏霏”，有一种广大的悲哀。后世称汉魏古诗“高古”，也是指这个感觉。随着自我的不断觉醒，后人要想再写出那种浑然无我的诗来，是不能讨好读者的了。

事实上，越到现代，诗人的自我感越是强烈，诗歌越是诗人自己的世界，在其中展示自己的发现。车延高的诗浪漫倒是浪谩，但没有自我。作为一个诗人，他没有发现藏在事物背后的东西。

以上这些与车延高的获奖没有关系。有人说鲁迅文学奖死了，那是言过其实。在我们这个时代，本来就不应当将鲁迅的名字设为文学奖项。更进一步说，文学根本就不应当设奖，诗人济慈在一封书信里曾写道：“英国产生了世界上最好的作家，一个主要原因是英国社会在他们出世时就虐待了他们。”做一个真正的诗人是要付出代价的，而社会主流怎么可能去奖励一个被其虐待了的诗人？

（原载《南都周刊》2010 年 11 月 2 日）

“阴谋论”在中国为什么这么盛行

薛　涌

最近，数十名学术界和文化界人士联名在《中国青年报》上发表公开信，要求中国社科院、清华大学迅速调查汪晖涉嫌抄袭事件。我之所以也签了名，不仅是因为汪晖本人迟迟不对抄袭一事作出回应，其所在的清华大学也没有任何展开调查的迹象。更重要的是，汪晖的支持者试图把水搅浑，搬出了所谓的“阴谋论”来。

这种“阴谋论”的核心，就是绕开抄袭事件本身，大谈有人是如何借此“炒作”、“别有用心”，甚至是“右派”借机打击“左派”的大“阴谋”。人们也许还记得，2000 年汪晖是“长江读书奖”丑闻的核心人物。丑闻曝光后，他自己的回应就是以“阴谋论”为主题，避而不谈评奖主办单位的负责人是否可以自己给自己评奖。

此次抄袭事件，因为有了“阴谋论”，不进行公开的调查，反而一系列复杂的幕后运作不断。有些学者甚至给报刊编辑部写信，希望以“阴谋论”阻止报刊继续追踪此事。率先揭发抄袭的王彬彬教授遭到攻击不说，如今还有许多传闻，称这次“右派”借抄袭整了“左派”，“左派”也要去翻“右派”的书，看看有无抄袭。这样不断地互相报复，搞得人人自危。

“阴谋论”者们忽略了重要的一点：大家因为思想不同而互相攻击是非常正常的。这并非“文革”式的大批判，而恰恰是民主式的正常运作。看看美国的两党政治就知道，共和党攻击民主党，几乎可以肯定是“别有用心”。民主党攻击共和党也是一样。这样的结果是什么呢？两党政治家每天都感觉到背后有人盯着自己，生怕做错一点事被人抓住把柄。于是，大家品行端正了许多，政治也清明了许多，受益的是老百姓。

学术文化界难道不是一样吗？“右派”的职责，就包括监督“左派”，“左派”对“右派”也一样。对于一般公众而言，人家揭发你抄袭是什么用心并不重要，重要的是你究竟是否抄袭了。如果你不服气，觉得对方也好不了多少，那么就去揭发对方的抄袭行为。不过，在任何时候，千万不要觉得对方抄袭了就等于你没有抄袭。

据说，如今“左派”在悄悄细检“右派”著作，有人传言还颇有斩获。这是“阴谋”吗？是不是阴谋我并不在意。我只是觉得，如果有人肯花这么大工夫做这些事，实在是件大好事。如今中国学术界如此腐败，大家互相揭短，搞得人人自危，乃至日后从事研究著述更需倍加小心，这有什么不好呢？

“阴谋论”在中国如此大盛，说明中国的许多人缺乏在民主自由的社会生活的基本习惯。现在他们该改改了。

（原载《新快报》2010 年 7 月 10 日）

请成立“汪晖涉嫌抄袭调查委员会”

易中天

说句实话，自打《南方周末》全文发表了王彬彬先生的文章，我就一直替汪晖教授捏把汗——像他那样死不开口、硬扛着，恐怕不是个事儿。为什么不是个事儿？因为“抄袭剽窃”这四个字，搁在一位学者身上，还真是个事儿。这些年，咱们大学校园里事儿可不少。一会儿是学生把老师给杀了，一会儿是老师把学生给睡了。但这些都好办。杀人偿命，借债还钱。该公判的公判，该私了的私了。私了之后，该干嘛干嘛。不能教书，还可以搞研究。抄袭剽窃就不同了。如果情节恶劣、性质严重，那就像警察严刑逼供、出纳挪用公款、医生闹出人命，还能不能再吃这碗饭，也都成了问题。

汪晖先生这会儿，就可能有这种危险。

这就要拯救。只不过，像先前“挺汪派”那样整是不灵的。什么“王彬彬动机不纯”，什么“王彬彬态度不好”，什么“80年代还不规范”，什么“某某派趁机整人”，全是帮倒忙！汪晖如果没抄，你直接告王彬彬诽谤就行了，扯这些淡做什么？绕开正题胡搅蛮缠，不讲事实反咬一口，只能让我这样原本半信半疑的人，反倒相信王彬彬所说是真的。这可真是弱智！小沈阳的裤子，都不带这么跑偏的！

所以，当我在6月6日的《南方都市报》评论周刊上，看到林毓生先生的主张，真是举双手赞成。对，就应该成立一个专门委员会——“汪晖涉嫌抄袭调查委员会”来审理此案。因为非如此，不能还汪晖一个清白——如果他当真清白的话。

这可不是虚情假意。实际上，在我看来，端正学风固然重要，保护人权也同样重要。但更重要的，还是借此机会建立防止学术腐败的有效机制，制定解决学术争端的游戏规则。汪案之所以久拖不决，只能靠媒体来评论和呼吁，不就是因为缺这两个吗？

问题是，这个“专门委员会”，应该是啥样的呢？

我想，首先，它应该是客观、公正、中立的。因此，甭管是谁建的，挂在谁的名下，都应该是“只对公众和事实负责”的“独立机构”。谁都别来打什么“招呼”，委员会也不听“招呼”。在弄清楚事实之前，委员会不发表任何倾向性意见。这是“立场”。

第二是“组成”。委员会的委员，诚如林毓生先生所说，应该是“享有清誉、具有公信力”的“第三者”。但我认为，还应该有一定数量的非同行委员，甚至可以考虑聘请理工科教授和海外学者参加。实际上，认定是否抄袭，并不一定需要本学科的专业知识。相反，如果全是同行，都有利害关系，万一搞“潜规则”咋办？当然，委员会名单应该公示。涉嫌抄袭者、被抄袭者和举报人，包括汪晖教授，都有权申请某位或某些委员回避。

第三是“任务”。委员会的唯一任务是弄清事实，即根据《著作权法》和国际学术惯例，讨论“汪晖抄袭”的说法是否成立。与此无关的话题，比如汪晖的学术成就等，均不在讨论之列，也不应写进决议。

第四是“程序”。委员会应广泛听取各方意见。汪晖教授的答辩权和申诉权，王彬彬教授及其他人的举报权和知情权，都应得到充分的尊重。汪、王双方和其他人，都有权提供新的证据，发表新的意见，但只能谈程序和事实。如有从动机、态度、门户之见、派别斗争等角度节外生枝者，应在警告三次后，取消其发言权。

第五是“决议”。为避免议而不决，应按照“少数服从多数”的原则，作出“委员会决议”。结论，可以有成立、不成立、存疑、不算抄袭但不规范等。但应“逐条判定”，不能“混为一谈”。表决和撰写结论时，应实行“实名制”。所有的意见，包括不同的认定，也包括相同认定的不同理由，都应该实名写进结论。比方说，某某认为是“抄袭”，某某认为是“失范”，理由是什么，等等。最后，这份决议理所当然地应该向当事人和全社会公布。

总之，“汪晖涉嫌抄袭调查委员会”的工作原则应该是“独立调查，无罪推定，就事论事，公开负责”。这样做，无论对汪晖、对王彬彬、对学术界、对被侵权人，以及对报道此事的媒体，都是公平的。事实上，如果委员会认定“抄袭不能成立”，汪晖教授就可以松口气了。如果认定“抄袭成立”呢？能拯救他的，恐怕也只有他自己了。

其实那也简单，就是承认错误，公开道歉。

承认错误并不丢人。死不认错，那才是神仙都救他不了。

（原载《南方都市报》2010年6月7日）

我们为什么不认错

易中天

认错曾经要资格

不知从什么时候开始，认错这事，越来越难了。而且，越是地位高、名气大、粉丝多，就越难。要么矢口否认，要么一声不吭，要么倒打一耙，要么把水搅混，甚至把质疑他的人统统说成是“文化杀手”。痛痛快快地说声“对不起，我错了”的，几乎没有。就算有，也凤毛麟角、屈指可数。

于是国人感叹：这究竟是怎么了？

感慨也很自然。因为我们的文化传统似乎很鼓励认错。谁不知道“君子之过也，如日月之食（蚀）焉”（《论语·子张》）？但不知是否有人想过，这其实是要有资格的。这资格就是“君子”。在孔夫子的时代，君子首先是贵族，即“君之子”。其中地位高的是“王子”（天王之子）和“公子”（公侯之子）。最低一等也是家君（大夫）之子。这就是“士”，也叫“士君子”。这样的人，犯了错误，当然人人都看得见（人皆见之）；改正错误，当然人人都崇敬他（人皆仰之）。如果是“小人”（庶人、平民、普通老百姓）犯了错误，有可能“人皆见之”吗？不可能。改正错误，有可能“人皆仰之”吗？更不可能。如此看来，认错，是不是要有资格？

所以，认错曾经是一种贵族待遇，也是一种贵族精神。那时，一个真正的贵族，如果有错，要么自己辞职，绝不等别人弹劾；要么自己去死，绝不等别人动手。这就叫“刑不上大夫”，也叫“士可杀不可辱”。至于“小人”，则根本就不存在认不认错的问题。他们只有一条出路，就是“伏法受刑”，没资格“自裁免辱”。这就叫“礼不下庶人”。

秦汉以后，贵族慢慢地消失了。最后只剩下两个等级：皇帝和臣民。于是，皇帝以外，包括官员，所有人都没资格认错，只能“认罪伏法”。甚至没有罪，也要声称有罪，比如上奏时口称“诚惶诚恐，死罪死罪”。无罪而称死罪，哪有真实可言？不过是一种“姿态”罢了。真正的错误，也就不会有人去认了。结果，认罪也好，认错也好，便都变成了“表演”。

认错曾经是表演

表演最“出色”的，是皇帝。因为只有皇帝，才有资格认错。方式之一，则是在遭遇自然灾害时下“罪己诏”。这看起来是“严于律己”，实际上是“自欺欺人”。你想啊，闹地震发洪水，是因为皇帝“失德”吗？那他岂不是神？这就正如他们的“称孤道寡”，你说是谦虚还是自夸？

然而效果却极佳。天下臣民，感激涕零；颂圣之声，不绝于耳。可见所谓“罪己”，名为认错，实为表功；名为自责，实为标榜。实际上圣贤们讲得很清楚：君子之所以要知错就改，固然因为瞒不住（人皆见之），也因为有红利（人皆仰之）。那么，没人看见，或者没人捧场，他们还认错吗？多半不会。就算儒家主张“慎独”，做到的也没几个。道理很简单：既然是表演，没人喝彩，谁肯粉墨登场？

有趣的是，这样一种表演，到了40年前“斗私批修”的时候，就成了全民性的。因为所谓“斗私批修”，其实是一场全民的“道德运动”，旨在把所有人都打造成道德意义上的“君子”。于是，每个人都在“灵魂深处闹革命”，每个人都在“狠斗私字一闪念”。当然，每个人也都要检讨自己，批判自己，甚至痛骂自己。那些把自己骂得最凶的，往往能得到领导的表扬和群众的肯定，在掌声中体面地下台，甚至成为帮助别人的“先进分子”。那可能是中国人最肯“认错”的时期。只不过，事后想起，却是惊恐莫名和羞愧难言。今天，许多人的不肯认错，或许就源于对那场运动仍“心有余悸”。

认错曾经很危险

事实上，任何事情都有两面性。批判自己固然是自我救赎的途径，逼人检讨也是搞垮别人的手段。因为一旦检讨、承认错误，就意味着“有了污点”，在气势上就“落了下风”。就算这会儿不整你，把柄却落到别人手里了，随时随地都可以翻出来，老账新账一起算。我们毕竟不是皇帝，谁都担不起这风险。

其实就连皇帝也不敢。要知道，皇帝之所以能“君临天下”，是因为“奉天承运”。这就不能犯错误。犯了错误，就不是“天之骄子”了。也因此，皇帝绝不能认错，更不能忏悔，最多只能后悔，比如“悔不该酒醉错斩了郑贤弟”。表面上看，这似乎是在检讨自己。但那责任，却全在酒。说到底，还是不负责任，因为他根本就负不起。

皇帝都担不起的责任，官员更担不起了。何况“受命”的是皇帝，“亲政”的也是皇帝，怎么能向官员问责？不能问责，就只能“问罪”。罪责不明，就只能“诛心”。诛心，就是问动机，比如问官员“是诚何心”，也就是问他“居心何在”的意思。这其实也是问不得的。什么叫“居心不良”？最起码也是“谋私”，弄不好就是“谋逆”，谁担得起这罪名？官员便只好极力洗刷自己，设法栽赃于人。大家都标榜自己“动机纯正”，指责政敌“居心不良”，也就非搞阴谋不可。最后，阴谋论和动机论就成了派别斗争的常规手段。这时，还有人敢认错吗？

历史的经验值得注意，过去的苦难记忆犹新。这就使许多人成为“惊弓之鸟”，一朝被蛇咬，十年怕井绳。所以，我虽然坚决反对“阴谋论”和“动机论”，但对怀疑他人动机的被批评者，还是留有一份理解和同情的。

不会认错又如何

这，大约就是中国人的“认错史”。由于这样一种历史，我们已经不肯认错，不敢认错，也不会认错。比方说，不知道自己错在哪里，该向谁认错。曾经有某官员私生活出了问题，检讨的话却是“对不起人民、对不起党”。其实他那档子事，顶多对不起他老婆，跟党和人民有什么关系？这样“大而无当”的认错，一听就是“言不由衷”。

不会认错，也就不会道歉。曾经有某媒体，因“报道失实”向某机关道歉，其实这个机关，或者部门，或者单位，是靠纳税人的钱来维持的。纳税人的钱怎么花、有没有铺张浪费，媒体当然可以质疑，可以监督。就算报道不够准确，有误差，更正即可。即便要道歉，那也该对读者道歉，哪有向监督对象道歉的道理？这是典型的不知道自己错在哪里。

不会认错，也就不会批评，甚至不会提问。比方说，开口就问人家的动机，甚至预设一个“道德污名”，问人家是不是。同样，要为自己或自己人辩护，也是拿对方的动机做文章。其实动机这事，往往无法证明。既不能证实，也不能证伪，毫无意义。有分量的批评都是摆事实、讲道理，或者看事实有没有出入，或者看逻辑有没有漏洞，然后“以子之矛，攻子之盾”。可惜，这种方法，我们常常不会。

实际上，对自己缺乏反省的人，也很难真正地了解别人。自己的错误都不能发现，又岂能抓住别人的要害？因此也只能纠缠于表面现象和枝节问题。大家都不讲事实、不讲道理，思维能力和国民素质的提高，恐怕就成了永无期日的事。认错，是不是很重要？

学会认错待何时

那么，我们何时才能学会认错？恕我直言，恐怕任重而道远。别的不说，面子这关，就多半过不去。

中国人的心理很奇怪。一方面，大家都知道“瓜无滚圆，人无十全”；另一方面，又往往不能容忍别人出错，更不能容忍别人挑错。在我们看来，犯错误是丢人的，犯了错误又被“揪出来”就更丢人。这人如果还是政要、名流，是商海巨鳄、江湖大佬、学界领袖，那就丢死人了。不但自己丢人，还会连带亲朋好友、哥们姐们、徒子徒孙，一起没有脸面。

因此，不但自己不能认账，粉丝拥趸们也要一哄而上，百般抵赖，誓死捍卫。哪怕说得漏洞百出、逻辑不通，也得死扛着。死扛着也要振振有词：对社会名流和成功人士的追究，会导致斯文扫地、体面无存，打击我们民族的自信心。

这可真是奇谈怪论！难道我们民族的脸面是纸糊的，一捅就破？难道我们民族的自信是塑料的，一烤就化？真金不怕火炼，事实就是事实。认不认，事实都不会改变。不认，只能显得心虚；认账，则至少像条汉子。比较一下，哪个更体面，哪个更丢人？

我同意凡事不可过头，更反对“全民扒粪”，那将变成第二次“文革”，第二次“斗私批修”。但宽容的前提是认账。认账不等于认错。认错是承认错误，认账是承认事实。认账之后，错与非错，还可以讨论商量。但如果连事实都不承认，那就什么都谈不上了。因此第一步，是先要学会认账，即弄清事实，这是“真伪判断”。然后，才能讨论是对是错，这是“是非判断”。至于“价值判断”和“道德判断”，只能放在最后，甚至未必一定要有。

可惜中国人的思维习惯往往是反着的。事情还没有弄清楚，道德批判就先开始了。这样一来，谁还敢认错？只怕连账都不敢认。“事实判断”都难如蜀道，“纠错机制”岂非侈谈？我们前面的路，还真不知道有多长。

（原载《新京报》2010 年 7 月 17 日）

像韩寒那样珍惜你的痛感

笑　蜀

韩寒已经是美国《时代》周刊“2010 年全球最具影响力人物”的候选人了，而且在 200 名候选人中名列前茅。

人们开始争论：可不可以说，韩寒已具有全球影响力？这个争论并没有意义。最需要韩寒的不是国际社会，而是他的同胞们。所以，韩寒最需要的不是什么全球影响力，而是在中国的影响力。

就在前几天，广西合浦发生一起惨案，放学时间，凶手在某小学附近追杀妇孺，致二死五伤。

而在合浦惨案之前，福建刚刚发生郑民生凶杀案。郑民生这个恶魔，仅仅因为其所谓的不满现实，就计划要杀掉 30 多个孩子来报复社会。虽未完全得手，但仍有八个可怜的孩子死在他的刀下。

孩子是一个民族的未来，应该受到最严密的保护。但在我们的社会中，孩子恰恰是最容易受伤的。被问题疫苗伤害的主要是孩子，被问题奶粉伤害的主要是孩子，被豆腐渣建筑伤害的主要是孩子。现在，歹徒报复社会的对象竟然也主要是孩子。有人说郑民生有精神病；合浦惨案后，地方当局也说凶手有精神病。其实受伤孩子那么多，有病的何止一两个凶手。

不错，我们的国家依然强大，而且越来越强大。但国家强大不是万应灵药。现在，一方面是经济总量在不断增长；但另一方面，社会溃烂的势头仍难遏制，以致孩子成了受害者，以致外媒都在惊呼：社会转型不要以孩子为代价。

所以韩寒在中国的影响力才最重要。这是因为，我们不仅需要国家的强大，我们还需要——甚至更需要——公民社会。而韩寒则是公民标本。

韩寒现在的地位无疑蒸蒸日上。但也有人不服气：韩寒有什么了不起？论深刻不如鲁迅，论智慧不如胡适，论高尚不如德兰修女，论壮烈不如林昭、张志新。的确，相比于中外先贤，韩寒太普通了，普通得跟我们每个人几乎一模一样。但这才是韩寒最有力量的地方，他越是普通，他就越有普遍性，就越是可以推广。他具备的很多元素的确都很平常，的确我们都具备。说到底他无非比我们多了一样东西，那就是公民的气质，那就是率性，那就是真实。

正是率性和真实的公民气质，使韩寒能够自由言说，说出自己在这个社会中的痛感。这痛感犹如盐，不需太多，就那么一点点，他的境界就跟我们迥然不同了。他自由地言说，爱他所爱，恨他所恨，但是有代价吗？有不能承受之重吗？没有。这说明无奈无论怎样深重，也没到我们想象的程度，我们不必自己吓自己。

看看韩寒，多爽朗，多快乐，多阳光。他说出他的痛感，但他无须浸淫在悲苦之中，无须那么愁云惨淡。病往往都是憋出来的，韩寒不憋，韩寒不委屈自己，他说出来了，说出来他就得救了，他就有尊严了，他就健康了。说出来他就可以作为一个正常人，享受他的尊严，享受他的健康，享受他的正常的生活了。

这正是公民社会的旨趣所在。它不是要对抗什么，不是要反叛什么，更不是要颠覆什么。它不过是一个一个人的自我救治，不过是一个一个社会细胞的自我修复。不是外科切除，而是精确改良、微观演进，用新生命的生长遏制社会的溃烂。这对于我们可能是最现实也是最可行的选择。先贤对我们来说固然重要，他们昭示着人类可能达到的精神高度。但先贤跟我们的落差实在太大，我们往往没有献身的勇气，心向往而实不能至。但没关系，韩寒就在我们眼前，我们学韩寒就可以了。韩寒无非比我们高出半个头，至多一个头。我们使劲往上跳一跳，甚至只需要踮踮脚尖，就能达到跟他一样的高度。那么，我们何乐不为？

像韩寒那样，珍惜你的痛感，珍惜你喊痛的权利，使韩寒成为潮流、成为时尚。如此，我们的社会才不会有那么多丧心病狂的精神病杀手，我们才救得了孩子，救得了我们自己。

（原载《南方周末》2010年4月15日）

翔飞人归来了，王者还未归来

戴春光

刘翔归来了，但王者还未归来。

这是亚运会的赛场，从赛事的级别上看，不要说赶不上世锦赛和奥运会，就是与国际田联的黄金联赛这类级别的赛事相比也成色不足；从竞争对手看，只有一个史冬鹏，没有罗伯斯和特拉梅尔，更没有新星布瑞斯怀特；目前 110 米栏的世界纪录是罗伯斯名下的 12 秒 87，现今能跑进 13 秒的运动员，除刘翔外还有三人。

13 秒 09 这个成绩放在今年这个赛季都是一个出类拔萃的成绩，只可惜赛事的级别低了点，同场竞技的对手水平也低了点。需要澄清一点，我们并不是看低 13 秒 09 这个成绩，以及这个成绩具有的象征意义，而是公正客观地在评价这个成绩诞生的背景。也许，如果今晚有罗伯斯和特拉梅尔在，刘翔还能被激发出超过 13 秒 09 的干劲，这都是说不准的事。就像刘翔赛后说的，这一枪还有很多不完美的地方。这句话的想象空间显示出，刘翔志存高远。

但有一点毋庸置疑，在经历了室内世界田径锦标赛和亚洲锦标赛的低谷后，那个被伤病缠身的刘翔活了过来。这是一次了不起的复活，因为 13 秒 09 这个成绩，宣告了刘翔再次重返 110 米栏这个项目的世界一流行列。

是真正的王者，就要到世界赛场上，与世界超一流的选手同场竞技，战胜他们并不断地夺取冠军。

这个夜晚，很多人为刘翔兴奋不已。我却在担心刘翔的那只伤脚在经过 13 秒 09 的强度考验后，能不能支撑翔飞人可持续性地跨越。毕竟有前车之鉴，13 秒 15 的那次高调复出后，刘翔的伤脚没有给飞人再次飞得更高的机会。

很理解刘翔的母亲在看到儿子第一个冲过终点线后的手舞足蹈，更佩服刘翔的父亲在 6 万人的亢奋中，还能保持他那份从容和淡定。但愿一觉醒来，刘翔能悟出父亲的那份从容和淡定，踏上真正的王者归来之旅。

（原载《羊城晚报》2010 年 11 月 25 日）

是什么让李一道长越飞越高

曾　颖

李一正在体验这个速食时代的一大特色——以蹦极式的姿势，从红极一时，到饱受质疑。

此前不久，张悟本、唐骏都与他有相同的经历，他们都曾高蹈在云端，被媒体追捧，被粉丝膜拜，被遥远的人们当成一个传奇来景仰。但突然之间，风云突变，脚下的七彩祥云瞬间化为一声叹息。于是，从半空中掉下来的他们，开始面对媒体的质疑，前同伴的爆料和划清界限，知情人士的揭秘，以及如梦方醒的粉丝们伤心欲绝的追问。

当然，其间还夹杂着反对者和支持者明枪暗箭、你来我往的零星战斗，但经此一场搏击之后，他们若还想保留最初的那份神奇的荣耀与不受质疑的尊重，已不太可能了。这种过程，虽不能说是“脱毛凤凰不如鸡”，但与此倒也有几分异曲同工的相似。

为什么会出现这种神奇的场景呢？这是因为，在我们这个对平凡充满敌视的时代里，人们是渴望奇迹出现的。人们渴望看到或听到自己心向往之而永远无法达到的一种境界、一种人生。这种心理状况，投射到艺术形式上，就成了造梦的电影；投射到舞台和文艺领域，就成了魔术和杂技；而投射到社会生活领域，就是让我们惊叹的神迹。许多凡俗的心灵需要神奇的东西来激励、来鼓动。最早的宗教传播过程中，传教士们就曾经用要把戏的方式，从火热的炭火上走过；或用魔术的方式，将药品融在清水中救人，以取得信众的膜拜甚至疯狂追棒。最终，达到操纵众人的思维，进而控制对方的灵魂。

从媒体报道的一些素材来看，从一个失败的企业家成功转型为一个成功的“仙人”，并将一座古老的佛教寺庙成功转型为一个效益不错的“道观”，李一的道行和法术并没有想象中的那么复杂。如同他出道后从事过的一项重要职业——组建绝技团表演各种戏法和魔术那样，他只是将那些传统艺人们只能拿来糊口的各种手艺，与时俱进地结合当下人们缺乏真正的宗教情怀、同时又渴望神迹的心态，应时代急需要医治各种富贵病的养生之需，包装出一个既含有宗教元素，又含有医学养生和时尚的国学元素，又不完全被宗教界、医学和养生界以及国学界认可的一个奇异组合体。如蝙蝠一般，在鸟前是兽，在兽前是鸟，从容地游刃于边缘地带。再加上其出神入化的包装术，让众人在迷失中，以为找到了既能安顿心灵又包医百病的实惠之物。而事实上却是既误了身，又迷了心。

分析李一的仙术，其实也并不复杂。一堆不知真假却大得吓死人的头衔和帽子，一段似是而非、讳莫如深的传奇人生经历，一手不露破绽的戏法，一张博古通今的巧嘴，一群名气大得吓死人的轿夫，一个让普通人大气不敢喘的奇贵收费单，还有一群梦想从中获得投资和知名度效益的地方官员。这些，如色彩斑斓的羽毛，从头到尾将他包裹起来，使他成为希腊神话中用蜡粘满羽毛的伊卡洛斯，越飞越神，越飞越高，越飞越难以自控地以为自己无所不能了。

但读过希腊神话的人都知道，失去基本判断力、以为可以登上太阳的伊卡洛斯最终结局是怎样的。

（原载《新京报》2010 年 8 月 21 日）

围观“开学第一课”

庄礼伟

自2008年起，每年秋季新学年开学之际，由教育部和中央电视台联合举办的大型公益节目“开学第一课”都会在中央电视台播出。每年教育部都会提前作出部署，要求全国2.2亿中小学生集中收看这一节目。除了老师要陪同观看外，还希望学生家长如有时间也一起观看。这个“开学第一课”的收视人数可能已经创了世界第一、人类历史第一，“电幕”的收视盛况和它相比只能算小儿科。

2010年央视“开学第一课”在长城上开讲。一位主持人对今年的课程主题“我的梦，中国梦”作了简要解释：“我的梦是中国梦，中国的梦是我们的梦。”她说完后，估计小学生们都不敢随便做梦和说出自己的梦了——要是和“中国梦”不符合该怎么办啊？

另一位主持人接着解释了为什么要在长城上上课：“今天有一位同学告诉我，长城见证了我们几千年的梦想，我相信，每一块长城的砖都记录着我们每一个中国人的故事，所以在这里特别适合分享我们的中国梦”。这段话不知为何，竟听来有点诡异，寒气森森。按民间的说法，2 000多年前，秦朝建万里长城时，孟姜女哭倒长城，发现她丈夫的遗骸，竟然被砌在了长城的砖墙里。

这位主持人接着问世博会小歌星豆豆：“海宝的梦想是什么？”

豆豆回答：“海宝的梦想就是城市让生活更美好。”（标准答案，世博会的植入广告）

主持人再问：“你的梦想是什么？”

豆豆回答：“我的梦想就是到月球上唱歌。”（呃，这个答案，同样寒气森森……）

这堂史上最牛的“第一课”，就是在这样一个言不由衷的诡异氛围中开场。而令小学生们最不爽的是，不仅必须把节目看完，还必须写一篇观后感，少则六七百字，高年级则多达2 500字。然后还要开主题班会，每一个人都要发言，并且要把那些明星们讲的故事和个人愿望、祖国发展联系起来。哇！2.2亿篇心得体会，好大的一个梦想啊！而且，还要用掉至少2.2亿张纸。

我看到有不少小学生在网上焦急地到处问有没有范文可抄，有一个小学生的留言是："老师真缺德。"这个小学生这样讲当然是太过分了。老师对学生哪会有什么恶意？他们只是在传达上意罢了。看来即便是大牌明星群集来上课，还是有不少小学生以抄袭范文这种很不规矩的态度来拒绝做梦，或者说，拒绝集体做梦。在他们这样涉世未深的年纪里，谁会没有梦？但2.2亿人在同一个电视节目指导下在同一个时间段里集体赶做同一个梦……这，真的也够寒气森森的。

这些年，"梦想"是电视节目中的一个热门词汇，看来有关部门很有兴趣鼓励大家多多做梦。其实做梦没什么不好，做梦是人的权利，圆梦是人生的目标。特别是少年儿童，他们都有许多简单、天真、自由的梦。罗大佑的《童年》写出了孩子们许多的白日梦：盼望着下课，盼望着放学，盼望着玩游戏时间的到来；希望口袋里能有半毛钱，可以到福利社去挥霍一通；希望隔壁班上的那个女孩经过教室窗前；希望能在山里面看到神仙；希望快点长大，可以像高年级同学那样酷……但现在看来，这些梦想都是典型的"三俗"，并且可能已经在少年儿童中泛滥成灾了，所以必须对孩子们的梦想进行统一规训，让他们在"中国梦"的指导下来做"我的梦"。

其实，"我的梦"早已是中小学里常见的命题作文题目，让小学生们公开地"说梦"，是要他们表达自己的愿望。至于这个愿望该怎么写，老师早已指导过了。我看过一些这样的梦想作文或梦想征文，看到许多"我的梦"和"我的愿望"最后都能很规矩地升华到宏大的叙事层面，语气铿锵地和"中国梦"紧紧结合在一起。在这些作文中，我没有看到有小学生说自己的梦想就是希望物价能够降下来，让打工的父母不那么辛苦——当然，可能是我浏览得太少了，许许多多有孝心的平民子弟一定会做这样的梦。平民子弟们的梦想很真实、很低微、很不宏大、很不"中国梦"：一个新书包，能在假期打工赚到几十元钱交给学校，希望某些老师不那么势利地差别对待富学生和穷学生，希望自己的教室能像新闻节目里的教室那么好……

在这里，我想讲一个中学生的现实人生和他的梦想，他的梦想是希望学校领导能帮助他解决在校内住宿的问题。据媒体报道，7年前，广东某中学高一学生陈森，秋季开学后向副校长太太送了一袋水晶梨和400元钱（这钱是他的生活费），希望副校长帮忙解决在校内住宿的问题（他是择校生，按学校规定不能在校住宿，可他家离学校有20公里远）。但不知为何，副校长太太居然忘了这回事，这个学生的住宿问题一直没有得到解决。送礼后的第二年，这名学生去找副校长太太，追问收了礼为何不给办事，副校长太太说不知道有这回事，双方发生争执，学生杀死了副校长太太，7 年后他被抓获时，是一名底层打工人员。他曾经是一个热爱学习的学生，他希望能在校住宿，这样可以更好地学习，以便考上大学。他的卑微的梦想就是——收了礼就应该办事。

这个卑微的甚至不合法的梦想，并不是所有的中小学生都能体会得到的。不同阶层的子弟，随着年岁的渐长和现实对他们的潜移默化，他们的梦想会越来越不相同。同一片国土上不同的梦想显露出我们的社会那一级级的层级落差。当财富、官位出现世袭现象时，平民子弟要想获得向上流动的机会，也许就真的只能做做梦了。

（原载《南方都市报》2010 年 9 月 20 日）

《花花公子》的色情与禁忌

叶匡政

美国《花花公子》杂志57岁了。《花花公子》诞生57年后，又诞生了一本中国人解读《花花公子》的图书——山东画报出版社出版的《兔子先生》。书名虽没有“花花公子”的中文字样，但那个兔头的含义早已深入人心。与网络上的色情视频相比，《花花公子》的图片，在今天看来保守得就像一群淑女。翻看这本书时，我作为一个成人，有一种隐隐的自卑感，就是感到美国民众的修养和自我管理能力要远远高于我们。这本在中国被列为禁区的杂志，竟然没有把美国民众导向色情的深渊。

中国对于性与色情的禁令虽然多，但对于它们的理性讨论却极少。媒体和学者似乎都不屑于探讨这种话题，就心安理得地接受了种种对性的蔑视。于是在当下国人的价值观里，一谈起性总交织着一些明显对立的概念，情爱与色情、激情与丑陋、享乐与罪恶、愉悦与禁忌等，这些观念绞成一团理不清的乱麻。虽然人人都能说出点道理，但很少有人愿意真实、理性地理清这些矛盾。人们多被囚禁在对性的理性认知之外，假若一个人说得太多，便有被贴上色情狂标签的风险。

这就是今天《兔子先生》在中国诞生的价值，或许通过观察《花花公子》对美国的影响，能帮助我们厘清一些原本混沌的理念。《花花公子》的创办人休·赫夫纳，当年也是带着对现实的种种困惑与不满来践行这个梦想的。今天人们说起美国文化，已很难避开这本杂志了，更没有人会因这本色情杂志而鄙视美国文化。很多人甚至把这本杂志看作是唤醒美国梦、重塑美国文化和价值观的一本标志性杂志。这肯定是那些谈性色变的正统人士所无法理解的。

为何会这样呢？其实在很多封闭的传统或宗教文明中，性都被塑造成一种罪恶的力量，当然这只是对民众而言。因为在过去的统治文化中，民众被认为是不具有管理自己和判断的能力的，一旦放开性的闸门，民众就有可能堕入到性爱的享乐中，影响到社会物质和财富的积累。那些管理者只把民众的性爱看作是个体的纯粹消耗活动，与最大限度地实现国家利益构成了冲突。我们确实也从爱情中有过这种体验。当我们热恋时，外在的世界确实变得不重要了，恋人成了我们唯一的宇宙。我们从情爱中感受到了生命中最本真的激情与光彩，只有这种力量能让我们藐视社会秩序和一切束缚。在物质匮乏或消息封闭的年代，统治者的这种担心也许是有必要的。所以在很多成熟的文明中，性总是与粗俗、邪恶、丑陋、淫荡这些负面概念连在一起，公开渲染性的美好，被很多国家视为一种禁忌。

"二战"后的美国，由于国内财富激增、中产阶级增多，对人性和自然感受的回归成为一种广泛的社会需求。突破过去宗教文化对性和情爱的禁忌、回归自然，成为当时一种积极的力量。当然，人们要回归的并不是那种原始的性，而是因禁忌而变得更为神秘、诱人的性。当时的观点认为，只有这种对人性的回归，才有助于恢复人的整体性，把单一社会属性的人还原成完整的人。社会开始把性和情爱看作一种快乐而正面的力量。正是因为这样，《花花公子》等一些色情杂志被视为是对美国文化和价值观的一种建构。它既是美国公众作出的选择，同时它也赋予了原始的性与情爱以崭新的文化含义。一个文明社会对这种文化可以不倡导，但理应保持一种宽容和默许的态度。

这本书的副题是：一个世纪的性态度史。"性态度史"确实是一个有趣的定义，因为一个国家的"性态度史"，往往也是这个国家的政治、文化、价值观和历史变迁的晴雨表。国家的政治高压往往会首先在一个国家的"性态度"上体现出来。休·赫夫纳的同行，《好色客》的创办人弗林特曾受过美国最高法院的审判。他的律师亚瑟曼在法庭上说的一句话对今天的人们也有警示意义："我自己也不喜欢弗林特的所作所为。不过，我喜欢的是我生活在一个我可以为自己作决定的国家。"

这本杂志告诉我们的，就是这样一个简单的真理，我们要为自己作决定。

（原载《北京青年报》2010年2月23日）

对中国足球的十点建言

郑也夫

一、热爱是做好一桩事情的前提。不热爱，别瞎扯。中国人热爱足球吗？先问问什么叫热爱。绝大多数人不踢足球，只作壁上观，甚至是只看电视，这也能算热爱？确凿地说这叫移情。不热爱，不亲历，却希望腾飞，只能是“做梦娶媳妇”，一定娶不到的。如果梦游还要慷慨激昂、豪言壮语，那叫撒癔症。我们现在的首要问题不是能否娶到媳妇，而是从梦游中醒来，明白梦游者不配娶媳妇。

二、国人为什么不踢球？主要责任在政府。因为没有足够的场地，政府没有建立相关法规，没有促进、监督每所中小学要有一个达标的操场。社会上，我们有多如牛毛的星级酒店、宾馆、高尔夫球场，但是没有足够多供人使用的足球场，这反映了我们的社会在资源分配上的价值观，反映了我们对足球的根本态度。判断态度要看你做了什么，而不是听你说了什么。

三、奥运结束了，应该反思我们的举国体制和金牌体育了。将奥运体育与大众体育的管理放在同一个部门中，必然重视奥运体育，轻视大众体育，因为前者是硬指标，和政绩联系明显。所以必须将两者分离。将现在的体育总局改为奥运局，只抓奥运金牌。当然，要限定和透明其资金。

四、三种体育从体育总局（我们设想的奥运局）脱钩。一是大众体育；二是有潜力进入赛场的竞技比赛项目；三是不可能拿到奥运奖牌的竞技体育项目。凡具备上述性质之一，便脱离体育总局。足球和篮球兼备上述第二、三两项性质，从此不应由体育总局来领导和管理，将之下放至民间。

五、由现在的中超和甲级足球俱乐部组建俱乐部大联盟，联盟是联赛的全权组织者和管理者。长期的经验证明，足协在管理联赛方面不称职。足协不仅要管的没有管好，还平添了“寻租”与干预市场开发两项负功能。俱乐部为了自身的利益，有行贿裁判等营私舞弊的行为。在俱乐部与足协的管理与被管理的斗法中，足协往往失败，因为它并不精通一切勾当，无力监管俱乐部。俱乐部联盟在管理能力上有望超过足协。因为联盟及其规则是俱乐部间谈判、争议、妥协的产物。俱乐部洞悉彼此的勾当和把戏，从他们的相互制衡中有望产生严格、有效的规章和裁判制度，并且他们最善于发现问题，可望及时更新和完善制度。

六、体育总局中保留极度精简的足协，设专职人员三名。他们的全部工作是：联系国际足联、亚洲足联，同俱乐部联盟订立配合国家队组队、训练和比赛的合同；定期产生一个评选主教练的班子，并由此产生国家队主教练；监督主教练组建国家队，在合同范围内训练、参赛。一句话，足协的全部工作是服务国家队。准确地说，是执行程序，周期性地产生主教练，协调国家队的正式赛事，而不过问国家队的训练和比赛本身。

七、目前的中国足球兼备两种性质。一方面，中国足球具有市场潜力，2009 年球市在回升——外援名额的增加拉平了各队水平，促进了夺冠悬念；降级名额的增加提升了降级的悬念，特别是社会上追求刺激的新生群体在膨胀，这各方面的合力提升了球市。如果不是人为导致门槛过高，民营企业中将不乏热心足球产业的公司。另一方面，中国足球是劣质产品，价高质低，假冒伪劣，欺诈不实。鉴于此种合二而一的性质，要下决心制定法规，将足球交给市场，抛给民营企业。他们能搞到什么程度就是什么程度。杜绝各级政府机构以任何形式注入资金。国企也必须从职业俱乐部中退出。因为政府与国企没有权利将纳税人的钱财注入这一欺诈不实的风险之地。长期以来，中国的足球联赛一直是伪职业联赛，其实质原因在于俱乐部不是依赖市场生存，而是依赖体育局和国企“烧钱”。有钱可骗，俱乐部就不会挖掘市场的潜力，球员就不会专心于球技，球员的工资就必然是荒诞不经的。民进国退，才能将俱乐部真正打入市场，才能让俱乐部和球员认清自己的真实位置，励精务实。在这一过程中，不必介意中国足球的水准和球市热度的下跌，要听之任之。我们必须停止烧钱和骗钱，停止绑架纳税人，停止俱乐部和球员的欺诈和赌博。一切从诚实的原点起步。

八、万亿元的赌球黑市曝光，应该让政府猛醒。民间蕴藏着巨大的赌博欲望，这是任何人都难以改变的事实。它当然不是什么高尚的事情，但是它也不是怪力乱神、洪水猛兽。它是某种人性，是人的某种需求。你承认它存在，不承认它也存在。公开比隐蔽好，合法比非法好，最好的办法是政府接管过来，开辟形形色色的正规赌场，包括经营各色足球赌盘。这是使赌博规范化，杜绝资金大笔外流的最佳手段。从足球赌场中拿出一小部分收益支持国家队的开销，即俱乐部不需要再向足协上缴利润，俱乐部开发出来的市场利润完全属于自己。乃至可以讨论，如果赌场收益很大，是否可以小部分利润给予俱乐部，因为这利润毕竟与足球相关。

九、聚集和宣泄是足球场存在的根据。这里不是音乐厅，不是美术馆，不要痴心梦想拥有一个火爆而又文明的球场。不要怕什么脏话咒骂。唯一的底线是，不可以有任何形式的暴力，从打斗到扔掷水瓶。给球迷足够的空间，给球场足够的自由，给俱乐部足够的开发空间。

十、综上所述，是滥用权力、滥用纳税人的钱财，造就了中国足球的伪职业化、伪市场化。我们对症提出了激进的放权思路，将足球彻底地推向民营和市场。我们的思路不是不要管理，里面恰恰包含着管理，它体现于三堵“防火墙”。其一，政府、国企的钱财不准注入，这才可能杜绝腐败，找回诚实。民营企业家会看住自己的钱包，他们之间的制衡是良性竞争的基本前提。其二，必须一方面让赌场合法化，另一方面建立严格限制、监督职业足球从业者涉足赌博的“防火墙”。监督要落实到细节，要么你别从业，从业就要接受监督。只有赌场浮出水面才利于防火墙的建立。其三，球场不设多条限制，只此一条——杜绝暴力，由武警来完成，其他概不干预。在暴力“防火墙”之外，任由球迷们狂欢。

（原载《南方周末》2010 年 2 月 25 日）

假如遇袭的是中国男足

汪　晖

多哥足球队在参加非洲杯赛途中遭恐怖分子袭击，致两死七伤，多哥政府决定球队退赛并派总统专机接回，总理宣布进入三天的全国哀悼日。

多哥队曾七次参加非洲杯足球赛，但每次都止步于小组赛。这一次，球队原本决定继续比赛，以告慰亡灵，但多哥政府坚持认为，在安保不足的情况下参加比赛，对球队每一分子及其家庭都是不负责任的。

这引出了一个严肃而略显宏大的话题：任务和生命，孰重？多哥尽管是联合国公布的世界最不发达国家之一，但其经济贫困看来并没有导致他们精神贫困。这种对生命的敬畏和尊重，也是普世准则。

这也引出了一个异想天开的话题：假如遇袭的是中国男足呢？我们会不会坚持执行比赛任务，并将其变成展示超人性的舞台，刻意地“化悲痛为力量”？

我们是有这个传统的，中国足球也不例外——徐根宝说“横下一条心，一定要出线”，戚务生要“宁可悲壮死，不愿窝囊活”，阎世铎“头戴荆冠，身背十字架，脚踏地狱门”，谢亚龙“国破尚如此，我何惜此头”，个个都曾有一副视死如归的架势。不过，豪言说过，如同放完一个郁积已久的宿屁，现在大家都挺滋润地活着。

其实，中国人“置生死于度外”是装出来的，实际上从来“视生命如草芥”。在鲁迅心中，中国有一部“人吃人”的历史，而近现代，当他看到中国人不乏兴致地做“看客”去围观外国侵略者杀害同胞时，他又为漠视生命的世道人心作了一回注解。当下，这种无所谓生命消逝的现象依然存在，“带血的 GDP”之声不绝于耳，比如一桩又一桩矿难，一单又一单水源污染、食品污染和有毒有害事件。更惨无人道的是，有人把智障人士骗到矿山打工，伺机杀害以制造虚假矿难骗取赔偿，演绎当代版的“吃人”！

有上述社会背景，加上中国男足的口碑和定位，若不幸遭遇恐怖袭击，被国人以“多他一个不多，少他一个不少”的心态对待的可能性显然不低。但是，在生死面前以贵贱、高低、好恶分之，恰恰是当下中国经济腾飞但精神尚未脱贫的证据之一。

（原载《羊城晚报》2010 年 1 月 12 日）

谁操纵了“章鱼哥”

林小明

“章鱼哥”保罗红了，它的红建立在贝利“被黑”的痛苦之上。两相比较，红者愈红，黑者愈黑。“我吃过的盐比你吃过的饭多”，这是年长者教训年轻者常说的一句俗语，言下之意即为：你比我差远了，没有资格跟我比。

说这样的话需要资本，而这资本不仅是年龄，还得有成绩。“章鱼哥”的资本就是在南非世界杯上已“成功预测”了德国在小组赛胜澳大利亚、加纳，爆冷输给塞尔维亚，以及德国击败英格兰和阿根廷这两个强大对手。

相比预测差点全盘皆错的贝利，“章鱼哥”简直成了半仙神算。有钱的捧个钱场，没钱的捧个鱼场。仅凭借这点，保罗就可以向贝利伸出小指头：“小子，老子年轻过，你老过吗？跟我比，你连门都没有！”从预测胜算的角度而言，说“章鱼哥”是贝利之父都让人觉得并不过分。

“章鱼哥”作为一只章鱼，其实它关于世界杯比赛的意见很简单，那就是关于生活的全部：尽管不至于到有奶就是娘的地步，但食物就是它的选择指向——它爱吃的食物就是指令，食物放到贴有哪个国旗的箱子上，它就会游过去表示“支持”。不然，你还能要求它怎样？它根本不是人，不可能像公共选择理论所说的那样去选钞票，它的选票只能是食物；当然，它有可能是神……经病，因为它刚纠结地预测了德国将败给西班牙。

这一预测引发了各种非议，有德国媒体立刻对此进行了回击，认为该结果是“保罗”预测德国 0：1 输给塞尔维亚前的照片，而且粗心的恶搞者连西班牙国旗中间位置的徽标都漏掉了。有图未必有真相，真相还是得等到德国与西班牙半决赛全场哨声终结之时才能大白于天下。

我曾说过，在人们对未来感到迷茫和无从把握时，选择“不问苍生问鬼神”便在情理之中，在这届世界杯关于德国的比赛中，人们则选择了“章鱼哥”而已。它不需要被养老，也不惧怕自己或同类被吃掉，更不怕被“人肉”祖宗八代，籍贯几何。人生就是选择与被选择，“章鱼哥”的人生也是这样。只是，认真的德国媒体和德迷们，面对不可能认真的“章鱼哥”，显然没有“生活太正经了，我只有假装不正经”的幽默。

能100%地预测关于德国队比赛的结果，“章鱼哥”确实厉害。我想，更厉害的应该是它背后的团队。至少他们假借章鱼之举动，完全蒙对或操纵了比赛结果。谁能说得清鱼腹藏书和篝火狐鸣“大楚兴，陈胜王”到底是阴谋还是阳谋？当“章鱼哥”预测德国将惜败于西班牙时，我不晓得当它思考时，上帝是否在发笑。但我相信，足彩投注者们信它可能得不到永生，而有可能最终发现“章鱼哥”背后更厉害的团队，原来竟是博彩公司，甚至是布拉特。

（原载《华西都市报》2010年7月7日）

西门庆是怎么成为文化英雄的

薛世君

名人故里之争硝烟再起。山东省阳谷县、临清县和安徽省黄山市三地均举起“西门庆故里”的招牌，“开发”起了西门大官人。一个在传统文学名著中作为“大淫贼、大恶霸、大奸商”的艺术形象，竟然摇身一变成为当地政府追捧的文化产业英雄。

名人资源争夺战已然旷日持久：河南鹿邑和安徽涡阳争老子、山东滕州和河南鲁山夺墨子、辽阳和铁岭抢曹雪芹，以至于“伏羲东奔西走，黄帝到处安家，女娲遍地开花，诸葛四处显灵”。最新案例是，四川江油、湖北安陆、甘肃天水争当“李白故里”，河北临城、正定两县疯抢“赵云故里”。此前，湖南双峰、湘潭甚至爆发了徐静蕾原籍之争。

争抢名人资源，意在“文化搭台，经济唱戏”。名人“开发”不仅可以提升本地知名度，也可促进招商引资、带动经济发展。但争夺“西门庆故里”之类的乱象却表明，所谓的“文化搭台，经济唱戏”，其背后涌动着的是一种按捺不住的政绩躁动和饥不择食的发展焦虑，以及逐渐失守的道德伦理底线。文化正被“娱乐至死”，而经济则被急功近利绑架。

照理说，“文化搭台，经济唱戏”并无不可，文化经济果能相得益彰，善莫大焉，但有一条，不能钻到钱眼里，只见“经济”不见“文化”；也不能只要利益，不要道德底线；更不能以耻为荣，以文化精华之名行垃圾糟粕之实。争夺历史人物“故里”尚在情理之中，疯抢神话传说人物多少有点穿凿附会，可要是连西门庆也被当成了文化英雄，就是不折不扣的道德伦理底线沦丧了。

“夜郎自大”被贻笑千年，可西南各地却纷纷争当“夜郎国”；江西省宜春市因“太寂寞”而推出广告语“宜春，一座叫春的城市”。这些与目前三地开发“西门庆故里”的现象异曲同工——出名就好，哪管美名还是恶名；逐利便是，谁问能否可持续。要的就是一个“噱头”。就像很多明星一样，为出名、为求曝光率，不惜制造绯闻、丑闻。

于是，所谓的“文化旅游”的卖点就是浓墨重彩地渲染西门庆和潘金莲的“幽会”场景、悬挂西门庆七个妻妾的“精美画像”，将西门庆丧命之地的狮子楼改造为表演西门庆和潘金莲卿卿我我的“浪漫之地”。葫芦里卖的什么药，一望而知。阳谷县曾提出要打造“武松故乡”的品牌，为何今日又青睐起“西门庆”品牌呢？因为武松身上不具备如此香艳、低俗、媚俗的噱头，话题的娱乐性不够，在这个泛娱乐化的时代，武松制造不出西门庆和潘金莲那样的娱乐效果。由此可见，所谓的“名人经济”正在将文化资源推向“娱乐至死”的深渊。

“名人经济”还有一个饶有趣味的现象——在“名人故里”争夺战中最卖力的大多是欠发达的地方。地方要发展，政绩要提升，怎么办？“名人经济”无疑是条捷径，一来提高知名度，促进招商引资；二来直接拉动旅游经济。于是乎，管他好人坏人、古人今人，只要有名，抢过来再说。这也从侧面反映出一些地方在发展地方经济上的“黔驴技穷”和“饥不择食”，那种时不我待的政绩焦虑和发展渴望促使他们把名人资源当作救命稻草，一拥而上，至于文化深意和可持续发展，则均被抛诸脑后。

但是，文化之台是搭上了，经济之戏却未必能唱好。比如位于郑州市的“官渡之战”古战场旅游区，开业之初游人如鲫，但次年即开始门票收入每天不足30元，门口长满杂草，1 680万元的投资也成了当地财政的一个沉重包袱。浮躁的发展心态和急功近利的做法，不仅会拆掉文化“舞台”，还会破坏经济发展的“好戏”。

（原载《广州日报》2010年5月5日）

孙权，老曹老刘喊你出来喝酒

丁　炜

1 月 17 日，四川彭山县向社会发出“征集令”，以寻找“刘备墓”的证据。有网友质疑这是为了经济利益跟风河南“曹操墓”，对此官方予以否认，称系媒体的误读。（《新文化报》1 月 19 日）

公元 220 年，一代枭雄曹操在弥留之际怎么也没有想到，1 700 多年后的今天居然又成了一条好汉，被光荣地“出土”了。看着为辩自己真假争得不可开交的后人们，曹操或许倍感孤独和伤感，不由得想起了曾经的战友和对手刘备，愈加怀念当年一起煮酒吃肉的岁月来。

正当曹操郁闷之时，忽闻蜀地发现了刘备的墓地，而且当地政府还专门下发了“征集令”，专门征集与刘备墓有关的文献和文物等资料，即将进行勘测和挖掘，想必刘备老弟不日也会破土而出。看到刘备，曹操或许突然又想起了孙权，是呀，名噪千秋的“三足鼎立”怎能少了孙老弟呢，“二缺一”凑不成桌，一定得联合刘备把孙权喊出土来。

其实，曹丞相大可不必为之操心，相信吴地人民比你还猴急，就是挖地三尺、翻箱倒柜也会把孙权找出来，就连太极张三丰和齐天大圣孙悟空这些莫须有的人物的祖地都能找出来，何况是史有记载的吴国之君呢？所以，你们就静候佳音，等待三巨头再聚首吧。人们的想象力和发现力是无穷的，说不定还会挖出大乔和小乔来陪你，当然了，如果人们有兴趣，貂蝉也是会给挖出来的。

这不是荒诞剧，也不是滑稽戏，而是现实生活中的一幕幕闹剧，刚挖出曹操墓又来了个刘备墓，辽阔的大地造就了中华五千年的文明，也埋葬了千千万万先人的忠骨，不知人们乐此不疲地挖墓要到什么时候，而何时又能全部挖完呢？这种疯狂的掘墓行为到底是在保护还是在毁坏历史文化？

当历史可以拿来换钱，便注定了挖墓寻根行为的疯狂。为了促进地方经济发展，各地不断打出“世界文化遗产牌、历史名人牌、历代帝陵牌”，在这样的主导思维下，经济利益也就成了唯一的动机。就像曹操墓的发现，当地政府真正关心的是如何有效利用曹操墓创造经济效益。

从真真假假的曹操墓到刘备墓，再到荒唐可笑的张三丰、孙悟空祖地，到底倾注了谁的“心血”，这是一件耐人寻味的事情。长期以来，全国各地都盛行考古之风，很多地方借助当地的历史文化和历史人物的先天资源大搞文化产业，有些地方甚至还出现了类似“李白故里之争”的闹剧，不惜一切地争夺历史文物资源，为的就是和历史沾亲带故，通过打造历史文化品牌产业来搞经济创收，所谓的文化传承不过是个捞钱的幌子而已。

（原载《重庆日报》2010 年 1 月 22 日）

别把慈善弄成高风险的事儿

吴龙贵

近日有媒体爆料，章子怡匿名为西南干旱灾区捐款20万元。这个消息得到红十字总会相关负责人的证实，但同时这次的曝光再次引发争议，部分网民认为章子怡被迫“匿名”是受到捐款门事件的影响；另一些声音则认为，这显然是一场精心策划的危机公关。对于相关争议，章子怡的经纪人纪灵灵并未作出回应。

这起事件大致可以作为我国慈善现状的一个缩影：即说的人多，干的人少，以至于那一小部分实干的人变得非常弱势，因为总有人拿着放大镜照着你，迫不及待地等着你出点什么事，然后群起而攻之。不知道这些人哪来的道德优越感，有时候真让人怀疑，到底是谁捐了钱，到底谁对慈善事业的贡献大。

自“诈捐门”后，章子怡再次陷入诚信危机。排除这背后可能存在的名利场上的种种是非不谈，整个社会舆论的表现尤其让人感到心寒。一些人的逻辑是这样的：既然匿名，又怎么会被记者知道？肯定是精心策划的危机公关，最终不但难以挽回形象，反而会贻笑大方。不管这种建立在猜测基础上的推断是否成立，我都觉得对人家“捐款20万”的事实避而不谈、视而不见，却刻意放大捐款动机的心理是非常阴暗的。

暂且不说章子怡匿名捐款是一次危机公关还未得到证实，就算是得到证实也没有什么可指责的。章子怡不是一个专业的慈善家，而是电影明星，名誉和诚信对她而言不亚于第二生命。因而，章子怡在“诈捐门”之后试图挽回声誉实属人之常情，而且不能否认，危机公关是商业文化下的必然产物，这不是某一个明星所能左右的。可笑的是，我们能容忍明星通过炒作绯闻来提高知名度，能容忍网友靠恶搞走红，却不能宽容明星通过慈善来为自己正名，不知道这是社会的进步，还是社会的退步。

只能说，很多人都有一种“慈善洁癖”，总以为慈善是高高在上、不食人间烟火的。事实上，我以为，慈善本质上就是一场秀，通常都包含一定的利益因素和个人诉求。带着某种“动机”去做慈善并不可怕，也不丢人。

我们的慈善事业面临着这样的一个困境：一方面，愿意投入慈善事业的人和企业太少；另一方面，整个社会又对慈善事业设置了太高的道德门槛，包括社会价值观和舆论环境，直接把慈善弄成了一件高风险、高成本的事。

肯定有很多人沾沾自喜于上次的“诈捐门”，看，如果没有舆论监督的刨根问底，章子怡哪会补捐呢？但不知这些人有没有想过，也正是因为上次“诈捐门”带来的道德高压，使很多人得出了“不捐比捐好”的结论。舆论监督不是坏事，但应该有必要的限度，尤其是在我们的慈善文化和制度尚不健全的现实下，宽容比苛责更重要。

（原载《信息时报》2010 年 4 月 14 日）

粤语绝不是满语

周　云

陈扬先生保护粤语的热情有目共睹，但任何事情都是过犹不及的，为了渲染粤语的危机，陈扬先生振臂高呼“但愿粤语不要变满语”。看到这个文章标题，我不禁感到错愕。再看看文章内容，且不说其观点如何，很多言语就是在常识上也都站不住脚。

满语是一种少数民族语言，跟汉语不是同一个体系，而粤语则是汉语的一种方言，是汉语的有机组成部分。这就好比满族是一个少数民族，而说粤语的人绝不是粤族，其仍然属于汉族。陈扬先生将粤语比作满语，不管其主观意图如何，实质上都夸大了粤语和普通话的差别。事实却没有这么夸张，笔者当年从北方来到广州，感觉粤语比英文还难懂。但没过几年，凭着对英超和 TVB 剧集的热情，无师自通，通过看电视基本上学会了粤语，至少能听懂。试想一下，把我放在一个非汉语环境中，不管是英语环境还是满语环境（假设还有的话），如果没有专门的学习与训练，就是看上 100 年电视，也不可能达到听懂的程度。也就是说，粤语和普通话，归根到底还是汉语大家庭中的兄弟姐妹，是息息相关的。

陈扬先生说：“100 多年前，满清王朝在世界上是如何强盛，如果那时有人说满语会消失一定会被当成疯子。”事实上，100 多年前，凡是有正常智力的人都能够判断出，满语的结局大约就是消亡，认为满语繁荣昌盛的人才会被人当成疯子。作为晚清 40 年的实际统治者的慈禧太后，就已经不太懂满语了。实际上满语的危机在更早的时候就出现了。乾隆皇帝就经常为满族子弟不会讲满语、不会写满文而感到忧心忡忡甚至愤怒，并多次出台政策试图扭转这一局面，但收效甚微。辛亥革命是压垮满语的最后一根稻草，当时很多满人如惊弓之鸟，都不敢承认自己是满族人，更不用说开口讲满语了。因此，除了东北少数地方外，满语基本上已经灰飞烟灭。

陈扬先生一直在暗示，是行政权力的过多介入导致了粤语的危机。但满语的兴衰告诉我们，事实恰恰相反。清朝统治者为了巩固满语的地位，用尽了各种手段，但收效甚微。可见，政治权力对于语言存亡的影响终归是有限的（用暴力手段则另当别论，但这在当下的广州乃至中国，是不可能发生的）。满语的式微，归根到底还是因为其作为一种语言脱离了其生生不息的土地和文化。打一个幼稚的比方，满族人就像蒲公英一样飞到全国各地，他们在任何地方都是不折不扣的少数族群，在世世代代的生息繁衍中，在日常生活中，他们逐渐融入了当地的文化，选择了最方便于当地人群的交流方式。于是在北京的满人讲北京话，在广州的满人讲广州话，周星驰演绎的苏乞儿固然纯属虚构，但当时广州旗人操流利的粤语却是事实。文化力量之强，此系一例。

从满语故事受到启发，我对粤语的前景觉得十分乐观。事实上，推普工作开展了几十年，还没有听说把哪个地方的方言给消灭了。鄙人之家乡，既无家乡话的广播电视，学校老师也是清一色的普通话教学（下课有没有禁止讲普通话我倒是没有调查），但我上小学的侄女给我打电话时，一开口就是“三大”，还是纯正的家乡话，无论是我还是她，如果有人对我们说家乡话要消亡，我们准觉得这人是个疯子。

而粤语，我也深信其长久的生命力。因为粤语，过去、现在、将来，都有岭南这一方水土的滋润，生于斯、长于斯，必将生生不息。更为重要的是，热爱和承载粤语的人民，也在日常生活中、一言一行中，将粤语一代又一代地传承下去。推普的工作并非没有问题，比如禁止学生在课外讲粤语的做法我就极不赞成。但推普工作更多的是对广州人的帮助，从老一代人“天不怕地不怕，就怕老广州讲普通话”，到现在年轻一代“国粤语流利”，难道是件坏事？我不相信，因为个别的小学生听不懂黄俊英的相声，粤语就有危机了。事实上，就算是北京的小学生，也未必能听懂马季；铁岭的小学生，也未必能听懂赵本山。原因很简单，他们年龄太小了。过几年，他们全都能够听懂、能够会心地一笑了。

此次由纪姓政协委员的一个提案引发了一场不大不小的风波。风波之起，与陈扬先生对于该政协委员言论之过度解读不无干系。我也反对纪委员的提案，因为这无疑是用纳税人的钱给政府做形象工程。但其充其量也不过是一个提案，而且已经遭到其他政协委员的反对。距离政府的实施，相差何止以十万八千里计。但在陈扬先生的解读中，就已经成为什么“天坑”，好像政府已经磨刀霍霍向粤语，进而造成了很多人“誓死保卫”的气氛。在陈扬先生一手发起的这一场面对假想敌的斗争中，陈扬先生又一次大获全胜，再一次成为受万众欢呼的英雄。但当他成为赢家的同时，那些外来的同样热爱广州、热爱粤语的人群却受到了伤害，可知否？一个城市族群之间的隔膜不是消融了，而是加重了，可知否？作为英雄和名人的陈扬先生，名与器应当慎用，可知否？

（原载《信息时报》2010年7月12日）

“鲁迅大撤退”之争是阅读贫乏的表现

舒圣祥

新学期伊始，语文教材收录了哪些文章再次成为人们关注的焦点。网帖列举了20多篇“被踢出去”的课文，比如《孔雀东南飞》、《药》、《阿Q正传》、《记念刘和珍君》、《雷雨》、《背影》、《狼牙山五壮士》、《鲁提辖拳打镇关西》、《朱德的扁担》等。其中涉及鲁迅的作品多篇，被称为“鲁迅大撤退”。

这样的争议早已不是第一次发生，语文教材但凡变动，类似的唇枪舌剑就免不了上演。这固然体现了公众对于语文教材的极大关注，却也不得不说国人骨子里先入为主的因循守旧思想很严重。比如，现在只是少了几篇鲁迅文章就要质疑“鲁迅大撤退”，过去先生一人几乎就占据了半本教材，为何从来不质疑“鲁迅大崇拜”呢？古今中外那么多优秀作家和优秀作品，腾出一些位置来安排其他优秀作家的作品，又有什么不妥呢？

事实上，现在的语文考卷与语文课本的关联度，早已不是那种直接对应的关系，特别是现代文这部分，某篇文章是否入选教材基本与应试无关。那么，唯一的关联应该就是阅读鉴赏与素质养成。从这方面看，显然应该尽可能囊括不同风格与不同思想的优秀作品。与其集中安排十来篇鲁迅先生的文章，倒不如留下一两篇最能代表先生风格且适宜中学生阅读的文章，而将其他篇幅留给同样优秀但风格迥异的其他作家。

在这场热闹的争议背后，真正的问题其实不在于某篇文章应否编进教材，一千个读者就有一千个哈姆雷特，这样争下去语文教材根本没法编。那么真正的问题是什么呢？我的答案是：阅读的贫乏。众所周知，在如今这样的年代，某篇作品未能入选教材，可以通过其他途径阅读，这丝毫不会影响到学生对它的涉猎。语文教材篇目变动之所以会引起如此多的争议，其根本原因就是：很多人一辈子绝大多数的语文阅读，几乎仅限于语文教材。

是的，现在中学生的课外阅读实在太少了，经典文章只要没编进教材就没法读到，即使进了教材，只要不是重点篇目，那也大多一带而过甚至根本不看。在这种情况下，大家来热议语文教材篇目变动难道不显得荒谬吗？一方面，一本语文教材永远不可能囊括中学生应该去阅读的所有经典作品；另一方面，经典作品的阅读必须完全依靠入选语文教材重点篇目的方式，本身就是语文阅读的极大悲哀，中学生毕竟已经不是小学生更不是幼儿园的小朋友了。

不得不说，语文教材变动之所以会引起这么大的争议，也与很多参与争论者的阅读贫乏直接相关。为什么很多人对于“经典”的理解仅限于过往语文教材中的某些篇目？因为他们主要的阅读范围就是曾经的语文课本。而如果他们放大自己的阅读视野，他们会发现还有更多的“经典”其实被过去的语文教材严重忽略了。

（原载《信息时报》2010 年 9 月 10 日）

我们需要什么样的知识分子

何　兵

我的同事蔡定剑教授，昨天凌晨离开了我们，我很沉痛，网络上悼念他的文章很多。一个并无任何行政头衔的学者，何以获得如此广泛的社会爱戴和尊敬?

如果让我用一句话来形容蔡定剑教授，我认为他是一位古风犹存的横议处士。我国古代把没有做官的读书人叫做“处士”，把直言不讳地纵论时政的行为称为“横议”。蔡定剑教授就是当今为数不多的横议处士。《新京报》等媒体上有他的专栏。对于社会重大事件，时常可以看见他作为知识分子的发言和呐喊。

这些年来，有些学者得了软骨病，放弃了知识分子作为社会良知和正义守护神的责任，这些人其实是在害政府而不是帮政府。就在去世前不久，蔡教授还发表了“民主是有利于社会稳定的制度”这一重要言论，对那些认为民主会带来社会不稳定的谬论予以反驳。去年冬天，在中国政法大学的一次颁奖仪式上，已知自己癌症晚期的他发表获奖感言：“我们学校有些学者，不被某些官员认同。学校领导对此要有正确的认识，要保护他们。正是这些学者为政法大学赢得声誉，对他们要从历史的角度来判断，不要短视。”（大意如此）他说话时的调门并不高，但我感觉这是已知自己存世不久的他，对同事的我们沉重的嘱托。

蔡定剑教授不仅是位理论家，而且是民主法治执著的践行者。他对我国的人大制度有着精深的研究，对于中国的民主和宪政历史进程有着准确的判断，对于中国的司法改革提出过许多重要的观点。他与许多学者包括我自己有一个重要的不同点是，他不满足于对现实政治的批评，而是执著地参与中国民主法治的建设。他将很多精力用于法治普及与宣传方面，推进多处地方政改，参与制度设计，包括四川罗江县专职人大代表工作室、四川雅安党代表直选试验、上海闵行区委全委会改革……

他不像某些空头理论家，用云遮雾罩的理论忽悠民众、营销自己；他不是厌世者，整天发泄不满，指责别人，而忘记了自己的责任；他不是革命者，从不指望民主法治可以通过激进的行动，毕其功于一役。他一再警醒社会和政府，要尽可能地避免动荡的到来；他的某些言论虽然有些“出格”，但一直能够比较顺利地发出，我想这和他的建设者姿态有很大关系。他看到了社会的不足，同时也看到了社会的进步；他用言简意赅的文字、轻声细语的言谈，哺育着他的学生，提醒着他的民族；他是一位坚韧不拔的建设者，他是一位苦口婆心的布道者。

大约四个月前，在一场关于政府财政公开的学术报告现场。他在主席台上时，面带微笑，完全看不出这是一位癌症晚期的病人。但报告完毕以后，他回到台下，坐在我身边，我目睹他疲惫地用手支撑着头部，闭目养神，额头上渗出细细的汗水。由于担心询问他的病情会加重他的心理负担，我没有说话。但在那个夜晚，在那个会场，我真心感受到，坐在我身边的这位瘦弱的同事，是民族的脊梁，是一支明亮的蜡烛，他正在燃烧着自己生命的最后一段，滋养着学生，照耀着社会。

逝者往矣！那么，什么才是对蔡定剑教授最好的纪念？我想，就是更多知识分子像蔡老师那样扛起启蒙的使命，就是坚定不移地推进中国的民主和法治。

愿蔡老师在天之灵安息。

（原载《新京报》2010年11月23日）

如果乡音都死去

贺卫方

无论如何，在如今这个通信与传媒高度发达、交通极其便利的时代里，方言的处境是愈发艰难了。

哪怕是穷乡僻壤，百姓家中也大多有了电视。在电视里，无论是新闻，还是专题片或连续剧，还有领导人讲话，多半都是用普通话的（尽管领导人都有些乡音的痕迹，但是像毛泽东、邓小平那样浓重的地方口音已经很少见了）。异地人士之间进行的交往，尤其是无法相互理解对方方言的人们之间的对话，当然也都要依赖普通话这个纽带。远离家乡的大学生和从农村到城里打工的农民，也要学一点普通话以备交流之需，甚至是尊严之需。这自然带来了人际交往的极大便利。

“车同轨，书同文”，我们封建早期的这种努力仍然不乏后继者。为了强化普通话的优势地位，全国人大常委会还于 2000 年制定了《中华人民共和国通用语言文字法》，规定在诸多行业、机构以及场合里必须使用普通话。例如，在学校和其他教育机构中，要以普通话为基本教学用语；在广播电视电台中，要以普通话为基本的播音语言，假如要使用方言播音，则必须得到国务院或省级“广播电视部门”的批准。

不仅如此，广电总局等相关管理机构还时常对某些“违规行为”发出禁令或作出处罚，使得方言的生存空间愈发逼仄。例如，2005 年广电总局就发出过《关于进一步重申电视剧使用规范语言的通知》，要求电视剧语言（地方戏曲片除外）应以普通话为主，一般情况下不得使用方言和不标准的普通话；而重大革命和历史题材电视剧、少儿题材电视剧以及宣传教育专题电视片等一律要使用普通话。电视剧中出现的领袖人物要使用普通话。同年，广电总局还发出了一个“自律公约”，明确要求电视主持人，“除特殊需要外，一律使用普通话，不得模仿港台腔及其表达方式”。而且，主持人随意夹带外语、用方言播报的现象也在明令禁止的范围之内，“不得模仿地域音及其表达方式，不使用对规范语言有损害的口音、语调、粗俗语言、俚语、行话，不在普通话中夹杂不必要的外语”。特别是针对“港台腔”的指责引起了很大的关注和争议。

凡此种种，都再清楚不过地显示出政府的意图，那就是普通话的应用范围越广越好，相对应的必然是，方言的空间越小越好。这种决策导向究竟会对文化产生怎样的影响呢？

我们都知道，语言的丰富意味着思想的多样化。读过奥威尔小说《一九八四》的人，都会记得大洋国的领导人所采取的一项措施，即通过减少语言中的词汇量来抑制人们的思想空间，进而维护专制统治。方言不仅在语调上不同于普通话，而且每一种方言都有很多特殊的词汇和特殊的表达，它们很难转化为普通话。例如，四川方言里“宝气”（不知是否是这两个字），意思究竟是什么，四川人常说那难以翻译成普通话，它含义微妙，不是本地人则很难体味和妥帖地使用。我的家乡胶东方言里有“刺闹”一词（《西游记》五十二回里也有“刺闹杀我也”的说法）。这个词可以用来表达普通话里“痒”的意思，但是，假如说一个人“挺刺闹的”，却并非是说这个人为人处事让人有一种痒的感觉。

方言的存废还直接影响到地方戏曲和其他艺术的兴衰。在过去的半个多世纪里，地方戏的大规模消失已经达到了令人吃惊的程度。我曾看到新华网的一篇报道，仅江西一地，每年就有二十种地方戏不及挽救而灭绝。其实，除了通俗音乐以及电影、电视剧等的排挤之外，作为地方戏基础的方言的边缘化也是地方戏面临毁灭的一个重要原因。没有陕西方言就没有秦腔，没有宁波话就没有甬剧，假如苏州人不再说苏州话，昆曲也就成为无源之水。当各种非物质文化遗产的价值越来越受到重视的时候，我们是否应当反思过于急切地推广普通话和打压方言给各种地方戏带来的损害？

谈起方言，我不能不想起赵元任先生。在现代中国学人中，赵元任是当之无愧的语言天才。当年英国哲学家罗素来华巡回讲学，赵元任担任翻译。所到之处，赵元任一律用当地方言进行翻译，一时传为佳话。能够像他那样熟练地说三十多种不同的中国方言的学者恐怕是凤毛麟角。今天的情况是，越来越多的人除了普通话外不会说任何一种方言。不知道别人的经验如何，我个人每当回到家乡，或者在他乡遇到胶东人，说起胶东话，心中都会涌动起一种对家乡的温馨的情感。如果说热爱家乡还算是一种值得赞许的感情的话，那么，如果乡音都死去了，我们仿着贺知章的经历，“少小离家老大回，乡音无改鬓毛衰”，但是遭遇到的却是——“儿童相见话不懂，国语应答何苦来”。那可真是悲剧呢。

每当想到这样的未来，我的心里总不免有些拔凉拔凉的。

（原载《财经》2010 年 8 月 5 日，有删节）

世界杯带给中国足球的何止三记耳光

陈光明

世界杯结束了，西班牙捧回了大力神杯。中国因无缘南非世界杯，只派去了观摩团，捧回了一摞总结。目前，中国球迷很想知道的是，观罢这场四年一届、轰动全球的绿茵鏖战，中国足球的管理者、决策者们有没有感到世界杯从遥远的南非扇过来的耳光？新华社为此刊发了题为“世界杯三记耳光拷问中国足球”的文章，指出第一记耳光：中国人为什么不踢球？第二记耳光：中国为什么没有川渊三郎？第三记耳光：中国为什么搞足球？

老实说，这三记耳光力度很大，扇得很猛，把当前中国足球存在的一些问题抛到了国人面前。可仔细一想，南非世界杯带给中国足球的仅只这三记耳光吗？我看不然，至少还应该接续如下几记耳光：

第四记耳光：中国人为什么“腐蚀足球”？“在推进足球职业化的道路当中，我们在管理体制和运行机制方面是严重滞后的，媒体批评我们管办不分、政企不分，我坦率承认这个现象的存在，出现了假、赌、黑，也在一定层面上与体制和机制有关系”。这番话不是笔者编造的，而是国家体育总局足管中心主任韦迪说的。假、赌、黑太过疯狂，把中国足球给腐蚀了，烂到了极点，哪还能踢？而要杜绝足球的假、赌、黑，无疑应向中国足球体制和机制开刀，需要来个刮骨疗伤，否则，中国足球如何能踢得起来?!

第五记耳光：中国人的足球基本设施建设、经费短缺在哪里？还是借用韦迪主任的话来说吧，“青少年基础急剧萎缩，后备人才极为匮乏。在最好的时期，中国的注册青年运动员达到几十万（60 多万），而现今注册的青年选手仅仅是七千多人，也就是说萎缩了近一百倍”。问题在哪里？以笔者看来，是不重视足球基本设施、经费的直接后果。远的不说，看一下我们镇上、县上的那些中小学吧，有几所学校建有足球场？足球技术的学习和领悟，可不像背课文那么简单、来得那么迅速，临阵磨枪是没法解决问题的，而是需要从小打基础。

第六记耳光：中国足球的理念或立场到底在哪里？中国球迷众多，但中国足球球员球技一直不佳，与之匹配的足球理念更是千夫所指。为了冲出亚洲，走向世界，中国足球多年来一直都在摸索，进行了职业化改革。一会儿学欧洲，一会儿学拉美，近来又有人说要学日韩。结果中国足球什么都不是，要技术没技术，要体能没体能，搞得“四不像”。这次，韦迪主任到南非世界杯上观摩了，说“要学习西班牙”。西班牙是此次世界杯的冠军，学习冠军，这固然没错，但是，巴萨风格到底适不适合中国呢？如何把这种风格嫁接到中国足球上来？这些问题都得事先回答好。作为一个中国球迷，我真的希望中国足球能早些定下调子，随后按照音律演奏，千万别再朝三暮四瞎折腾了。

（原载《成都商报》2010 年 7 月 16 日）

吵吧吵吧，曹操是吵不活的

王景曙

全国各地的23位专家学者，从各个方面对曹操墓的真实性进行了反驳，最终达成共识：安阳“曹操墓”在发现和发掘过程中，存在人为策划、蓄意造假的行为。

一开始传来“曹操墓见天”的消息，我还蛮有兴趣，好歹读过两天书，曹操这人我认得。接着，说“曹操墓”是假的。跟着，又被论证为真的。现在，又成假的了。这一切只在短短的大半年时间里，行情翻了几个跟斗。

都是来头不小的专家，都自称或者顶着“超级权威”的头衔，都引经据典，言之凿凿，掷地有声，难说哪个占上风。虽然不致撸起袖子干一架，但一些话比干架还要吓人：我要是说谎了，我就自我了断。

这可万万使不得。曹操是死掉1 800年的人了，骨头都找不着几根，现在来为他殉葬无人领情。有理不在拼命，而在说理。当然，每一个自认为有理的人，纵然是修持颇深的文化人，也都会对固执己见的对方恨得咬牙切齿，难免情绪失控。

可真理毕竟只有一个，到底掌握在谁的手上呢？目前还是一笔糊涂账，我们既不能指责有利益企图的“挺曹派”一定是弄虚作假，也不能认定反对派就是在故意找碴。就像办案，先入为主的“有罪推定”不一定最终都能办成罪，“无罪推定”也不一定都能把嫌犯办成自由身。其实，“曹操墓事件”正存在着“有曹推定”与“无曹推定”的双方，对于前者而言，逮到似是而非的证据不仅舍不得撒手，还会尽可能采信；而后者，怀疑一切几乎是他们的一种本能。而且就这几位质疑专家的籍贯身份及所著的书来看，他们是否真是为了“学术真实”而质疑还真难说。

原本应该很古板的一场考古学术之争，既然出现了娱乐化倾向，那就不妨当戏来看吧，享受这个过程，想当初闹得比现在还凶的“周老虎事件”，不也有相关官员赌咒发誓“敢拿脑袋担保”么，其人今安在？

对河南安阳方面而言，“吵”即“炒”，真假其实也无所谓。此前，仅央视就先后制作过《寻找曹操》（3集）与《发现曹操》（4集）两部专题片。加快展馆的施工进度、尽快敲定门票分成方案才是他们的当务之急，无论结果咋样，这笔钱应该都不会白投。如果最终认定是真的，这就不用说了。如果是假的，能够被炒成“天下第一假”，也算是个大卖点，央视再来一部5集的《更正启事》就更好。对号称“掌握铁证”的23位专家君子来说，这下出名了，著的书好卖了，没准曹操墓也就搬到自己的籍贯去了——只是很奇怪，这23位专家中，研究什么的都有，偏偏就没有研究考古学的。

（原载《扬子晚报》2010年8月24日）

温馨告示

本书内容，来自读者推荐、作者自荐、媒体编辑选送、本书编者自选，最后由本书编者统筹选编而成。在此，首先感谢读者、作者及编辑同行的大力支持。

由于编选工作极为繁琐，且人手有限，仍有部分作者我们尚未一一进行联系。在此，敬请相关作者朋友和我们联系，以便奉寄样书与稿酬。

最后，欢迎读者、作者及社会各界朋友继续支持《中国年度时评》，随时推荐当年度公开发表的优秀时事评论给我们。荐稿邮箱：zgndpl@126.com。

地址：广州市石牌暨南大学西门

邮编：510632

电话：020－58226205